主　　编　孙晓勇　国家法官学院院长
　　　　　　　　　最高人民法院司法案例研究院院长
副 主 编　彭永和　最高人民法院司法案例研究院副院长
　　　　　刘　畅　最高人民法院司法案例研究院规划部主任
　　　　　黄　斌　国家法官学院科研部负责人
主编助理　边疆戈　国家法官学院科研部编辑
　　　　　赵文轩　最高人民法院司法案例研究院规划部编辑
　　　　　刘丽媛　最高人民法院司法案例研究院规划部编辑

《中国法院年度案例》编辑人员（按姓氏笔画）
刘　畅　朱建伟　朱　琳　李晓果　杨小利
罗胜华　胡　岩　赵文轩　唐世银　袁登明
曹海荣　梁　欣　程　瑛

本书编审人员　罗胜华

中国法院
2021年度案例

国　家　法　官　学　院
最高人民法院司法案例研究院 ◎编

合同纠纷

中国法制出版社
CHINA LEGAL PUBLISHING HOUSE

《中国法院年度案例》通讯编辑名单

序

党的十八大以来，以习近平同志为核心的党中央高度重视法治在推进国家治理体系和治理能力现代化中的重要作用，中央全面依法治国工作会议更是明确习近平法治思想在全面依法治国中的指导地位，为全面依法治国提供了根本遵循和行动指南。近年来，人民法院始终将加强司法案例研究作为推进全面依法治国的重要途径，通过发布具有普遍指导意义的典型案例，统一法律适用、提高审判质量，不断推进人民法院严格公正司法。《中国法院年度案例》丛书，旨在完善中国特色案例指导制度，总结提炼典型案例的裁判规则和裁判方法，发挥司法规范、指导、评价、引领的重要作用，大力弘扬社会主义核心价值观，增强全民法治意识和法治素养，展现新时代我国法治建设新成就。

《中国法院年度案例》丛书自2012年编辑出版以来，已连续出版9套，受到读者广泛好评。近年来，为更加全面地反映我国司法审判执行工作的发展进程，顺应审判执行实践需要，响应读者需求，丛书2014年度新增金融纠纷、行政纠纷、刑事案例3个分册，2015年度将刑事案例调整为刑法总则案例、刑法分则案例2个分册，2016年度新增知识产权纠纷分册，2017年度新增执行案例分册，2018年度将刑事案例扩充为4个分册。自2020年起，丛书由国家法官学院与最高人民法院司法案例研究院共同编辑，每年年初定期出版。在全国各级人民法院的大力支持下，丛书编委会现编辑出版《中国法院2021年度案例》系列丛书，共23册。

《中国法院年度案例》丛书以开放务实的态度、简洁明快的风格，在编辑中坚持以下方法，努力把案例书籍变得“好读有用”：一是高度提炼案例内容，控制案例篇幅，每个案例基本在3000字以内；二是突出争议焦点，剔除无效信息，尽可能在有限的篇幅内为读者提供有效、有益的信息；三是注重对裁判文书的再加工，大多数案例由案件的主审法官撰写“法官后语”，高度提炼、总结案例的指导价值，力求引发读者思考，为司法工作提供借鉴，为法学研究提供启迪。

《中国法院年度案例》丛书编辑工作坚持以下原则：一是广泛选编案例。国家法官学院和最高人民法院司法案例研究院每年通过各高级人民法院从全国各地法院汇集上一年度审结的典型案例近万件，使该丛书有广泛的精选基础，优中选优，可提供给读者新近发生的全国各地多种类型的典型性案例。二是方便读者检索。为体现以读者为本，丛书分卷细化，每卷下还将案例主要根据案由分类编排，每个案例用一句话概括裁判规则、裁判思路或焦点问题作为主标题，让读者一目了然，迅速找到目标案例。

中国法制出版社始终全力支持《中国法院年度案例》丛书的出版，给了作者和编辑们巨大的鼓励。2021年，丛书将继续提供数据库增值服务。购买本书，扫描前勒口二维码，即可在本年度免费查阅往年同类案例数据库。我们在此谨表谢忱，并希望通过共同努力，逐步完善，做得更好，真正探索出一条编辑案例书籍、挖掘案例价值的新路，更好地服务社会主义法治国家建设、服务法治社会建设、服务学习研究法律的读者。

《中国法院年度案例》丛书既是法官、检察官、律师等法律工作者的办案参考和司法人员培训的实用教材，也是社会大众学法用法的经典案例读本，同时是教学科研机构案例研究的良好系列素材。当然，案例作者和编辑在编写过程中也难以一步到位实现最初的编写愿望，客观上会存在各种不足甚至错误，欢迎读者批评指正。我们愿听取各方建议，不断扩宽深化司法案例研究领域，实现中国特色案例研究事业的新发展。

国家法官学院

最高人民法院司法案例研究院

2021年2月22日

目　录

Contents

一、合同的成立与生效

二、合同的履行和保全

三、合同变更、转让和解除

四、违约责任

五、赠与合同

六、租赁合同

七、承揽合同

八、建设工程合同

九、运输合同

十、保管、仓储合同

十一、委托合同

十二、物业服务合同

十三、中介合同

十四、合伙合同

十五、其　他

一、合同的成立与生效

1

缺乏必要条款的合同不成立

——昊晢公司诉宇强公司房屋租赁合同案

【案件基本信息】

1. 裁判书字号

江苏省无锡市中级人民法院（2019）苏02民终4079号民事判决书

2. 案由：房屋租赁合同纠纷

3. 当事人

原告（上诉人）：昊晢公司

被告（被上诉人）：宇强公司

【基本案情】

昊晢公司法定代表人程甲与宇强公司法定代表人程乙系兄弟关系，父亲为程某宝。昊晢公司成立于2001年8月14日，成立时法定代表人为程某宝，后于2010年5月18日法人变更为程甲，现该公司股东为程甲、程乙，占股比例分别为70%、30%。

另查明：宇强公司成立于2010年2月2日，法定代表人为程乙。2010年1月26日，昊晢公司与宇强公司签订《企业住所（经营场所）租赁协议》，约定昊晢公司（甲方，出租方）将公司600平方米的厂房出租给宇强公司（乙方，承租方）作为宇强公司住所和经营场所，租赁期限为5年，自2010年1月15日起至2015年

1月14日止。该协议约定：本协议供乙方办理有关企业登记使用。上述协议由昊哲公司举证，该材料由昊哲公司自江阴市行政审批局调取，昊哲公司未持有原件。

2012年1月5日，昊哲公司与宇强公司达成协议，协议载明：宇强公司与昊哲公司原来是一个单位，法人为父亲程某宝，原企业名称为昊哲公司。现因父亲年纪大身体欠佳，将公司一分为二给两个儿子，分为宇强公司和昊哲公司，因土地证为昊哲公司所有，故土地使用税和房产税由昊哲公司交纳，从2012年1月1日开始生效。

2013年12月12日，程某宝、程甲、程乙签订《家庭现有华士环西路财产分割协议书》，协议第4条载明程乙拥有昊哲公司30%的股份，与程甲经营过程中的债权债务无关，不参与程甲的利润分配，只拥有华士环西路××号内的土地、房产的一半，一旦土地证办理完毕必须立即无条件退出。

2018年11月，昊哲公司诉至法院，请求判决解除两公司签订的房屋租赁协议，宇强公司搬离并腾空厂房。

审理中，宇强公司以所有权确认纠纷为由将昊哲公司诉至法院，要求确认昊哲公司的土地、房产一半归其所有。

【案件焦点】

1. 涉案房屋租赁合同是否成立；2. 双方有无租赁房屋的真实意思表示。

【法院裁判要旨】

江苏省江阴市人民法院经审理认为：涉案房屋租赁合同并未成立，本案双方并无租赁房屋的真实意思表示，理由如下：

1. 合同的本质是一种合意，合同的成立意味着各方当事人意思表示一致，如合同主要条款没有约定或约定不明，则直接影响合同的成立。涉案房屋租赁合同为双务合同，合同主要义务为出租方出租房屋，承租方缴纳租金。但纵观整个合同，并未有任何条款约定承租方缴纳租金的义务。房屋租赁合同属有偿合同，出于民事主体权利义务对等的角度考虑，承租人缴纳租金的义务系该类合同的主要及必备条款，但涉案房屋租赁合同当事人就合同主要条款亦未达成合意，故涉案合同并不成立。

2. 昊哲公司并不持有租赁合同原件，也未举证证明宇强公司缴纳了租金，在宇强公司已占有使用昊晢公司房屋9年多的情况下，宇强公司未支付租金显然不符合一般交易习惯。

3. 昊晢公司自工商部门调取的房屋租赁合同明确约定协议供宇强公司办理有关企业登记使用，故可以确定该房屋租赁合同订立的目的系宇强公司办理工商登记，本案双方并无租赁房屋的真实意思表示。

4. 双方存在分割昊晢公司土地、房产的约定，且宇强公司已以所有权确认纠纷为由将昊晢公司诉至江阴法院，从而也印证了昊晢公司与宇强公司不存在房屋租赁关系，该案房屋租赁合同并非双方真实意思表示。

江阴市人民法院依照《中华人民共和国民事诉讼法》第六十四条及《最高人民法院关于民事诉讼证据的若干规定》第二条之规定，作出如下判决：

驳回昊晢公司的全部诉讼请求。

一审判决后，昊晢公司不服，向无锡市中级人民法院上诉。

江苏省无锡市中级人民法院经审理认为：程乙因公司办理工商登记所需，与程甲协商于2010年1月26日以宇强公司与昊晢公司名义签订《企业住所（经营场所）租赁协议》，确定以华士环西路××号作为公司住所和经营场所。协议中又明确约定是供宇强公司办理有关企业登记使用，从该协议标题也能够看出是以确定企业住所（经营场所）为目的，且协议中未约定出租方和承租方的权利和义务的必备内容，故该协议不符合房屋租赁合同的构成要件，双方并无真实的租赁关系意思表示。昊晢公司单凭《企业住所（经营场所）租赁协议》要求宇强公司迁出案涉房屋，依据不足，对昊晢公司该上诉意见，法院不予支持。昊晢公司的上诉请求不能成立，应予以驳回；一审判决认定事实清楚，适用法律正确，应予维持。

江苏省无锡市中级人民法院依照《中华人民共和国民事诉讼法》第一百七十条第一款第一项的规定，作出如下判决：

驳回上诉，维持原判。

【法官后语】

合同内容是当事人意思表示一致的产物，系当事人合意的客观体现，而合同条款是合同内容外在的具体表现，是确定合同当事人权利义务的根据。一个具体的合同所涉及的内容是方方面面的，在以鼓励交易为原则的背景下，合同部分内容未约定或约定不明时，并不影响合同的成立，当事人可协议补充；但如果缺乏合同必要条款，则直接影响合同成立。《中华人民共和国合同法》并未明确规定合同成立的最低合意要求，《最高人民法院关于适用〈中华人民共和国合同法〉若干问题的解释（二）》第一条[①]将必要条款限定在“当事人、标的、数量”三个要素上。当事人订立合同，采取要约、承诺方式，根据《中华人民共和国合同法》第十四条之规定，要约内容需具体确定，鉴于合同必要条款涉及当事人的基本权利义务，除上述三个要素外，还应考虑合同性质和目的。

本案即从当事人意思、合同主要给付义务及诚信原则三个方面考虑，认定涉案房屋租赁合同并未成立，双方并无真实的租赁关系意思表示。

首先，从当事人意思来看，合同成立与否关键在于当事人是否具有合意，除当事人明确订立的条款外，合同的内容还应包括对当事人意思的解释，即考量合同订立的目的。本案昊哲公司主张与宇强公司之间存在租赁合同，但仅举证了其自工商部门调取的《企业住所（经营场所）租赁协议》，而该协议明确约定了“本协议供宇强公司办理有关企业登记使用”，加之双方法人系亲兄弟关系，且双方另书面约定了宇强公司有权使用涉案厂房，故一审法院认定双方并无真实的租赁关系意思表示。

其次，从合同主要给付义务来看，合同主给付义务决定了合同关系的类型和当事人之间的基本权利义务关系，故而决定合同性质和目的。有偿合同相较无偿合同而言，价格和报酬条款系影响当事人缔约的重要因素，这一因素应属合同必要条款，应由当事人自行决定，不宜进行推定。就本案而言，昊哲公司基于租赁合同关系要求宇强公司腾空厂房，但其举证的《企业住所（经营场所）租赁协议》并未对承租方缴纳租金义务进行约定，缺乏出租方和承租方权利义务的必备内容，故不符合房屋租赁合同的构成要件。

最后，从诚实信用原则来看，《中华人民共和国民法总则》第七条规定：“民

---

① 《中华人民共和国民法典》于2021年1月1日起实施，《中华人民共和国婚姻法》《中华人民共和国继承法》《中华人民共和国民法通则》《中华人民共和国收养法》《中华人民共和国担保法》《中华人民共和国合同法》《中华人民共和国物权法》《中华人民共和国侵权责任法》《中华人民共和国民法总则》同时废止。最高人民法院对相关司法解释也进行了废止或修改。本书收录的案例均裁判于《中华人民共和国民法典》生效前，适用的是当时有效的法律法规及司法解释，下文将不再对此进行提示。

事主体从事民事活动，应当遵循诚信原则，秉持诚实，恪守承诺。”诚实信用原则系市场经济活动的基本原则，就当事人双方而言，诚实信用原则要求尊重他人利益，不得通过背信行为损人利己。判断当事人是否存在合意，还应基于诚信原则进行考量，即当事人主张的合意是否有悖与另一方当事人之间的关系及先前行为等。本案中，昊皙公司与宇强公司的法定代表人系亲兄弟关系，宇强公司自注册登记起占有使用涉案厂房9年多未支付租金，且双方另有协议约定宇强公司有权使用涉案厂房，故双方并无房屋租赁的意思表示，现昊皙公司基于租赁合同关系要求宇强公司腾空厂房显然有悖诚信原则。

编写人：江苏省江阴市人民法院　陈教智　黄静宇

2

境外旅游变更旅游合同行程的责任认定

——翔怡兴公司诉舜天公司旅游合同案

【案件基本信息】

1. 裁判书字号

江苏省南京市雨花台区人民法院（2019）苏0114民初5398号民事判决书

2. 案由：旅游合同纠纷

3. 当事人

原告：翔怡兴公司

被告：舜天公司

【基本案情】

原告组织公司员工出国旅游，2019年3月20日，原、被告签订《大陆居民赴台湾地区旅游合同（示范文本）》及附件，约定：被告为原告公司24人提供普吉5N6D－纯玩特殊行程（南京出发SL）服务。成人5000元/人，共计24人，旅游费用合计12万元。原告支付合同款。原告核心旅行行程系第三天的斯米兰群岛一日游。行程共6天，2019年3月22日于南京禄口机场集合出发，第三天的行程为出海一日游：斯米兰群岛—（安岛+班古岛+圣角+斯米兰岛+仙境礁）—浮潜（全程活动不少于4小时，全程快艇往返）。合同中对该日行程作温馨提示：斯米兰岛一日游行程前后顺序根据涨潮、退潮、人流船家来安排，除不可抗力因素外，所有景点都会走到；如果遇到当天下雨或者风太大时，则改为内陆行程。旅游费用包含全程国际机票费用、燃油附加费；行程所列酒店双标间住宿；行程所列景点第一门票费用、全程空调旅游巴士；全程中文领队及导游服务；酒店内自助早餐，行程中所列的午晚正餐。旅游费用按成人5000元/元计算，合计12万元。上述合同（示范文本）第9条第3款约定："行程中遇到不可抗力或者赴台游旅行社、旅行辅助人已尽合理注意义务仍不能避免的事件，影响旅游行程的，按以下方式处理：①合同不能完全履行的，旅行社经向旅游者作出说明，旅游者同意变更的可以在合理范围内变更合同，因此增加的费用由旅游者承担，减少的费用退还旅游者……"上述旅游合同的磋商由原告公司职员李某慧与被告沟通，旅游合同上李某慧代表公司签字并盖有原告印章。

合同签订后，李某慧通过其支付宝账户向被告支付了旅游费用12万元。

2019年3月22日，原告公司24人成团赴泰国旅行。2019年3月24日，被告向旅行中的24人告知当日气象情况，泰国当地发布预警有引发海啸的危险，经车上人员同意后，改当日行程为珊瑚岛一日游。李某慧与导游签署了《行程变更说明》，载明：一行24人因普吉发布海啸预警，原定斯米兰岛出海一日游变更为帆船出海珊瑚岛一日游，无偿调换，无费用增补问题。关于李某慧签署该《行程变更说明》事宜，李某慧出庭，其陈述：《行程变更说明》仅有其名字系李某慧本人所签，内容是导游写的；当时所有领导和工作人员均不在场，导游说了这个事，李某慧询问行程能否后调，回答是如果发生海啸，只能改行程，导游说如果不签字就不能走。被告在未出示任何官方文件的情况下口头告知斯米兰群岛当天无法出游，告知原因系不宜出海，原告要求将此行程调整为其他时间，但被告知一周之内都无法走这个行程。后回国后核实同一时间斯米兰岛根本没有封闭，其他国内旅行社团体该行程均是正常出行的。被告为了利益最大化的欺诈行为严重侵了害原告的合法权益，后双方经旅游局调解未果，原告遂诉，请求法院判令：（1）被告退还因斯米兰群岛旅游行程未进行的款项3.6万元（1500元/人×24人）；（2）本案诉讼费由被告承担。

庭审中，被告提供资讯截图，显示：2019 年 3 月 24 日，据泰国防灾减灾局消息，3 月 23 日，泰国普吉府西北方向、印度属安达曼海域发生两次地震……地震有引发海啸的危险；中国大使馆提醒赴泰中国游客，在前往泰国海滨尤其是南部海滨游玩时加强防范、确保安全。原告对该证据不予认可，证据来源与真实性无法核实，即使是真的，也无法证明发生了足以阻止双方按照原定合同履行义务的事实；如真有出海危险变更行程为珊瑚岛，是否有不可抗力因素不影响原告要求斯米兰岛行程未进行而减少的费用。被告认为原告的诉请无事实和法律依据，按照原定行程，原告应当是于 2019 年 3 月 24 日前往斯米兰岛，前一天泰国当地天气有引发海啸的风险，且出发当日天气情况仍然恶劣。在与原告协商一致的情况下变更行程，并且在同意单上明确说明了没有费用补偿问题；临时取消的行程，被告公司原本付出的旅游费用在当地是不退还的。被告是在此基础上又赠送了珊瑚岛行程，所以被告认为原告要求退还差价没有依据，请求驳回原告的诉讼请求。

【案件焦点】

1. 旅游经营者提供证据能够证明出于人身安全的考虑更改行程且游客没有表示反对，即使之后气象情况改善，但行程变更属于不可归责于旅游经营者自身的原因，是否应当认定为违约；2. 旅游经营者利用其优势地位要求游客签署无费用增补的条款明显剥夺或限制游客的合法权益的条款的效力。

【法院裁判要旨】

江苏省南京市雨花台区人民法院经审理认为：当事人对自己的主张，有责任提供证据。本案中，原、被告缔结旅游服务合同，系当事人真实意思表示，不违反法律规定，应属合法有效。李某慧作为原告公司员工，自合同磋商之初一直负责联系并签署相应合同，被告有理由相信李某慧具有代理权限，能够代理原告的意思表示，其行为对原告发生效力。视频录像、李某慧签署的《行程变更说明》，可以证明此行 24 人并未反对更改行程，且按更改后的行程享受了珊瑚岛一日游的服务。同时，被告提供证据证明当地存在海啸危险，出于人身安全的考虑更改行程并不违反合同约定，即使之后气象情况改善，但行程变更也不属于可归责于被告自身的原因。原告提供证据不足以证明被告为了利益最大化而实施欺诈行为，故被告变更行程这一事实本身并未违反合同约定或者侵犯原告合法权益。

但是，在导游告知海啸风险后，要求李某慧签署《行程变更说明》，其中内容为“原定斯米兰岛出海一日游变更为帆船出海珊瑚岛一日游，无偿调换，无费用增补问题”，有关费用的约定应属无效，理由如下：（1）被告作为旅游经营者，向原告提供服务，但在旅游者一行 24 人在海外旅行过程中，要求游客签署《行程变更说明》，其本身具有优势地位；（2）从原、被告签订合同内容看，第三天的行程即斯米兰群岛一日游系合同履行的主要部分，也系原告一行 24 人此次旅行的主要目的地，被告虽变更行程，但从替代性角度看，珊瑚岛行程的服务显然无法替代斯米兰群岛的行程及给游客带来的旅行感受；（3）被告利用其优势地位，要求游客签署无费用增补的条款显然剥夺或限制了游客的合法权益，该条款应属无效，对原告不发生法律效力。《最高人民法院关于审理旅游纠纷案件适用法律若干问题的规定》第十三条第二款规定：“因不可抗力等不可归责于旅游经营者、旅游辅助服务者的客观原因变更旅游行程，在征得旅游者同意后，旅游经营者请求旅游者分担因此增加的旅游费用或旅游者请求旅游经营者退还因此减少的旅游费用的，人民法院应予支持。”本案中，被告未能提供证据证明斯米兰群岛当日费用已经支出，综合考虑旅行费用的构成、斯米兰群岛在合同正常履行情形下的费用支出、变更行程后被告实际支出的事实等因素，酌定被告按每人 800 元退还旅行费用，合计 1.92 万元（24 人×800 元/人）。

江苏省南京市雨花台区人民法院依照《中华人民共和国民法总则》第六条、第一百六十二条，《中华人民共和国合同法》第五条、第六十条、第四十条，《最高人民法院关于审理旅游纠纷案件适用法律若干问题的解释》第十三条第二款，《中华人民共和国民事诉讼法》第六十四条、第一百四十二条之规定，作出如下判决：

一、被告舜天公司于本判决生效之日起十五内退还原告翔怡兴公司旅游费用 1.92 万元；

二、驳回原告翔怡兴公司的其他诉讼请求。

【法官后语】

本案中，原告组织员工旅游，与旅游经营者即被告签订包价旅游合同。所谓包价旅游合同，根据《中华人民共和国旅游法》第一百一十一条第三项规定，是指旅行社预先安排行程，提供或者通过履行辅助人提供交通、住宿、餐饮、游览、导游或者领队等两项以上旅游服务，旅游者以总价支付旅游费用的合同。涉案所涉价款包含了旅游者一行人的交通、住宿、在当地的门票及服务等。旅行费用的价款构成所对应的是旅游经营者提供的服务。

1. 旅游经营者因客观原因变更旅游合同行程的责任认定

现有的旅游合同示范文本中将有关不可抗力及旅行社、履行辅助人已尽合理注意义务仍不能避免的事件纳入作为变更旅游合同行程的依据。由于境外旅游合同的特殊性，目的地、目的国的气候、政策、当地环境等因素均是旅游合同能否顺利履行的必要条件。境外旅游，以上因素不可控风险程度较高，从权利的角度看，人身安全相较于一般财产权益更为重要，旅游经营者、旅游辅助服务者出于人身健康权益的考虑，将行程变更的可能性纳入合同条款也在情理之中。

旅游合同行程变更，属于合同内容变更的范畴。对于合同变更，当事人应当协商一致。在旅游合同中，该种行程变更是一种备位选择，属于附条件的合同。根据变更事项的内容，对原合同履行及合同目的能否实现产生不同程度的影响。旅游合同一般由旅游经营者提供格式合同，关于行程变更，应属合同内容的重大事项，应当提请旅游者注意并作出说明。而在实际履行过程中，旅游经营者在旅游合同中往往忽略替代线路的解释和说明，存在线路不清晰、费用不明确、行程安排模糊等问题，因此，在确因客观原因导致行程变更时，仍需考虑以下几点：

（1）原有行程是否在整个行期内无法履行。本案中，旅游者的主要行程目的地为斯米兰群岛，原行程安排在中期，而行期较短，由于突发气候状况且当地作出风险警示，旅行期内无法确保原有行程成行，可考虑替代方案。

（2）行程变更是否获得旅游者多数同意，是否对行程具体内容作出说明。原有行程取消，但是否变更为替代方案仍需获得多数旅游者同意方才可行。旅游经营者提供的服务应当考虑旅游者的旅行体验感，若多数人不同意替代方案，仍需尊重旅游者的意思。

（3）变更部分的行程是否合理。最大限度地保障原合同能够顺利履行，将变更部分尽力控制在最小范围，是旅游合同中旅游经营者的义务。行程变更必然涉及原有行程费用和替代行程费用的承担问题，这也是旅游者容易质疑的地方。

因客观原因变更旅游合同行程，旅游经营者能够提供证明变更行程出于正当原因，非旅游经营者自身过错，则不应承担违约责任。但是，行程变更的必要性、合理性应纳入考量，由此带来的风险负担，需要遵循公平原则确定各方的权利和义务。

2. 旅游合同行程变更后的费用分摊

旅游合同中保留旅游经营者行程变更的条款，对于客观原因导致的行程变更，旅游经营者可以提供替代服务。但是，变更原行程内容所涉及的费用问题，应当在订立旅游合同时即予以明确并且充分保障旅游者的合法权益。

《中华人民消费者权益保护法》第十条规定："消费者享有公平交易的权利。消费者在购买商品房或者接受服务时，有权获得质量保障、价格合理、计量正确等公平交易条件，有权拒绝经营者的强制交易行为。"旅游合同本身属于一种服务合同，旅游者作为消费者，接受旅游经营者、履行辅助人提供的服务，其合法权益应当受到保护。在目前旅游市场逐渐成熟的背景下，旅游者订立合同之初，尚有多家选择，比对衡量的机会，签订旅游合同也主要基于原行程的线路，此时的价格系在尊重双方合意的基础上达成。但是，在旅游过程中，因变更行程，导游让游客签署"无偿调换，无费用增补问题"的协议，则明显限制和剥夺了旅游者的议价权。旅游经营者利用格式文本中的行程变更条款，调整行程后又武断地要求旅游者签署"无偿调换"的协议，剥夺和限制了旅游者的合法权益，协议应属无效。关于费用分担，则根据《最高人民法院关于审理旅游纠纷案件适用法律若干问题的解释》(2010年)第十三条第二款来处理。[①] 本案中，因被告未能提供原行程实际支出的证据，但是替代行程成行必然产生费用，法院在考虑实际支出、旅行费用价格，酌定判定旅游经营者返还部分旅行费用。

编写人：江苏省南京市雨花台区人民法院　史佳丽

---

① 2020年修正该司法解释时，已删除本条。

3

旅游经营者以用车租赁合同为名，实际向消费者提供旅游服务，应当认定为旅游合同关系而非租赁合同关系

——高某珠等诉杨某华、远归公司旅游合同案

【案件基本信息】

1. 裁判书字号

四川省成都市武侯区人民法院（2019）川0107民初2811号民事判决书

2. 案由：旅游合同纠纷

3. 当事人

原告：高某珠、王某、高某默

被告：杨某华、远归公司

【基本案情】

高某珠为高某模父亲，王某为高某模妻子，高某默为高某模女儿。2018年7月6日，因准备去四川旅游，高某模通过微信与杨某华联系，双方就旅游的路线、费用、车型等多次沟通。基本达成一致意见并在天猫交付1000元定金后，杨某华在微信中向高某模发送1份《成都远归旅游专营店行程单》，载明乘客一行11人出行日期为8月8日，司机为梁某，川西9日游；赠送中国平安高原旅游保险，每人单项目保额50万，累计保额80万；此行程车费全款1.26万元，天猫已付定金1000元，成都出发时司机收5800元，行程结束回到成都收5800元；高原氧气瓶每人一个，葡萄糖注射液（口服用），头痛粉若干；资深川藏川西司机兼导游，赠送中国平安旅游意外险，随车氧气等。同时杨某华还向高某模（甲方）发送1份《川藏线拼车结伴川藏线包车自助游协议》，约定甲方为车辆承租方，乙方远归公司为车辆

出租方，协议对线路及双方责任义务作了约定；租车费用包含租车费、司机劳务费、油费、路桥费、维修费、返空费及旅游意外保险费（每人一份）；乙方向甲方提供的服务均为代办服务，并不提供住宿、用餐、游览、出入境等服务。协议上租车期限、租金、交付期限等具体时间、金额空白。双方协商高某模等人到达成都后，由司机把协议拿给高某模等人在甲方处签字并为高某模等人购买保险。

2018年8月6日，高某模向杨某华表示，因同行人数变化，实际仅有6人，双方对车辆及费用作出调整。被告方租用的客车司机梁某在接到高某模等6人后，收取了4350元，但梁某并未将协议交付高某模等人签字，被告方亦未替高某模等人购买保险。自2018年8月8日始，梁某驾驶车辆搭载高某模等6人开始行程。2018年8月12日早晨6时许，高某模感觉不适，同行人通知了梁某及打120急救电话。7时14分左右高某模被救护车送至医院，经抢救无效于当日9时许死亡。稻城县中藏医院出具的死亡证明载明："初步诊断：（1）高原反应；（2）急性肺水肿；（3）高血压危象三级；（4）疑似脑血管意外。经抢救无效，最后诊断呼吸衰竭死亡。"后高某模于同月15日在当地火化。被告已支付38215元（火化费19730元、运返费8485元、向高某模家属转账1万元）。

【案件焦点】

1. 双方当事人签订的合同是租赁合同还是旅游合同；2. 杨某华及远归公司是否承担安全保障及合理救助等义务。

【法院裁判要旨】

四川省成都市武侯区人民法院经审理认为：高某模与被告双方签订的《成都远归旅游专营店行程单》《川藏线拼车结伴川藏线包车自助游协议》，事实清楚，证据确实充分，法院予以认定。根据原告的诉讼请求和被告提出的抗辩意见，本案争议的焦点在于双方当事人签订的合同是租赁合同还是旅游合同，进而判断被告杨某华及远归公司是否承担安全保障及合理救助等义务。杨某华与高某模就旅游事宜联系沟通并不是以个人名义，双方基本达成一致意见后，杨某华要求高某模将定金转至远归公司开设的天猫成都远归旅游专营店，远归公司的支付宝账户亦收取了此款项，随后，杨某华将《成都远归旅游专营店行程单》《川藏线拼车结伴川藏线包车自助游协议》发送给高某模，该两份合同清楚载明合同一方系远归公司，并非杨某华个人，故合同相对人是远归公司，杨某华是职务行为。

旅游经营者是指旅行社、景区及为旅游者提供交通、住宿、餐饮、娱乐等服务的经营者。杨某华在微信聊天中虽向高某模有过“我们属于车公司，不发团，不带导游的包车自由行”“我们提供的是用车服务”等表述，但其后向高某模发送的协议、合同内容均载明并不仅仅是租赁车辆关系，故对原告主张双方建立的是旅游合同关系，法院予以确认。

旅游经营者、旅游辅助服务者未尽到安全保障义务，造成旅游者人身损害、财产损失，旅游者请求旅游经营者承担责任的，应予支持。本案中，远归公司指派的司机梁某搭乘高某模等人在游览过程中，车上未像该公司之前承诺的随车配备氧气瓶、高反应急药物，葡萄糖注射液等，在高某模等众游客均反映有头疼等不适症状时，未将必要的设备及药品拿出来给游客使用，缓解其症状，亦未采取如提出就医建议等必要措施，未尽到安全保障义务，存在违约行为，应承担原告方因高某模死亡遭受损失相应的违约责任。高某模对自己身体状况、旅游环境的评估以及可能遭受的危险预见不足，亦存在责任。综合全案案情，法院确定远归公司承担原告方因高某模死亡而遭受损失的30%的责任。

原告方提出还应赔偿精神损害抚慰金，因其主张的是违约之诉而非侵权之诉，故法院不予支持。对于原告方主张被告应支付平安高原旅行险50万元理赔金，因中国平安高原游保险适用人群为16周岁至50周岁，高某模无法购买，故被告虽承诺赠送该保险，但实际高某模不是被保险人范畴，更无法获得理赔，且猝死不属于旅游意外保险范畴。因此对原告要求被告赔偿保险理赔金的诉讼请求，法院不予支持。

四川省成都市武侯区人民法院依照《中华人民共和国合同法》第六十条、第一百零七条，《最高人民法院关于审理旅游纠纷案件适用法律若干问题的规定》第一条、第七条、第二十一条，《中华人民共和国民事诉讼法》第一百三十四条之规定，作出如下判决：

一、被告远归公司于本判决生效之日起三日内向原告高某珠、王某、高某默赔偿违约损失177406.55元；

二、驳回原告高某珠、王某、高某默对被告杨某华的诉讼请求；

三、驳回原告高某珠、王某、高某默的其他诉讼请求。

【法官后语】

实践中，旅游经营者常为避免承担安全保障义务及提示、救助等法定义务，但又为吸引消费者而在名义为“车辆租赁合同”中承诺提供导游、交通、保险等实为旅游合同内容的相应义务。对于此类合同，在审判中应根据合同双方所设立的合同的权利义务关系认定为旅游合同，以合理保护合同中消费者的权益。此类典型案件为以后类似案件的审判以及旅游合同纠纷中关于旅游经营者未尽到安全保障义务从而产生侵权责任的承担问题提供了有价值的参考。

1. 旅游合同纠纷的认定

(1) 合同性质的认定。合同性质的认定不能仅凭合同名称而定，而应根据合同内容（主要条款）所涉法律关系，即合同双方当事人所设立的权利义务关系进行全面理解和准确判定。各类合同之间可能相互存在交叉关系，即一个合同中有可能包含多项权利义务关系，其中某些权利义务关系可能同时属于其他合同的权利义务内容。故在实践中，若一个合同中涵盖多项权利义务关系，不能仅就一项权利义务关系对合同性质进行判断，而应考虑所有权利义务关系，以其中的主要权利义务关系、合同目的等综合因素进行判断。

(2) 旅游合同纠纷的认定。就本案而言，被告辩称签订的是“车辆租赁合同”而非旅游合同，故不承担相应的安全保障义务。根据《中华人民共和国合同法》第二百一十二条的规定，租赁合同是出租人将租赁物交付承租人使用、收益，承租人支付租金的合同。本案中虽存在车辆租赁的关系，但就双方签订合同的目的而言，车辆租赁显然只是合同的次要义务，而为保证旅游者旅游目的的实现提供相应的导游、交通及保险才是合同的主要义务。旅游经营者是指旅行社、景区以及为旅游者提供交通、住宿、餐饮、娱乐等服务的经营者。本案中，双方当事人签订的《成都远归旅游专营店行程单》，合同载明被告应向高某等一行人提供司机兼导游、氧气瓶及葡萄糖等必备急救药物、高原旅游保险等实为旅游合同中的权利义务内容。故双方成立的实为旅游合同关系。从而对于高某模在旅游过程中因被告的安全保障义务及救助义务履行不到位而死亡，被告应当承担相应的赔偿责任。

2. 拨开“迷雾”客观认定合同性质的现实意义

由于各类合同的权利义务内容存在相互交叉的情况，而在合同中，双方当事人对合同的签订时常存在合同名称与合同内容不相符合的情况，故对合同性质的认定，时常成为审判实践中的争议焦点问题。本案中，旅游合同中一般包括提供交通或车辆租赁等服务，而车辆租赁又同时属于租赁合同的涵盖范围。不同的是，旅游合同中，旅游经营者需要提供对旅游者在旅游行程中的安全保障及提示、救助等法定义务。而此类义务的承担往往对旅游经营者的盈利存在一定程度的威胁或减损。故在实践中，旅游经营者为提高盈利，同时避免安全保障等法定义务的承担，常声称“我们只提供车辆租赁服务，不属于旅游服务”，与消费者签订所谓的“租赁合同”，但在合同中约定交通、导游及保险等旅游合同的内容。对于此类纠纷，若认定为租赁合同，那合同的权利义务明显不对等，不利于对旅游者权利的保障。在合同履行过程中，因旅游经营者的问题造成旅游者的损害从而产生侵权纠纷，若适用租赁合同的有关规定，则对旅游者来说无可提供相应法律保护的基础，且依据双方签订合同中的权利义务内容，认定为旅游合同更为合理。综上，按照《中华人民共和国合同法》《最高人民法院关于审理旅游纠纷案件适用法律若干问题的规定》以及其他相关法律的规定，正确认定合同的法律性质，正确审理旅游合同纠纷案件，平等地保护各方当事人合法权益。

编写人：四川省成都市武侯区人民法院　林娜

4

网络服务合同中电子签名法律效力的审查判定

——成某文诉人人车公司网络服务合同案

【案件基本信息】

1. 裁判书字号

北京互联网法院（2018）京0491民初1579号民事判决书

2. 案由：网络服务合同纠纷

3. 当事人

原告：成某文

被告：人人车公司

【基本案情】

2018年8月9日，原告成某文（乙方）通过被告人人车公司（丙方）与马某倩（甲方）签署了二手车买卖合同，签署时间为2018-8-9 17：34：42，被告人人车公司于当日下午17：35分向原告发送手机短信“您已于2018-8-9 17：34：43成功购买本田-思铂睿2015款2.0L尊贵版。合同链接：t. renrenche. com/55CWt，基于安全考虑，本链接1天后失效，请你及时将文本保存到您本地”等内容，后原告以自己的手机进行了实名认证并填写验证码。原告继续完成电子合同签署流程，最终生成涉案合同，合同明确约定了车辆的基本信息以及车辆价款、费用及支付期限、方式，其中服务费一栏约定原告成某文同意向人人车支付居间服务费3552元；并由原告成某文和马某倩各向被告人人车公司预先缴存1000元的履约保证金；原告成某文分别于2018年8月9日13：08：21和13：10：03通过微信转账方式向被告人人车公司缴纳了服务费3552元和保证金1000元，后在履行合同的过程中单方违约，不再购买车辆，被告人人车公司依据合同条款将1000元保证金划付马某倩，并不予退还原告成某文的3552元服务费。原告称缴费后，并未收到任何被告公司发出的通知，未收到签署合同的网址，虽然收到了验证码，但并未将其透漏给任何人。因此被告冒用原告签名，伪造合同，对此要求被告返还原告定金和服务费4552元。被告称原告签署的电子合同确为其本人签署，真实有效。原告单方违约，无权要求返还履约保证金和服务费。

【案件焦点】

电子合同中的电子签名是否为原告本人亲笔签名。

【法院裁判要旨】

北京互联网法院经审理认为：依法成立的合同，对当事人具有法律约束力。原告成某文与马某倩和被告人人车公司签署的合同，虽合同名称为二手车买卖合同，但合同明确约定了买卖双方通过被告人人车公司购买二手车，并同意向人人车支付居间服务费，其性质应为居间服务合同。原告成某文虽否认被告人人车公司提交的文件签署技术报告书的内容，但未提出有力的证据予以反驳。该报告书明确记载了其防篡改功能，且原告成某文也认可其收到了验证码，未发生验证码泄露和透漏的情形。根据该技术报告所载内容可知，没有合同链接和验证码不可能生成涉案合同，因此，对原告成某文的意见，法院不予采纳。原告成某文与被告人人车公司和马某倩签订的二手车买卖合同系各方当事人真实意思表示，内容不违反法律、行政法规的强制性规定，应为有效，各方均应依约定履行各自义务。本案中，被告人人车公司作为居间人，已履行了相关义务，促成了原告成某文与马某倩之间买卖车辆合同的成立，原告成某文在合同订立后无故放弃购车，属于单方违约，其要求被告人人车公司退还服务费的诉讼请求不应予以支持。

北京互联网法院依照《中华人民共和国合同法》第六条、第四百二十四条、第四百二十六条，《中华人民共和国民事诉讼法》第六十四条第一款之规定，作出判决如下：

驳回原告成某文的全部诉讼请求。

【法官后语】

当前，乘着信息技术和网络技术的东风，互联网电子商务领域迅速发展并普及，其中电子签名的出现和逐渐规范为互联网电子商务中实现突破传统物理空间、实现远程交叉验证提供了关键的基础手段，确保电子信息和交易身份相联系。而如何确保电子签名真实并且当然具有法律效力，是一个技术问题，更是一个复杂的法律问题。

虽然电子签名可以实现传统手写签名相同的功能，即识别签名人的身份、表明签名人对文件内容的确认、签名人对文件内容正确性和完整性负责，从而实现线上与线下权利义务关系的完整统一，顺利完成数字世界的确权功能。但电子签名作为数字签名，其生成过程完全不同于传统签名，对其法律效力的审查一直是网络服务合同中的审查重点。当前普遍使用的基于 PKI 的数字签名技术，是一个融合了公开密钥算法、原文加密技术和第三方认证机构（CA）认证等多重手段的技术，其中公开密钥算法用以确认签名人真实身份，原文加密技术保证传输文件不被篡改，CA 认证用以实现身份的可查性和签名人对传输信息的不可抵赖性。在上述案例中，原告在第三方平台实名认证，其登录平台所用的账号、密码、验证码为其专有和控制，涉案第三方平台所使用的相关技术能够发现任何对电子签名及数据电文内容和形式的任何改动，确与案件事实相关，取证程序合法，可以作为法定证据进而被采纳。所以，为了确保电子签名与传统签名具有等同的功能并产生一定的法律效力，在进行最后一步签名之前，就需要通过技术手段保障两方面的关联关系的实现：一是确保能对签名人的身份真实性予以核实；二是确保电子签名与特定数据电文之间的关联关系。

对签名人的身份真实性的核实，需要在网络和软件平台进行相应的注册和实名认证，并提交上述有关核验材料，进而实现身份的核验和认证；而对电子签名与特定数据电文之间的关联关系的核实，则是通过CA证书指纹、数字时间戳、Hash值校验、短信验证码、语音验证码甚至是人脸识别等多重防抵赖防篡改技术与程序的交融，实现防抵赖、防篡改和防伪造的功能，最终确保和确认最后一步的电子签名的有效性，并可以以上述技术本身的安全性能以及记录部分签名过程中操作数据电文作为审查电子签名法律效力的依据。《中华人民共和国电子签名法》第十三条第一款①明确规定了电子签名视为可靠的电子签名必须同时符合的条件。当事人也可以选择使用符合其约定的可靠条件的电子签名，本案中原告和马某倩在签署合同前已经在被告平台进行了实名认证，绑定了邮箱和手机号，在签名时用发送到自己手机的验证码进行验证方可签署，因此相关电子签名制作数据在用于电子签名时属于电子签名人所有并由其本人控制，在法大大技术平台生成的电子合同签署报告经过数字签名技术处理，具有防篡改、防抵赖功能，任何对该电子数据、电子签名和其数据电文内容形式的修改都可通过技术被发现，原告亦没有证据证明电子数据被修改，因此，原告所主张的意见没有被法院所采信，法院也依据上述法律规定驳回了原告的诉讼请求。

编写人：北京互联网法院　袁建华　喻航

---

①《中华人民共和国电子签名法》第十三条第一款规定："电子签名同时符合下列条件的，视为可靠的电子签名：（一）电子签名制作数据用于电子签名时，属于电子签名人专有；（二）签署时电子签名制作数据仅由电子签名人控制；（三）签署后对电子签名的任何改动能够被发现；（四）签署后对数据电文内容和形式的任何改动能够被发现。"

5

网络服务商使用格式条款约定管辖，但未采取合理方式提请对方注意的，管辖条款无效

——金某军诉百度公司服务合同案

【案件基本信息】

1. 裁判书字号

江苏省无锡市中级人民法院（2019）苏02民辖终679号民事裁定书

2. 案由：服务合同纠纷

3. 当事人

原告（上诉人）：金某军

被告（被上诉人）：百度公司

【基本案情】

金某军于2019年3月12日在互联网开通百度公司“百度文库”连续包月服务，当日被扣款当月服务费12.9元，同年4月11日、5月11日金某军被百度公司连续两月自动扣款14.9元，共计29.8元。金某军认为，其在开通“百度文库”包月服务时，网页上显示的“同意《自动续费服务协议》”为百度公司的格式条款，也未以合理方式提请对方注意，并且加重了其责任，该条款应为无效，故诉至法院，请求判令百度公司立即返还其29.8元并赔偿其500元。

百度公司在提交答辩状期间，对管辖权提出异议，认为根据《百度文库会员服务协议》第8条第8.2款“如双方就本协议内容或其执行发生任何争议，双方应尽量友好协商解决，协商不成时，任何一方均可向百度公司所在地北京市海淀区人民法院提起诉讼”的约定，本案双方已经通过会员服务协议确认了争议解决管辖法院，即北京市海淀区人民法院。根据《中华人民共和国民事诉讼法》第三十四条规

定："合同或者其他财产权益纠纷的当事人可以书面协议选择被告住所地、合同履行地、合同签订地、原告住所地、标的物所在地等与争议有实际联系的地点的人民法院管辖，但不得违反本法对级别管辖和专属管辖的规定。"根据协议管辖原则，本案纠纷应当由北京市海淀区人民法院管辖，无锡市惠山区人民法院无管辖权，申请将本案移送至北京市海淀区人民法院审理。

【案件焦点】

网络服务合同中，提供服务一方使用格式条款与用户订立管辖协议，但未采取合理方式提请用户注意的，管辖条款是否有效。

【法院裁判要旨】

江苏省无锡市惠山区人民法院经审理认为：合同或者其他财产权益纠纷的当事人可以书面协议选择被告住所地、合同履行地、合同签订地、原告住所地、标的物所在地等与争议有实际联系的地点的人民法院管辖，但不得违反《中华人民共和国民事诉讼法》对级别管辖和专属管辖的规定。本案系合同纠纷，金某军在开通百度公司的"百度文库"会员服务时，网页上《百度文库会员服务协议》第8条第8.2款明确约定了因该协议产生的纠纷由百度公司住所地法院管辖，该约定不违反有关级别管辖和专属管辖的规定，应为有效。故本案应由被告住所地法院即北京市海淀区人民法院管辖。

江苏省无锡市惠山区人民法院依照《中华人民共和国民事诉讼法》第三十四条、第一百二十七条第一款之规定，作出如下裁定：

本案移送北京市海淀区人民法院处理。

金某军不服该裁定，提起上诉。

江苏省无锡市中级人民法院经审理认为：因合同纠纷提起的诉讼，由被告住所地或合同履行地人民法院管辖。合同对履行地点没有约定或者约定不明确，争议标的为给付货币的，接收货币一方所在地为合同履行地；交付不动产的，不动产所在地为合同履行地；其他标的，履行义务一方所在地为合同履行地。即时结清的合同，交易行为地为合同履行地。本案中，双方虽在《百度文库会员服务协议》中约定了管辖法院，但根据《最高人民法院关于适用〈中华人民共和国民事诉讼法〉的解释》第三十一条的规定，经营者使用格式条款与消费者订立管辖协议，未采取合理方式提请消费者注意，消费者主张管辖协议无效的，人民法院应予支持。百度公司未举证证明其采取合理方式提请金某军注意该管辖协议，该管辖条款应认定为无效。又因金某军的诉请为要求百度公司返还扣款并赔偿损失，结合本案现有证据，本案争议标的为“其他标的”，应以履行义务一方百度公司所在地为合同履行地，本案应由百度公司所在地人民法院即北京市海淀区人民法院处理。

江苏省无锡市中级人民法院依照《中华人民共和国民事诉讼法》第一百七十条第一款第一项、第一百七十一条之规定，作出如下裁定：

驳回上诉，维持原裁定。

【法官后语】

对于网络环境下的买卖合同和侵权行为的管辖问题，《最高人民法院关于适用〈中华人民共和国民事诉讼法〉的解释》分别在第二十条和第二十五条作出规定，尤其是关于买卖合同，明确了买受人住所地或者收货地为合同履行地的规则，有效地维护了消费者权益，促进了消费者维权积极性。但是对于网络服务合同纠纷，法律却并未明确特殊的管辖原则，仍然要依据合同履行地、被告住所地这两个连接点或协议管辖确定管辖。

实践中，网络服务商在网络交易中处于优势地位，为使网络交易更加简便、快捷，网络服务商往往采用格式条款对合同双方的权利义务进行约定，在拟定格式条款时，往往都对管辖法院进行对消费者较为不利的约定。例如，微博约定管辖法院为北京市海淀区人民法院、携程旅行网约定为上海市长宁区人民法院、大众点评网约定为条款签订地（上海市长宁区）有管辖权的法院、优酷网约定为被告住所地法院等。而本案中，百度公司《百度文库会员服务协议》约定了管辖法院为百度公司所在地法院即北京市海淀区人民法院。该类管辖条款基本都排除了消费者住所地一方的管辖，极大地增加了消费者的维权成本。对于该类管辖条款的效力，《最高人民法院关于适用〈中华人民共和国民事诉讼法〉的解释》第三十一条规定，经营者使用格式条款与消费者订立管辖协议，未采取合理方式提请消费者注意，消费者主张管辖协议无效的，人民法院应予支持。本案中，《百度文库会员服务协议》虽然约定了管辖法院，但在消费者注册会员过程中，百度公司并未就服务协议具体条款对消费者进行特别提醒，尤其是对其中的管辖条款，系该服务协议的最后约定条款，如未经特别提醒，消费者往往不会注意。而提供格式条款的一方在合同订立时未采用足以引起对方注意的文字、符号、字体等特别标识，并按照对方的要求对该格式条款予以说明的，不应认定为“采取合理的方式”。故在网络服务提供者无法证明其已采取合理方式提请消费者注意的情形下，基于消费者维权的便利性及保护消费者利益的原则，应当认定本案中网络服务提供者未采取合理方式提请消费者注意，该管辖条款无效。

互联网服务商在创新产品类型和服务方式的过程中，应当遵循诚实信用原则，根据网络消费者的消费习惯，充分尊重并保障消费者的合法权益。对于其单方提供的格式化的管辖条款，必须采取合理方式提请用户注意，否则，对用户不产生法律效力。

编写人：江苏省无锡市惠山区人民法院　何菲

6

捆绑装修合同违规但不违法，购房者不能单独解除

——林某、吴某霜诉中悦地产、富利集团装饰装修合同案

【案件基本信息】

1. 裁判书字号

福建省福州市鼓楼区人民法院（2019）闽 0102 民初 5075 号民事判决书

2. 案由：装饰装修合同纠纷

3. 当事人

原告：林某、吴某霜

被告：中悦地产、富利集团

【基本案情】

2016 年 6 月 27 日，吴某霜向中悦地产出具一份《保利天悦花园认购须知确认书》，确认书第五项装修知悉确认中载明：“本人在签订本确认书前，已知悉贵司开

发的福州保利天悦花园项目是以毛坯交付，因此同意与贵司指定的第三方装修公司通过签订《装修协议》进行装修……本人在签署本确认书之前，已知悉装修交付标准、装修风格、装修价格且没有任何异议……如本人最终成功购买福州保利天悦花园项目商品房，本人承诺按贵司要求签订《保利天悦花园认购书》《商品房买卖合同》并与贵司指定的第三方装修公司签订《装修协议》。”确认书第六项载明：“本人郑重承诺：本人已充分知悉并认可本确认书提示内容，且贵司已就上述内容进行现场公示，并逐一向本人进行说明，尽到通知义务，本人对确认书所述内容认可且无异议。”

2018 年 7 月 6 日，林某、吴某霜与中悦地产签订一份《商品房买卖合同（预售）》，约定林某、吴某霜购买中悦地产建设的位于鼓楼区五凤街道铜盘路北侧保利天悦花园（地块二）一处房产，房产总价款 4920180 元。同日，林某、吴某霜与富利集团签订《装修合同》一份，约定林某、吴某霜自愿委托富利集团按本合同约定标准，对林某、吴某霜购买的鼓楼区五凤街道铜盘路北侧保利天悦花园的房产进行户内结构的优化及装修改造，合同总价款为 469080 元，合同载明：“双方确认，本合同的所有条款均是经双方充分协商后达成的一致意见，双方对条款内容已有充分的了解和共同的认识。”同日，林某、吴某霜（乙方）与中悦地产（甲方）、富利地产（丙方）签订《三方协议》一份，约定：甲、乙双方签署的《商品房买卖合同（预售）》中约定的交付标准因乙方要求丙方进行装修改造，将由乙方和丙方在装修阶段自行协调工序和进度，《商品房买卖合同（预售）》原交付标准被乙方与丙方签署的《装修合同》所对应的装修及改造标准所覆盖。乙方按照《装修合同》约定的价格向丙方支付装修款……为便于装修及改造施工，乙方委托丙方在《商品房买卖合同（预售）》约定的房屋交付期限内代为与甲方进行房屋交验、收房、领取钥匙并由丙方进行装修改造施工，甲、丙方无须再另行书面通知乙方……。2018 年 7 月 10 日，中悦地产向林某、吴某霜代收装修款 469080 元。

林某、吴某霜认为，中悦地产强迫林某、吴某霜与指定的富利集团签订《装修合同》的行为实质为捆绑装修，目的是变相提高商品房的销售价格。根据《中华人民共和国合同法》的规定，请求确认其与中悦地产、富利集团签订的《装修合同》《三方协议》无效，并要求退还全额装修款。

【案件焦点】

捆绑装修合同的效力如何认定。

【法院裁判要旨】

福建省福州市鼓楼区人民法院经审理认为：民事主体之间成立的合同系意思自治的结果，非法定事由，不得对合同效力作否定性评价。第一，案涉《装修合同》《三方协议》系林某、吴某霜与中悦地产、富利集团自主签订，林某、吴某霜并未举证证明中悦地产、富利集团以欺诈、胁迫手段逼迫其签订案涉《装修合同》《三方协议》，且《装修合同》《三方协议》均明显标注本合同的所有条款均是经双方充分协商后达成的一致意见，双方对条款内容已有充分的了解和共同的认识。林某、吴某霜主张签订《装修合同》《三方协议》并非出于其真实意思表示无法采信。第二，《装修合同》《三方协议》系出于各方真实意思，林某、吴某霜的自主选择权并未被剥夺，且现有证据不足以证明变相加价是否存在，林某、吴某霜并无证据证明中悦地产、富利集团存在关联关系，即林某、吴某霜并未证明该款项最终由中悦地产收取，因此无法证明中悦地产、富利集团存在通谋规避政府限购政策、以合法形式掩盖非法目的的行为，故林某、吴某霜该主张法院不予采信。最后，《最高人民法院关于适用〈中华人民共和国合同法〉若干问题的解释（二）》第十四条规定："合同法第五十二条第（五）项规定的'强制性规定'，是指效力性强制性规定。"而林某、吴某霜并未举证证明《装修合同》《三方协议》违反了法律、行政法规的强制性规定，亦未举证证明《装修合同》《三方协议》损害社会公共利益，上述主张依据不足，故林某、吴某霜该主张法院不予采信。综上所述，林某、吴某霜诉请与中悦地产、富利集团签订的《装修合同》《三方协议》无效并返还相应装修款缺乏依据，不予支持。依据《中华人民共和国合同法》第八条、第六十条、第五十二条，《最高人民法院关于适用〈中华人民共和国合同法〉若干问题的解释（二）》第十四条，《中华人民共和国民事诉讼法》第六十四条之规定，作出如下判决：

驳回林某、吴某霜的诉讼请求。

【法官后语】

"捆绑装修"是指在政府对商品房实行限价备案制度的背景下，房地产企业在商品房项目销售中为规避政府限价政策，要求购房人购买其开发的房产的同时必须由房地产企业或其指定的第三方对购买的房屋进行装修的销售模式。在房地产市场调控日趋严厉的背景下，为突破国家及地方政府的限价政策，开发商通过拆分房价捆绑装修形式进行销售的情形普遍存在。部分购房人签订装修合同后，为了让开发商退还多收取的装修款而诉至法院要求确认装修协议无效，解除或撤销装修协议的纠纷时有发生。此类合同纠纷，往往人数众多，矛盾突出，上诉率高，法院在具体案件审理过程中还未能形成明确统一的审判思路。本案具有典型性及现实意义，其裁判结果及裁判意见对捆绑装修销售的司法实践具有重大的指导作用。

从法律适用看，关于在商品房项目中实行捆绑装修的合同效力认定，第一，根据《中华人民共和国合同法》第五十二条的规定，有下列情形之一的，合同无效：(1) 一方以欺诈、胁迫的手段订立合同，损害国家利益；(2) 恶意串通，损害国家、集体或者第三人利益；(3) 以合法形式掩盖非法目的；(4) 损害社会公共利益；(5) 违反法律、行政法规的强制性规定。本案中，第一，商品房买卖合同及装修合同由各方自主签订，系合意的结果，体现了合同当事人的真实意思表示，并不存在胁迫、欺诈、恶意串通等情形。第二，装修合同系出于各方真实意思，购房人的自主选择权并未被剥夺。捆绑销售折算后的房价有可能高于政府指导价格，但该情形并不必然导致销售行为的违法性，也并不必然致使合同无效，故购房者主张拆分价格、捆绑装修的做法实际在掩盖变相涨价之非法目的，难以成立。第三，装修合同涉及的业主具有特定性，不涉及不特定公众的合法权益。社会公共利益具有广泛性和群众性，应指涉及社会大多数人的利益，故装修合同不存在损害社会公共利益的情形。第四，《最高人民法院关于适用〈中华人民共和国合同法〉若干问题的解释（一）》第四条明确规定："合同法实施以后，人民法院确认合同无效，应当以全国人大及其常委会制定的法律和国务院制定的行政法规为依据，不得以地方性法规、行政规章为依据。"《最高人民法院关于适用〈中华人民共和国合同法〉若干问题的解释（二）》第十四条规定："合同法第五十二条第（五）项规定的'强制性规定'，是指效力性强制性规定。"捆绑装修即便存在违规行为，违反的也仅仅是政府关于限价及规范房地产秩序的规范性文件，但并未违反法律、行政法规的效力性强制性规定，对当事人依然具有法律约束力。第五，购房者的自主选择权和公平交易权未被侵犯。涉案房屋是带装修出售，装修合同不具有独立性，整体履行是双方的真实意思表示。本案《商品房买卖合同（预售）》和《装修合同》内容客观真实，不存在开发商未尽到合理提示注意和说明义务，以及损害购房人合法权益的情形，不属于无效的格式合同，购房人作为完全民事行为能力人，如不同意完全有理由拒绝签订，其自主选择权和公平交易权未被侵犯。合同一经有效成立，即具有法律约束力，双方当事人必须信守，不得擅自变更或解除。且购房人已经实际履行付款义务，无权再以无效格式合同为由要求返还装修款。

目前，福州市许多房地产开发企业除捆绑装修外，还存在以搭售地下车位、储藏间等房屋附属物等方式违规销售商品房。经检索相关案例，对于捆绑销售类型的商品房纠纷，多数法院认为，商品房销售相关联的捆绑合同是双方当事人的真实意思表示，不存在胁迫、欺诈情形，不符合重大误解条件，且均不违反法律、行政法规的强制性规定，应属合法有效。现《中华人民共和国民法典》已正式实施，《中华人民共和国合同法》第五十二条关于合同无效的五种法定情形相继被《中华人民共和国民法典》第一百四十四条、第一百四十六条、第一百五十三条、第一百五十四条规定组成的民事法律行为无效制度所吸收，即无民事行为能力人所为民事法律行为无效，双方以虚假意思表示实施的民事法律行为无效，违反法律、行政法规强制性规范及公序良俗的民事法律行为无效，恶意串通的民事法律行为无效。《中华人民共和国民法典》将一方以欺诈、胁迫的手段订立合同的情形划定为可撤销的民事法律行为，取消"以合法形式掩盖非法目的"作为认定合同无效依据，同时，采用"违背公序良俗"替代了"损害社会公共利益"的表述作为合同无效事由的兜底条款。对无效民事法律行为认定的进一步限制，体现了《中华人民共和国民法典》保护意思自治、尊重契约自由、鼓励市场交易的立法宗旨。具体到商品房销售相关联的捆绑合同纠纷中，立约双方均系具备完全民事行为能力的平等主体。如上述分析，在合同订立过程中，不存在《中华人民共和国民法典》规定的无效或可撤销的民事法律行为的情形，各方均应依约履行合同的有关义务。另外，从社会效果看，在房地产价格波动较大的现实背景下，违约毁约等违反诚实信用原则行为频现将极大地扰乱市场经济秩序，影响商品交易安全稳定，法院未支持购房人要求单独解除捆绑合同的诉求，维护了诚信的市场交易秩序，保障了公平法治的营商环境，亦符合《中华人民共和国民法典》"鼓励交易，增加财富，严守合同"的基本原则及价值导向。

编写人：福建省福州市鼓楼区人民法院　余玲

二、合同的履行和保全

7

一方未履行的债务与另一方所负的债务不具有等价性，则另一方不得行使同时履行抗辩权

——恒华盛世公司诉新源国能公司加工合同案

【案件基本信息】

1. 裁判书字号

北京市朝阳区人民法院（2019）京0105民初22852号民事判决书

2. 案由：加工合同纠纷

3. 当事人

原告：恒华盛世公司

被告：新源国能公司

【基本案情】

恒盛公司名称变更为恒华盛世公司。2014年4月11日，恒华盛世公司和新源国能公司签订《反渗透、超滤设备机加工采购合同》（以下简称《加工采购合同》），约定由恒华盛世公司为新源国能公司加工制作反渗透、超滤设备机等设备，合同价款为35万元。合同签订后，恒华盛世公司按照新源国能公司提供的图纸及技术协议加工设备。恒华盛世公司在完成加工设备后，由于新源国能公司采购的反渗透膜壳型号与提交给恒华盛世公司的设计图纸及技术协议不符，造成恒华盛世公司已经加工好的3套反渗透装置报废，需另行为新源国能公司加工3套反渗透装

置，双方于2014年9月16日签订《反渗透、超滤设备机加工采购合同补充附件》（以下简称《补充附件》），合同价款由原合同的35万元调整为385850元。同时双方就报废的3套反渗透装置费用如何承担问题，于2014年9月16日签订了《反渗透、超滤设备机加工采购合同补充文件》（以下简称《补充文件》）明确该费用合计为103650元，上述货款合计为48.95万元。新源国能公司已付款146850元。

恒华盛世公司认真按照合同约定及双方补充协议的约定完成了设备的安装、调试，新源国能公司接收、使用了设备。但是，新源国能公司并未按照合同约定付清全部货款，至今尚欠货款342650元，恒华盛世公司故诉至法院。

新源国能公司认为：(1) 恒华盛世公司的主张没有事实和法律依据，双方最终认可的合同价格为385850元，新源国能公司所欠金额为23.9万元。(2) 恒华盛世公司未完全履行合同，未提供相应发票及技术资料，其违约在先，相应款项也不应支付，也不应承担逾期利息。根据合同约定，恒华盛世公司在提供合同全额的17%发票后，新源国能公司才能依约支付恒华盛世公司相应的货款，否则新源国能公司有权拒付货款。

【案件焦点】

新源国能公司能否以恒华盛世公司未提供相应发票及技术资料的违约行为来对抗己方支付货款的债务。

【法院裁判要旨】

北京市朝阳区人民法院经审理认为：恒华盛世公司和新源国能公司签订的《加工采购合同》《补充附件》《补充文件》是双方当事人的真实意思表示，内容不违反我国法律、行政法规的强制性规定，应属合法有效，双方当事人均应依约全面履行各自权利义务。

恒华盛世公司已依约向新源国能公司制作、加工、安装了设备，新源国能公司应依约支付价款。新源国能公司抗辩称恒华盛世公司未向其提供合格证明、质量证明、原产地证明、装箱清单等技术资料，并以此为由拒绝付款，法院认为，恒华盛世公司提交的总装箱单和设备材料出厂放行单，能够证明恒华盛世公司在2014年10月19日已将上述技术资料向新源国能公司提供，法院对新源国能公司该抗辩意见不予采信。恒华盛世公司实际履行的合同总金额是48.95万元，新源国能公司已付款146850元，尚有342650元未付。

关于增值税发票开具一节，恒华盛世公司已为新源国能公司开具了金额为10.5万元的增值税发票，新源国能公司以恒华盛世公司未依约开具增值税发票为由拒绝付款。法院认为，虽然《加工采购合同》中约定付款的前提条件是恒华盛世公司须向新源国能公司出具增值税发票，但是恒华盛世公司早已于2014年10月完成了设备的制作、加工、安装，履行了合同的主要义务，并依约交付了技术资料，且新源国能公司早已正常使用多年，虽然恒华盛世公司未依约履行开具增值税发票的合同附随义务，但并不影响其向新源国能公司主张货款的合同权利。

北京市朝阳区人民法院依照《中华人民共和国合同法》第八条、第六十条、第一百零七条、第一百零九条、第二百五十一条、第二百六十一条、第二百六十三条之规定，作出如下判决：

一、被告新源国能公司于本判决生效之日起七日内支付原告恒华盛世公司货款342650元；

二、被告新源国能公司于本判决生效之日起七日内支付原告恒华盛世公司利息（分段计算，为以下计算金额之和，以103650元为基数，自2015年3月26日起至实际付清之日止，按照中国人民银行同期贷款利率标准计算；以23.9万元为基数，自2019年1月17日至实际付清之日止，按照中国人民银行同期贷款利率标准计算）；

三、原告恒华盛世公司于本判决生效之日起七日内向被告新源国能公司交付2014年4月11日所签《加工采购合同》中约定的3套反渗透装置（价格103650元）；

四、驳回原告恒华盛世公司的其他诉讼请求。

【法官后语】

《中华人民共和国合同法》第六十六条规定，当事人互负债务，没有先后履行顺序的，应当同时履行。一方在对方履行之前有权拒绝其履行要求。一方在对方履行债务不符合约定时，有权拒绝其相应的履行要求。该条规定了同时履行抗辩权的概念和行使条件。自2021年1月1日起施行的《中华人民共和国民法典》第五百二十六条沿袭了这一规定。

双方债务之间具有相应性是行使同时履行抗辩权的重要前提，上述《中华人民共和国合同法》条文所说的相应性，实际上是指双方的债务之间应当具有对价关系。按照学理上的一般观点，当事人取得的财产权与其履行的财产义务之间在价值上大致相当，即为“等价”。然而，在审判实践中，如何判断双方债务之间的等价性则是难点。

债务通常分为主合同义务、从合同义务与附随义务。主债务决定合同的类型和性质，以买卖合同为例，交付标的物与支付价款构成了出卖人与买受人的主合同义务，具有等价性，不难判断。真正难以判断的是主债务与从债务、主债务与附随义务的等价性。

1. 主债务与附随义务的是否具有等价性

附随义务，即依据诚实信用原则，根据合同的性质、目的、交易习惯履行通知、协助、保密等义务，附随义务是法定义务。主债务和附随义务的关系表现在两个方面：第一，一方不履行主债务，另一方就有权拒绝履行自己的全部债务。第二，一方已履行主债务但违反了附随义务，另一方不得行使同时履行抗辩权。本案中，加工人恒华盛世公司按照定作人新源国能公司的要求交付机器设备与新源国能公司按照合同要求向恒华盛世公司支付货款是各自的主债务，毫无疑问具有对价性；在加工设备过程中，对于定作人新源国能公司提供的图纸及技术资料负有的保密义务，加工完设备后通知新源国能公司发货的义务以及新源国能公司向恒华盛世公司提供加工图纸资料的协助义务均是附随义务，恒华盛世公司已经交付机器设备履行了主债务，新源国能公司不能以对方没有履行附随义务来对抗已方支付货款的义务。

2. 主债务与从债务是否具有对价性

从债务是辅助主债务实现债权人交易目的的民事义务，通常包括交付单证和资料、开具发票。本案的争议焦点是新源国能公司能否以恒华盛世公司未提供相应发票及技术资料的违约行为来对抗已方支付货款的义务。主债务与从债务之间通常也不具有对价关系，不能成立同时履行抗辩权。但是如果给付义务与合同目的的实现具有密切关系，那么应结合案件的具体类型及当事人之间的利益对比，根据诚信原则加以确定。

需要说明的是，正当行使同时履行抗辩权，能够平衡当事人之间的利益，维护交易秩序。但是，在不符合行使抗辩权的情况下拒绝履行债务属滥用同时履行抗辩权，属于违约行为，应承担违约责任。

编写人：北京市朝阳区人民法院　李巧霞　何方

8

须先履行报批义务的合同无权要求对方先履行合同主要权利义务

——姜太公公司诉杏坊村委会合同案

【案件基本信息】

1. 裁判书字号

山东省日照市东港区人民法院（2019）鲁1102民初3312号民事判决书

2. 案由：合同纠纷

3. 当事人

原告：姜太公公司

被告：杏坊村委会

【基本案情】

2016年8月29日，原告姜太公公司（乙方）与被告杏坊村委会（甲方）签订《五洞府吉祥文化旅游区总体规划合同书》，约定："根据《中华人民共和国经济合同法》、建设部《城市规划编制办法》和国家旅游局《旅游规划通则》，'旅游区在开发建设之前原则上应当编制总体规划'，为明确双方责任更好完成规划任务，特订立本合同，共同遵守。"合同第2条约定了甲方承担的权利和义务，其中第1款约定："与乙方共同确定研究大纲深度和研究范围，共同参与调查研究工作，共同研究论证、确定规划文本。"第3款约定："组织项目的评审工作。"第8款约定："乙方提交总体规划成果后，由甲方向旅游行政主管部门提出申请，组织相关专家对总体规划进行评审，评审费用由甲方承担。评审通过的规划成果作为乙方修建性详细规划的依据。"合同第3条约定了乙方承担的义务和责任，第2款约定："与甲方（即被告）共同确定研究大纲深度和研究范围，共同参与调查研究工作，共同研究论证、确定规划文本。在总体规划完成后，参加方案汇报和方案评审会议，并提交与总体规划阶段相符合的各种设计方案图纸和文本”；第3款约定：“向被告如期提交规划文本10套”；第6款约定：“配合甲方组织总体规划评审工作。”关于规划费，双方在第4条中约定：“总体规划设计费30万元，双方签订协议后4天内，被告支付给原告10万元定金，原告收到定金后30天内提交景区设计文本，被告收到文本后支付10万元，并于2016年12月31日前再支付原告10万元，结清全部款项。”合同签订后，被告于2016年12月2日，向原告支付了规划费10万元，在合同履行过程中，双方未按合同约定组织评审，后（原告提交的证据三显示时间为2017年7月），原告作出了《五洞府吉祥文化旅游区总体规划》，原告未举证证明在规划制定过程中曾与被告共同确定研究大纲深度、共同参与调查研究等工作，原告也未提交证据证明已将该规划提交被告，或者已提交被告但被告拒收。原、被告双方也未对设计方案进行评审。在庭审中，法院依法向原告行使释明权，告知原告可将诉讼请求变更为继续履行报批义务，但原告拒绝变更诉讼请求。

【案件焦点】

在未履行报批、评审义务的情形下，被告应否履行支付设计款的义务。

【法院裁判要旨】

山东省日照市东港区人民法院经审理认为：原、被告签订的《五洞府吉祥文化旅游区总体规划合同书》，系双方真实意思表示，不违反法律和行政法规的强制性规定，为有效合同，法院予以确认。根据《五洞府吉祥文化旅游区总体规划合同书》第2条第3款约定“组织项目的评审工作”及第8款约定“乙方提交总体规划成果后，由甲方向旅游行政主管部门提出申请，组织相关专家对总体规划进行评审”，该约定明确了劳动成果的完成，应该先由原告方向被告方提交尚未确定的总体规划，再由被告方向旅游行政主管部门提出申请，组织相关专家对总体规划进行评审。《中华人民共和国合同法》第六十七条规定，当事人互负债务，有先后履行顺序，先履行一方未履行的，后履行一方有权拒绝其履行要求。先履行一方履行债务不符合约定的，后履行一方有权拒绝其相应的履行要求。根据双方合同第4条规划收费及工作进度的约定，被告向原告支付规划费，除第一笔是10万元外，剩余20万元均以原告向被告提交规划书为条件，而规划书并非意味着原告方完成了劳动成果，劳动成果的完成应以双方约定的向旅游行政主管部门提出申请并由专家评审为前提。在未向旅游行政主管部门提出申请并由专家评审确认之前，原告方并未完成劳动成果。同时，即使约定了剩余 20 万以原告向被告提交规划书为条件，在合同履行期内，该约定也未排除合同第 2 条评审的条款。此外，双方合同第 3 条第 2 款、第 3 款约定：原告应与被告共同确定研究大纲深度和研究范围，共同参与调查研究工作，共同研究论证、确定规划文本；在总体规划完成后，参加方案汇报和方案评审会议，并提交与总体规划阶段相符合的各种设计方案图纸和文本。由于旅游区规划的特殊性，上述条款的约定是为保证原告的设计方案能够符合被告的需求，并保证被告合同目的的实现。而原告未提交证据证明其在作规划设计的过程中，履行了上述义务，应承担举证不能的责任。综上所述，按照合同约定，评审是合同履行、原告作出旅游规划方案的必要步骤。原告应当先要求被告继续履行报批、评审的义务，待评审及报批完成后，再行主张要求被告支付设计款及违约金。庭审中，法院已依法向原告进行释明，告知原告可将诉讼请求变更为继续履行报批义务，但原告拒绝变更诉讼请求。原告完成的阶段性成果未经与被告共同调研、论证，也未经评审，明显不符合双方的真实意思表示及双方签订合同的目的，故原告的诉讼请求应予驳回。

山东省日照市东港区人民法院依照《中华人民共和国合同法》第六十条、第六十七条，《中华人民共和国民事诉讼法》第六十四条之规定，作出如下判决：

驳回原告姜太公公司要求被告杏坊村委会支付设计款 20 万元及违约金的诉讼请求。

【法官后语】

最高人民法院发布的《全国法院民商事审判工作会议纪要》中关于合同纠纷案件的审理第三十九条提到，对于须经行政机关批准生效的合同，一方请求另一方履行合同主要权利义务的，人民法院应当向其释明，将诉讼请求变更为请求履行报批义务。一方变更诉讼请求的，人民法院依法予以支持；经释明后当事人拒绝变更的，应当驳回其诉讼请求，但不影响其另行提起诉讼。本案中，原、被告双方签订的《五洞府吉祥文化旅游区总体规划合同书》，即属于此类合同。根据《中华人民共和国合同法》第四十四条第二款的规定，法律、行政法规规定应当办理批准、登记等手续生效的，应当依照其规定，故本案中的合同，从生效要件上来说，因合同中约定的旅游开发建设规划项目，未经主管行政部门批准或登记，尚属效力待定的合同；从履行合同义务的先后顺序上来说，原告应当先要求被告履行报批义务，待其规划项目取得相关行政主管部门的批准和建设许可之后，再要求被告履行给付合同款的义务。在法院向原告依法释明应当将诉讼请求变更为请求被告履行报批义务后，原告仍然拒绝变更，故法院依法驳回了原告的诉讼请求。

编写人：山东省日照市东港区人民法院　王邱信　王捷

9

无书面合同时双方当事人权利义务的确定及合同履行是否存在过错的认定

——安宇客运公司诉宁常公路公司合同案

【案件基本信息】

1. 裁判书字号

江苏省南京市中级人民法院（2019）苏01民终7190号民事判决书

2. 案由：合同纠纷

3. 当事人

原告（被上诉人）：安宇客运公司

被告（上诉人）：宁常公路公司

【基本案情】

2019年1月6日21时20分许，安宇客运公司驾驶员徐某驾驶大型普通客车沿常合高速由西向东正常行驶至185千米处附近时，与架于路面上方且下垂的通信线缆相撞，造成该大型普通客车车辆受损的道路交通事故，安宇客运公司修理车辆花费6.4万元。宁常公路公司在本案事故发生前已发现电缆脱落，但尚未采取措施排除障碍、清除危险或设置警示标志。

【案件焦点】

宁常公路公司应否赔偿安宇客运公司因案涉事故产生的车辆维修费用以及数额如何认定。

【法院裁判要旨】

江苏省南京市溧水区人民法院经审理认为：当事人一方不履行合同义务或者履行合同义务不符合约定的，应当承担继续履行、采取补救措施或者赔偿损失等违约责任。本案事发路段是一条全封闭并实行收费服务的高速公路，安宇客运公司付费进入该高速公路，与宁常公路公司之间成立有偿服务合同关系，宁常公路公司作为高速公路的经营者与管理者，应严格按照规定履行自己的义务，保证通行车辆在高速公路安全畅通行驶。安宇客运公司驾驶员在正常行驶过程中，突然发生与架于路面上方下垂的通信线缆相撞的事故，对于事故的发生，安宇客运公司无过错，而高速公路管理经营者疏于管理、未及时发现和消除安全隐患，存在履约不符合约定的过错。因此安宇客运公司要求宁常公路公司对其损失承担赔偿责任，依据充分，予以支持。据此，根据《中华人民共和国合同法》第六十条、第一百零七条及《中华人民共和国民事诉讼法》第一百五十七条之规定，作出如下判决：

宁常公路公司于判决生效之日起十日内赔偿安宇客运公司6.4万元。

宁常公路公司不服一审判决，提起上诉。

江苏省南京市中级人民法院经审理认为：依法成立的合同受法律保护，合同双方均应按照合同约定全面履行各自义务。本案中，常合高速公路系由宁常公路公司经营管理的收费公路，安宇客运公司驾驶员驾驶机动车驶入该路段，交纳通行费用，享受通行服务，与宁常公路公司之间形成有偿通行服务合同。根据《收费公路管理条例》第二十六条之规定，收费公路经营管理者应当按照国家规定的标准和规范，对收费公路及沿线设施进行日常检查、维护，保证收费公路处于良好的技术状态，为通行车辆及人员提供优质服务。宁常公路公司作为常合高速经营管理者，负有安全保障义务，应当履行对公路及相关设施进行日常检查、维护的义务，保障收费公路的安全通行。根据宁常公路公司的一审陈述，其在案涉事故发生前已发现通信电缆脱落的事实，但由于其未能及时清理，亦未设置警示标志，导致案涉车辆在该公路行驶时，与架设于公路路面上方下垂的通信电缆相撞发生交通事故，致使车辆损毁。《中华人民共和国合同法》第一百零七条规定，当事人一方不履行合同义务或者履行合同义务不符合约定的，应当承担继续履行、采取补救措施或者赔偿损失等违约责任。宁常公路公司未及时清理下垂至路面的通信电缆，阻碍车辆通行，违反合同义务，构成违约。安宇客运公司以宁常公路公司未尽到安全保障义务为由请求赔偿，于法有据，予以支持。宁常公路公司二审中认为其无法确定通信电缆脱落时间与一审陈述相悖，且未提供证据佐证，法院不予采信。宁常公路公司认为案涉事故的发生系因安宇客运公司驾驶员未尽到高度注意义务，未能及时发现脱落电缆，驾驶员存在相应过错，但其未举证证明，法院亦不予采信。关于赔偿数额认定，《中华人民共和国合同法》第一百一十三条规定，当事人一方不履行合同义务或者履行合同义务不符合约定，给对方造成损失的，损失赔偿额应当相当于因违约所造成的损失，包括合同履行后可以获得的利益，但不得超过违反合同一方订立合同时预见到或者应当预见到的因违反合同可能造成的损失。安宇客运公司提供维修协议及维修费用发票，足以证明其实际支付案涉车辆维修费用6.4万元，宁常公路公司未提供证据予以反驳，法院予以确认。故宁常公路公司关于其不应赔偿车辆维修费用6.4万元的上诉请求，于法无据，不予支持。

江苏省南京市中级人民法院依照《中华人民共和国民事诉讼法》第一百七十条第一款第一项之规定，作出如下判决：

驳回上诉，维持原判。

【法官后语】

本案对司法实践有两个方面的借鉴意义：

1. 对于侵权纠纷与合同纠纷竞合的案件，如何针对当事人选择的法律关系和诉讼请求下判

本案中，高速公路电缆下垂导致交通事故，当事人既可以选择侵权纠纷亦可以选择合同纠纷进行诉讼。本案当事人选择的被告主体是高速路公司，主张与高速路公司之间形成有偿服务合同，而未选择侵权纠纷，故庭审围绕双方形成有偿服务合同及该合同确定的双方权利义务进行审理。而针对合同纠纷，原告已经举证双方存在有偿服务合同关系，那么被告所要证明的标准必须是其已经提供符合要求和标准

的服务，显然被告所举证据未能达到该证明目的。

2. 在无书面合同的情况下，当事人权利义务应如何认定

第一，应就合同订立的目的进行确定。本案中，常合高速公路系由宁常公路公司经营管理的收费公路，安宇客运公司驾驶员驾驶机动车驶入该路段，缴纳通行费用是为了享受通行服务，该通行服务首先应确保通行安全、无障碍，其次应当保障车辆便捷、高速通行，宁常公路收取费用即应视为有偿服务合同生效，其应提供相应的服务保障。

第二，应根据相关的法律法规进行确定。根据《收费公路管理条例》第二十六条之规定，收费公路经营管理者应当按照国家规定的标准和规范，对收费公路及沿线设施进行日常检查、维护，保证收费公路处于良好的技术状态，为通行车辆及人员提供优质服务。宁常公路公司作为常合高速经营管理者，负有安全保障义务，应当履行对公路及相关设施进行日常检查、维护的义务，保障收费公路的安全通行。根据宁常公路公司一审陈述，其在案涉事故发生前已发现通信电缆脱落的事实，但由于其未能及时清理，亦未设置警示标志，导致案涉车辆在该公路行驶时，与架设于公路路面上方下垂的通信电缆相撞发生交通事故，致使车辆损毁，违反合同义务，构成违约。

编写人：江苏省南京市溧水区人民法院　郑娉娉

10

一方履行对待给付义务有瑕疵，相对方才享有抗辩权

——优森公司诉王某元合同案

【案件基本信息】

1. 裁判书字号

浙江省嵊州市人民法院（2019）浙 0683 民初 3604 号民事判决书

2. 案由：合同纠纷

3. 当事人

原告（反诉被告）：优森公司

被告（反诉原告）：王某元

【基本案情】

2016年6月，王某元与案外人签订《房屋租赁合同》，租用某处房屋5年。次日，优森公司（甲方）与王某元（乙方）签订《合同书》，约定甲方将化肥、农药、种子以及允许范围内的农资产品，委托给乙方进行代发业务。合同约定："一、甲方责任：发货窗口的合法事务，由甲方负责处理。二、乙方责任：乙方绝对不能经营甲方发货以外的产品，如有好的产品应上报甲方，由甲方总部商定后统一调拨；铺底以外的货款应及时缴纳，铺底款不超过3万元整，货底贷款（铺底货款）在2年内结清，如有特殊情况，经甲方领导批准后，才能延缓还款；乙方工作报酬：根据产品不同，制定不同的利益提成，且在交纳货款时扣除提成，作为乙方的工作报酬；乙方必须交纳1万元押金作为合同保证金。当乙方自动申请退出本项工作时，押金应全额退款。三、违约处理：未经甲方同意，乙方绝对不能私自进货，增加产品进行销售。否则甲方有权没收全部押金，同时结束本合同书。"王某元按约向优森公司交纳1万元押金后，优森公司交付王某元价值3万元的铺底货物。王某元按约在其租赁地点设立了"优森公司（发货处）"。其间，王某元借用他人个体户资质进行经营。2017年1月，优森公司因未经许可从事农药经营被嵊州市农林局处罚，处罚书认定：优森公司与连锁店是批发商与零售商的关系，20个连锁店（包括王某元处）另案处理。2018年，王某元办理农药经营许可证，并开始从其他渠道采购农资产品。因王某元未付清铺底货款，优森公司诉至法院，要求王某元支付铺底货款及相应利息，王某元则以优森公司未尽合法事务（未办理农药经营许可证）造成其损失为由反诉，要求解除《合同书》并退还保证金、赔偿店面租金损失和可得利益损失。

【案件焦点】

1. 优森公司是否存在违约；2. 王某元主张的各项损失是否成立。

【法院裁判要旨】

浙江省嵊州市人民法院经审理认为：（1）关于优森公司是否违约问题。《合同书》约定优森公司委托王某元进行代发业务，但对具体的代发形式，包括发货窗口与优森公司之间的关系、发货窗口以谁的名义经营等问题缺乏明确约定，根据嵊州市农林局查明，优森公司与发货处是连锁店的经营模式，双方是批发商与零售商的关系，此点由王某元自行租赁店面并承担租金、销售收入的分配过程等亦可印证，因此，王某元设立的发货处实为有限制的自主经营（优森公司在产品供应、价格制定方面保留相应的管理权），从这一角度，优森公司并无义务包办发货窗口的经营证照；另外，由于农资产品的特殊性，尤其是农药类产品的经营需要具备相应许可证，作为普通人对此可能缺乏相应的认知，优森公司作为合同约定负责合法事务的一方，理应尽到相应的提醒告知义务，并积极督促、引导、帮助王某元办理相关证照，以保证发货窗口的合法经营，而根据本案查明事实，在双方签订《合同书》时优森公司自身亦没有农药经营许可证，并因此受到行政处罚，可见其在履行该条合同义务中确有瑕疵。（2）关于王某元主张的损失问题。王某元主张发货处因违法经营被相关部门查处要求停止农药销售而导致的营业额减少以及房租损失，缺乏相应的证据证明，法院不予认定。

本诉部分，优森公司交付给王某元 3 万元铺底货物的事实清楚，该款已过约定的付款期限，虽然优森公司在履行合法事务方面存在瑕疵，但尚不构成王某元拒付货款的事由，故法院对优森公司要求王某元支付铺底货款 3 万元的诉请予以支持，对利息主张则基于优森公司自身的履约瑕疵，法院不予支持。关于反诉部分，优森公司在履行合法事务方面确有瑕疵；而王某元在未明确解除合同的情况下向第三方进货，同样构成违约，按照约定优森公司有权解除合同并没收押金。鉴于优森公司亦同意解除合同，故法院对王某元的该项反诉请求予以支持；10000 元押金，因双方当事人互有违约且优森公司违约在先，法院认为仍应退还。至于王某元主张的房租及可得利益损失，缺乏证据证实，法院不予支持。

浙江省嵊州市人民法院依照《中华人民共和国合同法》第六十条、第九十三条、第一百零九条、第一百二十条，《中华人民共和国民事诉讼法》第六十四条第一款，《最高人民法院关于适用〈中华人民共和国民事诉讼法〉的解释》第九十条之规定，作出如下判决：

一、王某元支付优森公司铺底货款 3 万元；

二、解除优森公司与王某元于 2016 年 6 月 2 日签订的《合同书》；

三、优森公司返还王某元押金 1 万元；

上述第一项、第三项相抵，王某元应支付优森公司 2 万元，款限本判决生效后十日内付清；

四、驳回优森公司的其余诉讼请求；

五、驳回王某元的其余反诉请求。

【法官后语】

本案的双方当事人在履行合同义务时均存在瑕疵，双方均据此提出了抗辩。本案审理的关键在于，认定互负给付义务的双务合同中的当事人，一方存在履约瑕疵，另一方能否适用合同抗辩制度，发生同时履行抗辩权。

由双务合同的本质可知，合同抗辩的范围仅限于对待给付义务。同时履行抗辩权的相关理论基础亦可印证这一观点。同时履行抗辩权的产生是基于双务合同对价的交换性、原因的相互依赖性以及与此相关的本质上的牵连性，其中，对价的交换性即双方应负对待给付义务。

《中华人民共和国民法典》第五百二十五条至第五百二十八条沿袭了《中华人民共和国合同法》关于合同抗辩权制度的规定，判断双务合同抗辩权是否成立，一个重要前提是判断双方当事人是否因同一双务合同互负债务。至于如何判断双方当事人因同一合同互负债务，或可从以下角度展开：首先，双方当事人是否对合同义务的性质作出了明确约定，若有明确约定，则应保护契约自由，承认抗辩权的成立。其次，若没有约定，则应判断双方互负之义务是否构成合同主给付义务。主给付义务构成双务合同的对待给付，一方在对方未为对待给付前，得拒绝自己的给付。而从给付义务及附随义务，原则上不属于对待给付，不能发生同时履行抗辩权。最后，若仅为从给付义务，则需综合考量实现合同目的的关系、双务合同的类型及当事人的利益状态，依据诚实信用原则进行判断。

具体到本案，双方签订的《合同书》对于优森公司需要负责的“发货窗口的合法事务”的性质没有明确约定，合同对于“合法事务”的内容也没有具体的约定，王某元以优森公司没有协助办理农药类经营许可证的合法事务，提出拒付货款的抗辩，该抗辩权不成立，因为对于办理农药类经营许可证，优森公司仅有提醒、告知义务，为附随义务，与支付货款不构成对待给付。

编写人：浙江省嵊州市人民法院　邱欢欢

11

债务人无偿转让不动产后再次发生转让不影响债权人撤销权的行使

——许某井诉谢某满、邱某柳债权人撤销权案

【案件基本信息】

1. 裁判书字号

福建省泉州市中级人民法院（2019）闽05民终4795号民事裁定书

2. 案由：债权人撤销权纠纷

3. 当事人

原告（被上诉人）：许某井

被告（上诉人）：邱某柳

被告：谢某满

【基本案情】

谢某满与邱某柳于1992年3月4日办理结婚登记，婚后生育邱某乙、邱某甲。后因夫妻感情破裂，于2018年1月10日到石狮市民政局办理离婚登记，并签订《离婚协议书》，约定："一、双方自愿办理协议离婚手续；二、婚生子邱某甲与婚生女邱某乙已成年，随男方共同生活；三、址于石狮市锦尚镇的房屋归男方邱某柳所有；四、财产安排：双方共同确认在婚姻存续期间没有其他共同的财产；五、双方在婚姻存续期间各自经手的债权债务由双方各自享有和承担；以上协议双方自愿订立，共同遵守，协议书一式三份，双方申请人各执一份，石狮市民政局婚姻登记

处存档一份。”案涉房屋于2000年9月7日办理权属登记，产权人为邱某柳。2018年7月30日，案涉房屋变更登记至邱某柳名下。

许某井与谢某满、邱某柳民间借贷纠纷一案，法院于2018年7月31日作出(2018)闽0581民初1276号民事判决书，判决：(1)谢某满应在本判决生效后10日内偿还许某井借款本金27.8万元，并支付自2018年1月29日起至实际还款之日止的利息（7.8万元本金按月利率1.9%计算，20万元本金按月利率1.15%计算）；(2)驳回许某井的其他诉讼请求。判决生效后，许某井于2018年10月22日向法院申请强制执行。在执行过程中，谢某满下落不明且名下没有可供执行的财产。许某井认为，该房屋是谢某满、邱某柳婚姻关系存续期间所建，属夫妻共同财产，谢某满对该房产享有一半份额。离婚时谢某满放弃其应当享有的房产份额，将案涉房产全部归属于邱某柳所有，而谢某满自身又无其他财产用以偿还所欠的债务，该约定已侵犯了许某井的合法权益，故请求撤销谢某满、邱某柳于2018年1月10日签订的《离婚协议书》中第三条关于财产分割的约定（案涉房屋归邱某柳所有），并要求谢某满、邱某柳承担许某井为行使撤销权所支付的律师代理费6000元。

【案件焦点】

谢某满、邱某柳在签订《离婚协议书》时将案涉不动产约定归邱某柳后，邱某柳又将该不动产变更登记到案外人名下，是否影响本案债权人许某井行使撤销权。

【法院裁判要旨】

福建省石狮市人民法院经审理认为：本案系债权人撤销权纠纷，主要应审查债务人是否存在无偿转让财产的行为，以及该行为是否对债权人造成损害。案涉房屋系谢某满与邱某柳在婚姻关系存续期间所得，属于夫妻共同财产。谢某满与邱某柳在《离婚协议书》中约定将案涉房屋归邱某柳所有，未取得相应对价，该行为应认定为无偿转让财产的行为。谢某满、邱某柳均称邱某柳代谢某满偿还信用卡借款60余万元，但其证据不足以证明其主张，且与双方在《离婚协议书》中关于财产、债务的约定相矛盾，对其辩解，不予采信。许某井与谢某满之间的借贷关系，已经生效法律文书所确认，但谢某满至今未足额偿还借款本息。谢某满将财产无偿转让给邱某柳，损及许某井债权的实现。案涉房屋已变更登记至案外人邱某丙名下，不影响许某井行使撤销权。根据《中华人民共和国合同法》第七十四条第一款“因债务人放弃其到期债权或者无偿转让财产，对债权人造成损害的，债权人可以请求人民法院撤销债务人的行为……”的规定，许某井请求撤销谢某满与邱某柳在《离婚协议书》中将案涉房屋归邱某柳所有的约定，合法有据，予以支持。债权人撤销权纠纷审查的是债务人是否存在无偿转让财产的行为，以及该行为是否对债权人造成损害。离婚协议的日期是否早于许某井起诉日期以及谢某满、邱某柳是否恶意转移财产，并不影响债权人行使撤销权。邱某柳关于《离婚协议书》签订的日期早于许某井起诉日期，不能证明邱某柳与谢某满在签订《离婚协议书》时恶意转移财产逃避债务的辩解，不予采纳。许某井因本案支出律师费6000元，根据《中华人民共和国合同法》第七十四条第二款“撤销权的行使范围以债权人的债权为限。债权人行使撤销权的必要费用，由债务人负担”的规定，该律师费应由谢某满负担。许某井请求邱某柳共同负担，不予支持。

福建省石狮市人民法院依照《中华人民共和国婚姻法》第十七条，《中华人民共和国合同法》第七十四条、第七十五条，《中华人民共和国民事诉讼法》第六十四条、第一百四十四条，《最高人民法院关于适用〈中华人民共和国民事诉讼法〉的解释》第九十条规定之规定，作出如下判决：

一、撤销谢某满与邱某柳于2018年1月10日在《离婚协议书》中约定将址于石狮市锦尚镇的案涉房屋归邱某柳所有的行为；

二、谢某满应于本判决生效之日起十日内支付许某井为本案支出的律师代理费6000元；

三、驳回许某井的其他诉讼请求。

邱某柳不服一审不服一审判决，提出上诉。

福建省泉州市中级人民法院经审理认为：一审法院认定谢某满与邱某柳离婚协议中约定案涉房产归邱某柳所有是无偿转让正确，予以确认。许某井与谢某满民间借贷一案仍在执行阶段，谢某满尚未履行生效判决所确定的义务，谢某满经法院传票传唤未到庭参加诉讼，未提供证据证明其尚有其他可供执行的财产，应当认定其无偿转让案涉房产的行为对债权人许某井造成损害，许某井有权请求人民法院撤销债务人谢某满的转让行为。一审法院判决谢某满支付许某井支出的律师代理费6000元，有事实和法律依据，谢某满未提出上诉，予以确认。

福建省泉州市中级人民法院依照《中华人民共和国民事诉讼法》第一百七十

条第一款第一项之规定，作出如下判决：

驳回上诉，维持原判。

【法官后语】

对于本案谢某满、邱某柳在签订《离婚协议书》时将案涉不动产约定归邱某柳所有的行为是否属无偿转让财产的问题，一、二审均认为，本案的证据无法体现邱某柳取得案涉不动产有支付相应对价，上述行为应认定为无偿转让财产的行为。本案争议较大的焦点在于：谢某满、邱某柳在签订《离婚协议书》时将案涉不动产约定归邱某柳后，邱某柳又将该不动产变更登记到案外人的名下，是否影响本案债权人许某行使撤销权。对此，存在两种不同观点。

第一种观点认为，法律构建债权人撤销权之诉的目的在于让被债务人不当处置的财产得以恢复，保障债权人债权的实现。本案中，案涉不动产已再次发生物权变动，无法恢复登记至债务人名下。因此，本案债权人提起撤销权诉讼，失去事实基础和法律依据，其目的已不能实现，其诉讼请求应予驳回。

第二种观点认为，因债务人无偿转让不动产，对债权人造成损害的，债权人可以请求人民法院撤销债务人的行为。该不动产无偿转让后又发生设定抵押权、赠与、再次转让等情形并已办理物权登记的，不影响债权人行使撤销权。

笔者同意第二种观点。理由如下：

1. 从构成要件而言，责任财产具备可返还性并非债权人撤销权行使的必要条件

第一种观点显然混淆了债权人撤销权的构成要件和法律后果。撤销权发生的要件主要是有损害债权的行为。依据《中华人民共和国合同法》第七十四条及第七十五的规定，债权人行使撤销权必须具备以下三个条件：一是债务人使自己的财产不当减少的行为；二是债权人的相关行为对债权人造成损害；三是在规定时间内行使。其中，撤销无偿转让行为并不以第三人主观上是否存在过错为构成要件，只要债务人存在无偿转让行为，并造成债权人损害的，债权人均有权撤销行为，以保护债务人的责任财产。当前法律本身并没有规定债权人撤销权必须要以责任财产具备恢复原状的现实可能性作为发生要件。反观，倘若将财产具备返还性作为撤销权的行使条件，由于债务人进行的是积极的损害债权的行为，极有可能发生责任财产不

可恢复的后果，这显然不利于债权人债权的保护，反而鼓励不诚信债务人唆使转得人或受益人尽快转移财产，企图通过这种方式逃避债务，损害债权人利益。

2. 从法律效果而言，行为被撤销后自始无效，责任财产无法恢复，撤销权的行使目的仍可实现

债权人撤销权是债权人保全债权的一种方式，其目的在于保全债务人责任财产以备债权清偿，进而保护债权人利益。行为一经撤销自始无效，在债务人与受让人之间应当产生无效行为的法律后果。我国法律并未规定债权人行使撤销权的结果就是让被转让财产得以恢复，因此，裁判者在审判中不得任意对撤销行为法律后果作限缩解释，而应当依据《中华人民共和国民法典》合同编的规定进行处理。尽管责任财产已发生物权变动结果，因债权行为或赠与行为与物权行为均为无效，债务人应以物上请求权请求恢复原状、返还该财产，但由于责任财产在转让后发生被设定抵押等权利负担，或再次被转让等情形时，客观上已发生无法恢复原状或返还财产的法律效果。从平衡保护善意取得第三人利益以维护市场交易安全和稳定的角度出发，在这种情形下，赔偿损失（价格赔偿）作为民事法律行为无效的法律后果之一，应当予以适用，这也是恢复债权人处分财产之前的资力，保护债权人利益的重要途径，不影响撤销权保全债权目的之实现。因此，责任财产无法恢复不会导致撤销权丧失其权利请求基础。

3. 从权利救济而言，对债务人在转让行为被撤销后，怠于行使债权的，债权人可依法行使代位权，保障自身债权的实现

在债权人撤销之诉中，考量债权人利益保障问题，是当前司法审判中遇到的共性问题，也是本案所引发值得思考的问题。当前，债权人能否在撤销之诉中直接对财产提出恢复或赔偿损失请求，各地法院判法不一。

根据《中华人民共和国民法典》第五百四十条之规定，可体现撤销权行使期间属除斥期间，从法律体系解释来看，债权人撤销权应定性为形成权。我国作为成文法国家，当前法律未明确规定债权人有权在撤销权之诉直接要求受让人将财产直接返还给债务人，因此，不宜在债权人撤销之诉中对此进行处理。同时，虽债权人撤销权目的在于保全债权，并非实现债权的方式，但债权人行使撤销权的最终落脚点基本都在于其自身债权的实现。然而，债权人撤销的立法目的在于保全债务人责任财产，以防止债务人财产不当减少或应增加而未增加，给债权人债权带来损害，因

此，为避免不公平受偿及司法秩序混乱、司法资源浪费之乱象，撤销利益应归属于全体债权人，个别债权不宜享有优先受偿权。换言之，债权人在撤销之诉中不应享有债权清偿之效果，否则，有扭曲撤销权性质及立法初衷之嫌疑。因债权人撤销效力仅发生债务人与受让人之间，债务人作为财产返还或恢复原状请求权主体，极易出现怠于行使权利损害债权人利益之情形。鉴于此，在转让行为或赠与行为经生效判决被撤销后，债务人怠于行使财产返还、恢复原状或赔偿损失请求的，应认为符合我国关于代位权的法律规定，债权人有权提起代位权诉讼，保障自身合法权益的维护和债权的实现。但由于撤销权与代位权在制度功能、行使条件、法律效果等方面存在较大差别，因此，债权人应另行提起代位权诉讼。

编写人：福建省石狮市人民法院　邱堂寅　蔡燕瑜

三、合同变更、转让和解除

12

定作人变更技术要求及定作物交付搁置情况下的损失及责任认定

——晶灿公司诉东渡公司定作合同案

【案件基本信息】

1. 裁判书字号

江苏省无锡市中级人民法院（2019）苏02民终2059号民事判决书

2. 案由：定作合同纠纷

3. 当事人

原告（被上诉人）：晶灿公司

被告（上诉人）：东渡公司

【基本案情】

2009年至2012年，晶灿公司陆续生产东渡公司定作的各型号变压器，交易流程为东渡公司发出采购订单→晶灿公司确认后开始生产→东渡公司电话通知晶灿公司分批送货→双方每月对已供产品进行对账→晶灿公司开票→东渡公司付款；双方订单上载明的“交付”日期为晶灿公司准备货源的时间，并非交货日期，也不是根据该日期一次性交货。其间，东渡公司变更了其中一种STA－U13CDA型号变压器的技术要求，由2脚变为3脚，但对此前已经生产的该型号2脚变压器的处理未作说明，此后，东渡公司通知晶灿公司交付了部分货物，但就剩余货物一直未给出发货指令，晶灿公司反复催促，东渡公司一直拒绝提货，致使大量货物积压，因东渡公司在审理过程中明确表示不再接受上述货物，故晶灿公司请求判令：东渡公司赔偿损失846867.87元及相应逾期付款利息。东渡公司则辩称：1. 晶灿公司未按照订单时间交付定作物，应属违约；2. 积压货物中涉及的STA－U13CDA（2脚）型号变压器系属晶灿公司错误生产，该公司早在2011年11月4日即变更了技术要求为3脚，涉及该型号的定作订单日期为2011年11月14日，故理应按照3脚的技术要求进行生产，库存的2脚型号变压器不属于积压未交付的产品；3. 晶灿公司超出订单要求生产的产品，不应由该公司承担赔偿责任。

【案件焦点】

1. 在东渡公司变更技术要求的情况下，晶灿公司定作的STA－U13CDA（2脚）型号变压器是否符合定作要求；2. 晶灿公司未交付的定作物损失应当如何认定，责任如何分配。

【法院裁判要旨】

江苏省无锡市锡山区人民法院经审理认为：晶灿公司与东渡公司之间的定作关系合法有效。晶灿公司主张的未交付定作物损失，因涉案定作物为电子产品，已生产数年，故损失按照产品价格扣除残值确定；产品价格为存于晶灿公司处的各型号产品订单残量乘单价；双方对单价系含税价确认一致，订单残量指订单数量与交付数量之差，因此，需先确定订单数量，本案争议焦点之一即存放于晶灿公司处的STA－U13CDA型号2脚变压器是否符合定作要求。经审查，东渡公司曾定作该型号2脚变压器，后变更为3脚，虽晶灿公司在2011年11月18日向东渡公司发出的邮件中提到与变更定作要求相关的信息，但东渡公司发送回复邮件是在2011年12月16日，即东渡公司此时才确认变更，故定作要求的变更时间应以此邮件为准。争议型号变压器见于2011年11月14日、2012年1月4日两份订单，前一份订单中，20万个产品的"交付"时间为同年11月20日，早于确认邮件，故定作要求为2脚，另外30万个产品的"交付"时间为同年12月20日，时间虽在确认邮件之后，但据证人证言所述，承揽人应在"交付"时间前备好货源等待发货通知，而30万个产品显然不可能在几日内备好，故定作要求仍为2脚；2012年1月4日的订单发送时间在确认邮件之后，定作要求应为3脚，库存3脚型号产品系针对该份订单；晶灿公司已交付的该型号产品均为3脚，库存2脚产品有676810个，扣除50万个订单残量后，剩余176810个非订单残量，库存3脚产品16048个均属订单残量。此外，其他型号库存品中数量大于订单数量与交付数量之差的，不属于订单残量。经计算，与订单相关的库存产品价格为661063.4元，经评估鉴定，库存产品残值为50250元，扣除非订单残量部分的产品价值后，产品残值为39217.7元，因此损失为621845.7元。

关于责任承担，依据证人证言，晶灿公司备货后按照东渡公司的通知发货，但东渡公司在下达订单后未通知发货以致定作物长期积压，东渡公司应承担主要责任；晶灿公司作为电子产品制造商，对涉案货物升级换代频繁应当知晓，却放任产品在其处积压5年之久而未及时处理降低损失，对损失的扩大存在过错，故东渡公司应承担85%的赔偿责任即528568.8元。

江苏省无锡市锡山区人民法院依照《中华人民共和国合同法》第一百零九条之规定，作出如下判决：

一、东渡公司于本判决生效后十日内向晶灿公司给付528568.8元及相应逾期付款利息（自2017年6月28日起至实际给付之日止，按中国人民银行同期同类贷款利率计算）；

二、驳回晶灿公司的其他诉讼请求。

东渡公司不服原审判决，提起上诉。

江苏省无锡市中级人民法院经审理认为：首先，涉案订单均存在未按订单数量交货产生订单残量的情况，对此东渡公司亦在确认单中确认，如果晶灿公司需自担损失，则东渡公司根本无须再签署确认单。其次，现有证据只能证明东渡公司在2011年12月16日才向晶灿公司确认争议型号变压器的设计变更为3脚。最后，东渡公司发出订单后，未就剩余货物通知继续发货，应当承担违约责任，但晶灿公司作为专业厂商，长期未采取止损措施，对损失的扩大存在过错。一审法院酌定东渡公司承担85%的赔偿责任，并无不妥。综上所述，东渡公司的上诉请求不能成立，应予驳回；一审判决认定事实清楚，适用法律正确，应予维持。依照《中华人民共和国民事诉讼法》第一百七十条第一款第一项之规定，作出如下判决：

驳回上诉，维持原判。

【法官后语】

在定作关系中，定作人变更技术要求或者出现定作物迟延交付的情形并不鲜见，本案同时涉及了两种情形下的损失认定及责任分担问题，对司法实务有一定的借鉴意义。

首先，就定作人变更技术要求而言，根据《中华人民共和国合同法》第二百五十八条的规定，定作人中途变更承揽工作的要求，造成承揽人损失的，应当赔偿损失。本条是在定作人变更技术要求的情况下，承揽人主张损失的请求权基础，但需要注意的是，其构成要件不仅要有定作人变更定作要求的事实，还要有此种变更实际导致损失的事实。一般而言，变更承揽工作的事实不难证明，但对于“定作人变更要求”的理解以及变更定作要求有无“导致”损失，“导致”了多少损失，在多数情况下会存在争议。对“定作人变更要求”来说，第一，需要查明系单方变更还是双方协商变更，本案中，晶灿公司只负责根据东渡公司的技术标准进行定作，不参与技术讨论、指导，没有技术标准上的发言权，那么变更原因系定作人单方所为，在此情况下承揽人无须就变更技术标准带来的损失自担责任（仅针对这一要素而言），而如果承揽人对技术标准拥有发言权、指导权，定作、承揽双方在定作过程中一同磋商变更技术标准的，那么即使最后下达变更命令的是定作人，也不能认为是其单方变更了要求，承揽人可能需就此变更带来的损失自担部分责任；第二，在长期持续的定作关系中，定作物数量、批次较多，如果定作人就其中一批次的产品变更技术标准，并在该批次定作初始时就予以告知，那么除非双方曾就承揽的细节、技术标准作出了固定不变的约定，否则不能认为定作人中途变更定作要求。针对变更承揽工作有无“导致”损失，“导致”了什么损失，应先由承揽人提供证据证明。本案中，晶灿公司提供的损失证明为库存产品，在此基础上，争议通常会围绕哪些损失是由于变更承揽工作导致的，哪些不是，哪些又是因定作人扩大的损失展开。本案中，东渡公司认为定作技术要求变更在前，订单交货时间在后，晶灿公司可以按照新要求定作，因此不能称按照旧标准定作的定作物为“损失”，就此，需要结合变更技术标准的时间及订单交付时间来认定损失范围，其中，变更技术标准的时间不应以定作人内部确认变更的时间点为准，也不应以双方就变更技术标准进行磋商的时间为准，而应以定作人最终确认变更的时间或者承揽人明知、应知变更技术的时间为准，如果变更技术时间与交备货时间临近，就大宗货物来说，不具备重作条件和可能的，应当认定已作部分为实际损失。

其次，因定作人原因导致的定作物迟延交付，承揽人主张损失的，应考虑损失和责任分担两个方面的问题。就损失而言，一般是指定作物因迟延交付导致的价值贬损，本案中以定作物价格扣除残值的方式予以确定，另外需要注意的是定作物范围的确定，承揽人超出订单需要制作的订单产品，不应认定在损失范围之内；就损失的责任分配而言，需要考虑双方过错大小综合认定，迟延交付通常与交付时间的关系紧密，本案的一个特殊情节是当事人之间实际交付方式与合同约定的交付方式不一致，此时应以实际交付方式为准，本案的实际交付方式为定作人通知发货，是故在定作人没有证据证明发出交货指令的情况下，其应当是导致定作物迟延交付的主要过错方，而如果定作物本身具有很强的时效属性，那么承揽人压仓期间应当及时积极处理，怠于处理的，就扩大部分的损失需自行承担责任。

编写人：江苏省无锡市锡山区人民法院　王碧云　刘燕妮

13

违约方解除租赁合同应以支付违约金、赔偿损失代替继续履行

——钮某蓓诉江某兵租赁合同案

【案件基本信息】

1. 裁判书字号

安徽省马鞍山市中级人民法院（2019）皖05民终1153号民事判决书

2. 案由：租赁合同纠纷

3. 当事人

原告（被上诉人）：钮某蓓

被告（上诉人）：江某兵

【基本案情】

未成年人陈某将案涉房屋出租给周某，周某转租给钮某蓓，期限自2019年1月1日起至2020年1月1日止。

2019年3月4日，钮某蓓发布出租案涉房屋的广告，江某兵看到广告后，与钮某蓓协商租房事宜，并通过微信转账1000元。钮某蓓在微信中答复："3.5万元未到。"次日，钮某蓓与江某兵签订《协议》，约定钮某蓓将位于马鞍山市博望区博望镇四季花城的房屋转租给江某兵，《协议》载明："1. 房屋转让费3.6万元。2. 江某兵分12个月付清，自合同签订后起，每月支付3000元。3. 江某兵应按时付款，若逾期，则钮某蓓有权要求江某兵一次性付清余款。4. 一方违约，承担违约金5000元。"双方在《协议》上签名捺印。同日，江某兵现金支付1个月租金3000元。之后，江某兵搬入案涉房屋。2019年4月22日，江某兵搬出案涉房屋，并通知钮某蓓不再租赁，钮某蓓收到通知，表示不同意。此后，江某兵未按照约定支付房租。5月14日，钮某蓓提起诉讼，要求江某兵向其支付房屋租金3.3万元，并支付违约金5000元。

5月16日，陈某的祖母兼监护人丁某珍向钮某蓓出具《说明》，载明："丁某珍同意钮某蓓将案涉房屋转租他人，并认可钮某蓓之前对房屋向外出租的事实。"

【案件焦点】

1. 钮某蓓是否有权转租案涉房屋；2. 关于江某兵承担的违约责任。

【法院裁判要旨】

安徽省马鞍山市博望区人民法院经审理认为：第一，关于钮某蓓是否有权转租案涉房屋。依据《中华人民共和国合同法》第二百二十四条第一款的规定，承租人经出租人同意，可以将租赁物转租给第三人，承租人转租的，承租人与出租人之间的租赁合同继续有效。本案中，房屋所有权人陈某为出租人，周某为次承租人，钮某蓓从周某处转租后再转租给江某兵。陈某的祖母兼监护人丁某珍代表陈某明确表示同意钮某蓓转租，且江某兵未能提供其他证据证明周某不同意钮某蓓再转租，故钮某蓓有权将房屋转租给江某兵。至于转租期限超过钮某蓓与周某转租的期限，因获得出租人陈某追认，应属有效。

第二，关于江某兵承担的违约责任。江某兵于2019年4月继续租用案涉房屋但未付租金，属于违约，应承担继续履行的责任，按约向钮某蓓支付该月租金3000元。江某兵于2019年4月22日搬出案涉房屋并通知钮某蓓不再承租，依据《中华人民共和国合同法》第九十四条第二项的规定，在履行期限届满之前，当事人一方明确表示或者以自己的行为表明不履行主要债务的，可以解除合同。江某兵搬出案涉房屋并停止支付租金，明确要求提前解除租赁合同，江某兵的行为构成根本违约，导致房屋租赁合同解除，解除时间按解约通知到达之日即2019年4月22日计算，江某兵不能免除相应的违约责任。依据《中华人民共和国合同法》第一百一十四条第一款之规定，当事人可以约定一方违约时向对方支付一定数额的违约金，也可以约定因违约产生的损失赔偿额的计算方法。本案中，双方在《协议》中既约定违约金又约定损失赔偿，故钮某蓓可以要求江某兵同时支付违约金和赔偿损失。依据《中华人民共和国合同法》第一百一十三条和第一百一十九条的规定，损失赔偿额应当相当于因违约造成的损失，以及违约相对方应当采取适当措施防止损失的扩大，没有采取适当措施致使损失扩大的，不得就扩大的损失要求赔偿。本案中，钮某蓓获得的损失赔偿应不超过解约造成的实际损失。江某兵提前解约应给予钮某蓓合理的防止损失扩大的期限，以便钮某蓓将房屋租给他人，在此合理期限内的损失应由江某兵承担，期限外的损失属扩大的损失，钮某蓓不得要求赔偿。钮某蓓未能提供证据证明其他损失，实际损失即为房租。根据本案实际情况，给予钮某蓓3个月的期限较为合理，合理期限内的房租计9000元即为实际损失。双方约定违约金5000元，应优先适用，江某兵应予以支付。对于违约金不足以弥补的实际损失4000元（9000元－5000元）为钮某蓓可以获得的损失赔偿，超过实际损失的部分属于扩大的损失，法院不予支持。江某兵于订立合同前支付1000元，从双方微信记录分析，应为提前支付的房租，可从江某兵欠付的3000元房租中予以扣除。

安徽省马鞍山市博望区人民法院依照《中华人民共和国合同法》第六十条第一款、第九十四条第二项、第一百一十三条第一款、第一百一十四条第一款、第一百一十五条、第一百一十九条第一款、第二百二十四条，《中华人民共和国民事诉讼法》第一百四十二条之规定，作出如下判决：

一、江某兵于判决生效之日起十日内支付钮某蓓租金2000元、违约金5000元，并赔偿钮某蓓损失4000元，合计1.1万元；

二、驳回钮某蓓其他诉讼请求。

江某兵不服一审判决，提出上诉。

安徽省马鞍山市中级人民法院经审理认为：从查明案涉《协议》的内容看，没有既约定违约金又约定损失赔偿。一审法院陈述案涉《协议》既约定违约金又约定损失赔偿，与查明的事实不符，二审法院予以指正。但一审认定钮某蓓实际损失为3个月房租，并无不当。江某兵从钮某蓓处转租，期限一年，但江某兵承租不足两个月后且仅支付一个月租金即自行搬出，江某兵在二审中确认后钮某蓓在2019年8月才将案涉房屋再行租出，实际产生了3个月的房租损失。故一审认定钮某蓓实际损失为3个月房租，与事实相符。

安徽省马鞍山市中级人民法院依照《中华人民共和国民事诉讼法》第一百七十条第一款第一项之规定，作出如下判决：

驳回上诉，维持原判。

【法官后语】

《中华人民共和国合同法》第九十四条规定了合同解除的法定事由，即不可抗力解除、预期违约解除、迟延履行的催告解除、根本违约解除和法律规定的其他情形下的解除。结合此法条内容，也许在不可抗力解除情形下，当事人双方因对不可抗力事件皆不具备归责性，双方都可解除合同。但在预期违约、迟延履行及根本违约情形下，法条设立的背景就是保护守约人的权利，给予守约人在对方违约时救济自身权利的可能。

《中华人民共和国合同法》第一百一十条的内容规定了守约方履行请求权排除的情形，即违约方在特定情形下具有法定的不应守约方要求履行合同义务的权利。按照此条立法精神，违约方可以解除合同，但出于诚实信用和公平交易原则的考虑，违约方须给予守约方充分补偿。

《全国法院民商事审判工作会议纪要》第四十八条规定了违约方原则上不得请求解除合同，但规定违约方在不存在恶意违约的情形且继续履行合同对双方都不利的条件下，可以请求人民法院解除合同，人民法院可以根据案件事实判决解除合同。违约方请求解除合同，不影响其承担违约责任。人民法院在解除合同后，要根据减损规则、损益相抵等规则合理确定违约责任的范围。

关于违约方解除权及违约责任范围确定的实务问题，由于各个法官之间的观点碰撞和对合同法法条的理解异同，在不同时间，不同法院，同样呈现出不同的判决结果。但从判例可见，越来越多的法院逐渐开始支持在特定情形下违约方可以解除合同，当违约方继续履约所需的财力、物力超过双方履行合同所能获得的利益时，合同已不具备继续履行的条件，为平衡双方的利益，法院允许违约方的解除合同请求，但违约方须向守约方承担赔偿责任，以保证守约方现实既得利益不因合同解除而减少，以赔偿损失来代替继续履行。

编写人：安徽省马鞍山市博望区人民法院　花庆月

14

预付式消费服务合同中消费者能否单方解除

——戴某杰诉环球雅思学校服务合同案

【案件基本信息】

1. 裁判书字号

江苏省徐州市中级人民法院（2019）苏03民终2449号民事判决书

2. 案由：服务合同纠纷

3. 当事人

原告（被上诉人）：戴某杰

被告（上诉人）：环球雅思学校

【基本案情】

2018年4月28日，戴某杰在环球雅思学校处报名英语培训课程，填写了注册报名表、并在报名制度上签名，注册报名表备注：“刷卡3万元送2000元课程+2000元店庆礼物　VIP 1对1　基础100课时　剩余学费可转其他课程……”报名制度载明：“……四、退款须知：（一）不可办理退款的情形（即学员不得单方解除合同的情形）：1. 所有享受报名优惠（含连报优惠）、双方协商一致，包括但不仅限于优惠报名……。2. 3—5人VIP班、……VIP一对一……等由不同的课程构成的各种套餐班……课前课后均不退班，套餐连报学员一律不退费，也不可退任一单项课程。3. 预交定金概不退款。以上所有情况，报名后学员不得单方解除合同，一律不可退班退款。（二）无第（一）款情况者可办理退款，办理退款的，双方应按照下列规定处理：1. 开课前退款：（1）需提前10个工作日给予办理退款（如不遵守，则不具备退款条件），每人每次每种班级学费中均含500元报名手续费……（2）刷卡交费学员：如使用各类信用卡则须扣除所交学费2%的银行刷卡手续费……2. 由于学员自身的原因或过失及延误上课造成退费的，学校在扣除其所缴纳的学费的30%费用作为违约金，并去除税金、报名手续费、退款手续费、银行卡手续费和其他相关费用后予以办理……”同日，环球雅思学校向戴某杰出具金额为3万元的收据一张，内容为“VIP 1对1　100课时　店庆充值3万元　送2000元课程+2000元礼物”。同时，环球雅思学校在该收据上备注“刷卡　特别活动　专属定制课程　不退班　不退费”。

2018年5月2日，戴某杰向环球雅思学校邮寄两份内容一致的要求退款通知函，原告以被告有泄露个人隐私之嫌为由要求被告在3日内退还其本人充值会员卡内的3万元。环球雅思学校认可上述两份通知函均于2018年5月3日收到。

环球雅思学校陈述戴某杰充值了3万元会员卡，课程是VIP一对一，该3万元只能用100课时，不能转其他课程，也不允许退时退课。但戴某杰一节课未上，未消费过。

【案件焦点】

1. 涉案服务合同能否解除；2. 戴某杰应否承担相应的违约责任。

【法院裁判要旨】

江苏省徐州市鼓楼区人民法院经审理认为：《中华人民共和国合同法》第九十四条规定：“有下列情形之一的，当事人可以解除合同：（一）因不可抗力致使不能实现合同目的；（二）在履行期限届满之前，当事人一方明确表示或者以自己的行为表明不履行主要债务……（五）法律规定的其他情形。”据此，“法律规定的其他情形”是当事人可以解除合同的情形之一。《中华人民共和国消费者权益保护法》第二条规定：“消费者为生活消费需要购买、使用商品或者接受服务，其权益受本法保护；本法未作规定的，受其他有关法律、法规保护。”《江苏省消费者权益保护条例》第二十八条第一款规定："经营者以发行单用途预付卡方式提供商品或者服务的，消费者有权自付款之日起十五日内无理由要求退款，经营者可以扣除其为提供商品或者服务已经产生的合理费用。"本案中，戴某杰在环球雅思学校处充值3万元会员卡，且根据环球雅思学校的陈述，该会员卡属于单用途预付卡，根据相关法律、法规的规定，戴某杰享有15日内无理由要求退款的权利。同时，报名制度中的条款系环球雅思学校为了重复使用而事先拟定的格式条款，环球雅思学校未提交充分、有效证据证明其已就不得退款（解除合同）的情形向戴某杰履行了提示及明确说明义务。戴某杰已在充值会员卡后的15日内向环球雅思学校提出了退款要求，故戴某杰的诉请有事实及法律依据，应予以支持。环球雅思学校抗辩戴某杰的行为构成违约，其有权主张戴某杰承担30%的违约金责任。一审法院认为，虽然报名制度中载明"由于学员自身的原因或过失及延误上课造成退费的，学校将扣除其所缴纳的学费的30%费用作为违约金"，但该条款属于报名制度中可办理退款情形中的条款，且报名制度中载明无不可办理退款情形的可办理退款，而戴某杰报名的VIP一对一班属于报名制度中载明的不可办理退款的情形，同时戴某杰在其陈述的事实与理由中亦对该条款不认可，故即使该条款真实、有效，环球雅思学校的抗辩亦不能成立，对环球雅思学校提出的该项抗辩，不予采信。

江苏省徐州市鼓楼区人民法院依照《中华人民共和国合同法》第九十四条、《中华人民共和国消费者权益保护法》第二条、《中华人民共和国民事诉讼法》第六十四条、《最高人民法院关于适用〈中华人民共和国民事诉讼法〉的解释》第九十条之规定，作出如下判决：

一、解除戴某杰与环球雅思学校于2018年4月28日签订的英语培训合同；

二、环球雅思学校于判决生效之日起十日内向戴某杰退款3万元。

环球雅思学校不服一审判决，提出上诉。

江苏省徐州市中级人民法院经审理认为：首先，根据《中华人民共和国消费者权益保护法》第二十六条第二款的规定，经营者不得以格式条款、通知、声明、店堂告示等方式，作出排除或者限制消费者权利、减轻或者免除经营者责任、加重消费者责任等对消费者不公平、不合理的规定，不得利用格式条款并借助技术手段强制交易。第三款规定，格式条款、通知、声明、店堂告示等含有前款所列内容的，其内容无效。环球雅思学校报名制度中的条款系环球雅思学校为了重复使用而事先拟定的格式条款，其中关于学员不得单方解除合同等条款属于限制消费者权利、减轻或者免除经营者责任、加重消费者责任等对消费者不公平、不合理的规定，该内容无效。格式条款无效，并不影响当事人的合同解除权。因此，根据法律、法规的规定，涉案合同可以解除。其次，根据《江苏省消费者权益保护条例》第二十八条规定："经营者以发行单用途预付卡方式提供商品或者服务的，消费者有权自付款之日起十五日内无理由要求退款，经营者可以扣除其为提供商品或者服务已经产生的合理费用。经营者未按照约定提供商品或者服务的，应当按照消费者的要求履行约定或者退回预付款……"本案中，戴某杰在环球雅思学校处充值3万元办理会员卡，根据环球雅思学校的陈述，该会员卡属于单用途预付卡，根据上述规定，戴某杰享有15日内无理由要求退款的权利。戴某杰的行为，亦不符合环球雅思学校报名制度中可办理退款的情形，因此不适用30%违约金条款。且环球雅思学校未提供证据证明其因此产生实际损失，故环球雅思学校要求戴某杰承担违约责任的主张，法院不予支持。

江苏省徐州市中级人民法院依照《中华人民共和国民事诉讼法》第一百七十条第一款第一项之规定，作出如下判决：

驳回上诉，维持原判。

【法官后语】

本案入选江苏省2019年度消费者权益保护十大典型案例。

近年来，预付款消费模式在教育培训中非常普遍。培训合同中往往含有限制消费者权利的条款，对上述条款应依法认定为无效。但格式条款无效并不能阻却消费者解除合同的权利。本案裁判者正是以地方性法规为主要依据支持了原告单方解除服务合同的请求。

从国家立法层面，《中华人民共和国消费者权利保护法》等仅对购买商品的消费者一定期限内的任意解除权作了规定，但并未明确赋予服务合同类消费者的上述解除权。鉴于服务的无形性及返还困难性等具有与一般商品买卖可直接退货不同的特性，需要对该类消费者任意解除权进行探究。同时，预付式消费服务合同基于信赖关系形成，具有预付性、持续性、不可替代性及人身专属性等特征，后续合同的履行也有赖于双方的信赖关系，这些特征也需要对该类规则加以思考分析。

第一，任意解除权，亦称随时解除权，是指合同一方或双方可无须任何理由无条件地解除合同。由法律直接规定的为法定任意解除权，由合同当事人约定的为约定任意解除权。后者属于当事人意思自治范畴受制于个人意愿，在本文中不再予以赘述。法学理论对于预付式消费服务合同中消费者是否享有法定任意解除权存在较大争议，司法实践中亦存在同案不同判的情况，因此，本文仅针对法定任意解除权进行讨论。《江苏省消费者权益保护条例》，其中规定单用途预付卡的消费者有权自付款之日起15日内无理由要求退款，赋予了消费者一定期限内的任意解除权。本案司法裁判者也正是以此为主要依据支持了原告戴某杰主张的单方解除预付式消费服务合同的请求。但从国家立法层面，《中华人民共和国消费者权益保护法》等法律并未赋予预付式消费服务合同中消费者一定期限内的任意解除权。赋予预付式消费服务合同中消费者一定期限内任意解除权是有必要的。原因在于，不少消费者往往禁不住商家优惠政策的诱惑，非理性考虑自身消费需求，在对相关商品服务信息尚不充分了解的情况下盲目冲动地办理预付卡。服务类产品一般系非基本生活消费必需品，属于较高层次消费，且这类预付卡充值金额往往较大，一旦交付预付款，消费者则面临大额消费资金被套牢的风险。在我国当前预付式消费服务合同制度尚不健全的架构下，消费者仅以不需要为由请求解除合同并返还预付款并不必然获得支持，也容易加剧合同双方之间的利益冲突，不利于预付式消费模式良性发展。如建立预付式消费服务合同的冷静期制度，赋予消费者一定期限内任意解除权，即能保证消费者在商家限定“促销”期限内办理预付卡享受特定优惠，又能保证消费者在冷静期内审慎思考所需促进理性消费，减少消费者与经营者之间的矛盾冲突。

第二，预付式消费服务合同中消费者应有的法定解除权。预付式消费服务合同属于无名合同，当然适用《中华人民共和国民法典》总则第五百六十三条关于合同法定解除的规定，消费者得以在不可抗力、预期违约、迟延履行、其他违约行为、法律规定的其他等情形下行使法定解除权。同时，消费者也能够依据《中华人民共和国消费者权益保护法》第五十三条之规定，经营者未能按照约定提供商品或者服务的，有权要求经营者退回预付款及其他损失。从上述条款可以看出，通常需以经营者存在根本违约行为，或者存在不可抗力及其他违约行为致使合同目的无法实现情况下，方可赋予消费者法定解除权。

第三，对于服务合同中的消费者应赋予期限外的任意解除权。如前所述，在预付式消费服务合同中，消费者应享有一定期限内任意解除权，及法定事由的解除权，但除上述两种情形外，是否有适用其他事由甚至是“无条件”任意解除合同的空间。实践中，有的司法裁判者会以未能举证证明服务质量不符合约定为由不支持消费者单方解除合同的请求。但由于服务质量具有一定的主观性，难以给出明确的标准，经营者提供格式合同中亦难能对服务质量给出明确标准。对于消费者而言，举证证明具体服务质量约定的标准存在较大难度，证明服务质量不符合约定或下降亦存在困难。因此，消费者能否基于对服务质量不满意、甚至无正当理由地拒绝继续受领服务等主观原因请求“无条件”的单方解除合同，对此理论界及司法实践存有争议。虽然任意解除权违反了合同严守的基本原则，对合同的秩序价值追求造成极大冲击，一定程度上损害经营者的利益，但基于预付式消费服务合同的特殊性及出于对合同更高价值追求的保护，应赋予消费者“无条件”的任意解除权，并可通过配套合同解除之损害赔偿规则在合同自由、效率与合同秩序等不同价值追求之间寻求最佳平衡点。

第四，对于消费者的任意解除权应有必要的限制。法律赋予预付式消费服务合同中消费者的任意解除权无疑对合同严守原则追求的秩序价值造成巨大冲击，若不加以适当规制，该项规则将沦为消费者任意撕毁合同滥用权利的“工具”，容易导致合同双方利益严重失衡。因此，消费者享有的任意解除权并非绝对的解除权，消费者必须在对经营者的损失进行赔偿后方可从双方的合同关系中解脱出来。因此，还应配套建立相应的损害赔偿制度，以缓解因消费者行使任意解除权给经营者造成的损害。

第五，格式条款也不能阻却消费者的单方解除权。从《中华人民共和国民法典》第四百九十七条和《中华人民共和国消费者权益保护法》第二十六条可以看出，符合《中华人民共和国民法典》第五百零六条的情况，或提供格式条款一方免除其责任、加重对方责任、排除对方主要权利时会导致格式条款无效。“一经售出，不予退款”“非本公司原因引起顾客退卡的，原则上不予退款”等“霸王”条款表明，消费者只要是预先支付了服务期内的所有费用，即使消费者对服务效果不满意也要继续履行合同，而不能放弃。该类格式条款不仅排除了消费者无正当理由主张的单方解除合同，甚至排除了经营者根本违约情况下消费者享有的法定解除权，显然上述条款粗暴地排除了经营者应承担的服务瑕疵担保责任，明显加重了消费者的义务，限制其权利的行使，同时也免除了经营者相应的义务以及责任，有悖于平等互惠的原则，导致合同双方地位不平等，该类条款应认定无效。而如果预付式消费服务合同中的其他条款与“霸王”条款在内容和效果上明显不同，“霸王”条款无效不会导致其他合同条款无效，其他条款始终保持着原始的效力，消费者仍享有单方任意解除合同的权利。

编写人：江苏省徐州市中级人民法院　王超　黄伟

15

第三人接受债务人的付款委托而同意向债权人给付之行为的法律性质认定

——港荣公司诉迦德诚公司合同案

【案件基本信息】

1. 裁判书字号

浙江省温州市中级人民法院（2019）浙03民终4734号民事判决书

2. 案由：合同纠纷

3. 当事人

原告（被上诉人）：港荣公司

被告（上诉人）：迦德诚公司

第三人（被上诉人）：华壹公司

【基本案情】

2019年1月25日，港荣公司、迦德诚公司、华壹公司三方签订《三方协议》，内容约定如下：（1）因华壹公司资金出现问题，无法按期支付港荣公司货款，华壹公司委托迦德诚公司将应支付给华壹公司的货款，按华壹公司要求直接代为转付给港荣公司以清偿货款，迦德诚公司即履行完毕向华壹公司支付相应货款的义务。

(2) 华壹公司委托迦德诚公司支付港荣公司货款共计86.67万元。(3) 如果三方发生争议，应当按照公平合理的原则平等协商，协商不成，由迦德诚公司所在地人民法院管辖。合同签订后，华壹公司和迦德诚公司均未向港荣公司支付货款。华壹公司因与迦德诚公司的买卖合同纠纷，已另案起诉迦德诚公司请求支付货款。

【案件焦点】

第三人华壹公司接受债务人迦德诚公司的付款委托而同意向迦德诚的债权人港荣公司清偿债务，是否构成对华壹公司债务的加入。

【法院裁判要旨】

浙江省温州市鹿城区人民法院认为：港荣公司、迦德诚公司、华壹公司三方签订的《三方协议》合法有效，对各方当事人具有法律拘束力。从债务承担的角度看，债务承担分为免责的债务承担和并存的债务承担。本案《三方协议》属于并存的债务承担即债务加入合同，迦德诚公司应该按照协议的约定承担向港荣公司履行86.67万元债务的义务，同时华壹公司承担连带清偿责任。依照《中华人民共和国合同法》第六十条第一款、《中华人民共和国民法总则》第一百三十六条、《中华人民共和国民法通则》第八十四条的规定，作出如下判决：

一、迦德诚公司于本判决生效之日起十日内支付港荣公司货款86.67万元及利息损失；

二、华壹公司对上述第一项债务承担连带清偿责任。

迦德诚公司不服原判提出上诉。

浙江省温州市中级人民法院经审理认为：涉案《三方协议》明确载明，华壹公司委托迦德诚公司向港荣公司支付货款86.67万元，故华壹公司与迦德诚公司之间形成委托付款关系。涉案协议仅约定迦德诚公司受华壹公司的委托向港荣公司支付货款，无明确表达迦德诚公司以担保债务的履行为目的而主动加入华壹公司与港荣公司之间的债权债务关系，自愿为华壹公司对港荣公司的债务承担共同清偿的意思表示，故不具备债务加入的成立要件，迦德诚公司并非港荣公司的直接债务人。一审判决认为涉案《三方协议》属于债务加入合同，缺乏事实和法律依据，法院予以纠正。依照法律规定，委托关系中委托人或受托人可以随时解除委托。本案中，华壹公司已另案起诉迦德诚公司请求支付货款，迦德诚公司亦不同意受托付款，故港荣公司无权直接向迦德诚公司请求支付货款，而只能根据合同相对性向债务人华壹公司主张权利。依照《中华人民共和国民事诉讼法》第一百七十条第一款第二项之规定，作出如下判决：

一、撤销温州市鹿城区人民法院（2019）浙0302民初5537号民事判决；

二、迦德诚公司于本判决生效之日起十日内支付港荣公司货款86.67万元及利息损失；

三、驳回港荣公司的其他诉讼请求。

【法官后语】

债务承担、债务履行承担系由第三人履行债务的不同效力样态，在司法实践中容易发生混淆。法律性质的认定直接影响裁判的结果，本案对第三人接受债务人的付款委托而同意向债权人为给付之行为应认定为何种法律性质具有借鉴意义。该行为不应认定为债务承担，而应认定为债务履行承担，在第三人拒绝履行的情况下，债权人无权直接向第三人主张权利，只能基于合同相对性要求债务人承担责任。

债务承担又称债务转移，是指基于债权人、债务人与第三人之间达成的协议，将债务部分或完全转移给第三人承担，由第三人共同或取代债务人承担合同义务。按照承担后原债务人是否免责为标准，可以分为免责的债务承担和并存的债务承担。前者指债务人经债权人同意由第三人取代原债务人承担全部债务，原债务人不再履行债务。后者又称债务加入，指第三人加入既有债的关系，作为连带责任人与债务人共同向债权人承担债务，原债务人的责任并未免除。债务履行承担又称第三人代履行，是指第三人基于与债务人间的内部关系（如委托、赠与或无因管理等）而代债务人履行债务，第三人对债权人并未作出清偿债务的承诺。债务承担与债务履行承担的最本质区别在于债务是否发生了转移，第三人是否成为原债权债务关系的当事人。债务承担关系中第三人承受了债务人全部或部分的债务，已成为合同关系相对人，其对债权人负有履行债务的义务，也享有债务人对债权人基于原合同而享有的抗辩权。第三人不履行债务，债权人有权直接请求第三人履行合同义务或承担违约责任。在债务履行承担关系中，第三人并不承受任何合同义务，其只是履行主体而非债的当事人，债权人只能将第三人作为债务履行的辅助人而不能将其作为债务人对待，债权人对第三人不享有合同当事人的权利。对第三人的履行不适当行为，债权人只能向债务人请求承担责任。

在司法实践中，如何判断第三人作出的代偿承诺属债务承担还是债务履行承担呢？一般而言，根据合同内容，如果第三人向债权人作出了承担债务的明确意思表示，偿债承诺与债权人之间具有合同关系，则应当认定为债务承担；如果第三人基于与债务人之间的某种内部关系仅同意向债权人给付，并未明确表示愿意承担债务人对债权人的债务，则应认定为债务履行承担。本案中，根据《三方协议》的内容，迦德诚公司系基于与华壹公司之间的委托付款关系而同意向港荣公司支付货款，其并未作出取代华壹公司或与华壹公司连带承担债务的明确承诺，不应认定为债务承担，认定为债务履行承担更符合《三方协议》的缔约本义，对各方均较为公平。对迦德诚公司的不履行行为，港荣公司只能向债务人华壹公司而不能向迦德诚公司请求承担责任。

编写人：浙江省温州市中级人民法院　胡淑丽

四、违约责任

16

上游合同因不可抗力致下游合同违约的责任认定

——罗马假期公司诉中商公司合同案

【案件基本信息】

1. 裁判书字号

北京市第二中级人民法院（2019）京02民终13561号民事判决书

2. 案由：合同纠纷

3. 当事人

原告（被上诉人）：罗马假期公司

被告（上诉人）：中商公司

【基本案情】

中商公司（甲方）与罗马假期公司（乙方）签订协议，就甲方组织旅行团前往欧洲旅游及其他与旅行相关的商务活动，交由乙方负责全部或部分地面接待和其他相关服务事宜达成协议。关于协议中第4条关于结算方式，经双方协商，双方结算方式如下：1. 甲方付款给乙方的时间为团组出发后3天内支付团款费用80%，余款在团组回国后一周内结清，如逾期每天以所欠团款千分之三作为滞纳金一同支付给乙方；甲方以人民币汇入乙方账号，汇率以账单确认当日中国银行卖出价汇率为准。关于第8条不可抗力，任何一方对由于下列原因而导致不能或暂时不能履行全部或部分合同义务的不承担责任：自然灾害、政府采购或禁令以及其他任何双方在签约时不能预料、无法控制且不能避免和克服的事件，但受不可抗力影响的一方，应尽快地将发生事件通知对方，并附上证明材料，并采取积极措施最大限度减少给对方造成的损失。

2018年9月14日，中商公司工作人员将相关资料提交罗马假期公司工作人员，罗马假期工作人员与中商公司确认酒店及住宿情况。另外，中商公司为两团客人购置的为五段联航机票，即大连经停合肥到深圳、深圳到法兰克福、米兰到北京、北京到大连。2018年9月17日，两团客人乘坐的大连至合肥的航班因天气原因取消，两团客人也未能在2018年9月18日抵达深圳，最终没有出团前往法兰克福。2018年9月18日，从深圳飞往法兰克福的航班正常起飞。

罗马假期公司认为，按照双方交易惯例，中商公司应在出团前3日支付团款总额的80%。涉案旅行团未能出行与罗马假期公司无关，且中商公司并未将国内段的航班信息告知罗马假期公司，且即便2018年9月17日的航班因天气原因取消，中商公司可通过改签或变更交通方式等，组织旅行团在2018年9月18日抵达深圳。旅行团未能出行系因中商公司原因所致，故中商公司应当支付总团款80%的费用及滞纳金。

【案件焦点】

上游的航空运输合同因不可抗力无法履行，导致下游的服务合同无法履行，是否能够通过主张不可抗力而免除责任。

【法院裁判要旨】

北京市西城区人民法院经审理认为：第一，台风属不可抗力。第二，中商公司为其旅行团购置了五段联航机票，2018年9月17日因台风影响取消大连经停合肥前往深圳的航班，使中商公司旅行团无法按时抵达深圳，台风影响了中商公司旅行团的行程。第三，罗马假期公司负责中商公司旅行团国外期间的酒店及交通，并不涉及旅行团的航班服务。且双方在确认行程时，中商公司也未明确告知罗马假期公司涉案旅行团系五段联航机票，罗马假期公司对此并不知情。依据约定，罗马假期公司履行的合同主要义务开始于中商公司旅行团抵达法兰克福，旅行团前往法兰克福之前并非必须从大连经停合肥抵达深圳，旅行团可以有多种方式抵达深圳或者在不同的日期到达深圳。中商公司旅行团受台风影响的行程并非其与罗马假期公司的合同履行内容，或是履行合同所必须发生的、无可替代的前置事件，中商公司未履行合同并非受不可抗力影响，而是自身原因所致，其应承担违约责任。

北京市西城区人民法院根据《中华人民共和国合同法》第八条、第六十条、第一百零七条、第一百一十七条第二款、第一百一十九条第一款，《中华人民共和国民事诉讼法》第六十四条第一款，《最高人民法院关于适用〈中华人民共和国民事诉讼法〉的解释》第九十条、第一百零八条之规定，作出如下判决：

一、自本判决生效之日起七日内，中商公司支付罗马假期公司费用74329.3元；

二、驳回罗马假期公司的其他诉讼请求。

后中商公司不服一审判决，提起上诉。

北京市第二中级人民法院经审理认为：旅行团由于台风所致航班被取消而未能成行，此时距合同约定的到达日期仅为两天。根据旅游行业的交易惯例或通常情形，罗马假期公司当已为提供本次地接服务而就住宿、车旅交通等事宜作出安排，为此亦会支付相应费用，该费用本应由中商公司承担。北京市第二中级人民法院认为一审判决认定事实清楚，适用法律正确，依照《中华人民共和国民事诉讼法》第一百七十条第一款第一项之规定，作出如下判决：

驳回上诉，维持原判。

【法官后语】

1. 不可抗力规则和不可抗力条款

在合同法领域内，将不可抗力分为两种：一是不可抗力规则，是指法律对不可抗力所作出的直接规定，由法律具体明确属于不可抗力的事实。《中华人民共和国合同法》中不可抗力规则是指该法第一百一十七条第二款，本法所称不可抗力，是指不能预见、不能避免并不能克服的客观情况。对于不可抗力概念的理解，学术界有三种学说，分别为主观说、客观说和折中说，我国通说采取折中说，如韩世远教授认为，可认识而不可避免其发生的非该事业内在的事件，其损害效果虽采取周到的注意措施，尚不可避免的为不可抗力。二是不可抗力条款，是指当事人通过约定来确定哪些属于不可抗力事实。不可抗力条款主要分为四种类型：(1) 不真正的不可抗力条款，当事人约定的不可抗力条款仅是对不可抗力规则的重申；(2) 扩张型不可抗力条款，当事人约定的不可抗力事实相比于法定的不可抗力事实范围有所扩张；(3) 限缩型不可抗力条款，当事人约定的不可抗力事实部分排除法定的不可抗力事实；(4) 排除型不可抗力条款，当事人完全排除适用法定的不可抗力规则。

不可抗力条款效力的认定。对于不真正的不可抗力条款，因为其与不可抗力规则一致，故对其效力也予以肯定。对于扩张型不可抗力条款，通说认为当事人的约定超出法律确定的范围，不视为不可抗力，但是可以认定其就免责事由达成一致，可对当事人产生合同拘束力。对于限缩型不可抗力条款和排除型不可抗力条款，学术界有两种认识，一是认为不可抗力规则属于任意性规范，当事人可以约定予以排除并放弃免责利益；二是认为不可抗力规则属于强制性规范，不能缩小不可抗力范围或者排除适用。

本案中，中商公司和罗马假期公司在合同中约定了不可抗力条款：第八条不可抗力，任何一方对由于下列原因而导致不能或暂时不能履行全部或部分合同义务的不负责任：自然灾害、政府采购或禁令以及其他任何双方在签约时不能预料、无法控制且不能避免和克服的事件，但受不可抗力影响的一方，应尽快地将发生事件通知对方，并附上证明材料，并采取积极措施最大限度减少给对方造成的损失。其与法定的不可抗力外延和内涵一致，并无出入，是为不真正的不可抗力条款。

2. 上游合同因不可抗力对下游合同履行所产生的影响

不可抗力使得合同的履行发生阻碍，从而使得阻碍会产生不能履行合同的情形，不可抗力带来的影响取决于违约行为是否与不可抗力具有因果关系及其程度，主要包括三种类型：(1) 合同全部不能履行；(2) 合同不能部分履行；(3) 合同迟延履行。不可抗力虽然会对合同的履行产生影响，但其仅作为免责事由出现，并不影响合同关系的继续存在，唯独受不可抗力的影响，当事人无法按照原合同约定履行义务，因此必须做出调整。根据《中华人民共和国合同法》第九十四条第一项的规定，当事人可以在因不可抗力致使不能实现合同目的的情况下行使法定解除权解除合同。另外，在未达到不能实现合同目的无法解除合同的情况下，合同关系将会继续存在，只是需要当事人之间进行协商从而变更合同，如果未达成一致，则只能向法院或者仲裁机构请求变更合同内容。

以上情况仅针对不可抗力对一份合同所造成的影响，但当今社会经济交往纷繁复杂，交易关系环环相扣，可能存在多份合同，合同之间存在先后履行顺序的连锁交易情况，上游合同因不可抗力造成履行障碍，影响下游合同的履行，下游合同的履行违约方是否可以适用不可抗力规则主张免责？是否免责取决于不可抗力与下游合同之间是否存在因果关系。对于因果关系的认定，应从上游合同不能履行程度、上下游合同之间的关联程度、变更履行能否实现及上游合同履行的可替代性和紧迫性等方面综合分析。

本案中，中商公司与航空公司的航空运输合同，履行内容为航空公司将中商公司旅行团最终送至法兰克福，而罗马假期公司与中商公司的合同约定罗马假期公司负责旅行团在法兰克福的交通及住宿，故旅行团和航空公司之间的航空运输合同便为上游合同，中商公司与罗马假期公司之间的服务合同为下游合同。上游的航空运输合同因台风不能履行，是否能够成为中商公司不履行合同的免责事由，本文从以下四个方面分析：第一，不可抗力是否影响上游合同的履行。台风是不可抗力，上游合同是将旅行团按时送达深圳，再送往法兰克福，而出现的台风致使联航航班前段无法完成，无法到达深圳，故台风影响旅行团到达深圳，不可抗力影响上游合同的履行。第二，变更履行上游合同是否具备条件。受台风的影响，大连飞往深圳的航班均被取消，无法乘坐飞机前往深圳，但深圳飞往法兰克福的航班正常起飞并未取消，旅行团可以考虑通过换乘其他交通工具到达深圳，但通过铁路、公路、水路前往深圳的时间均超过一天，旅行团在航班取消的情况下无法按时到达深圳，上游合同无法在时间紧迫的情形下变更履行。综合以上分析，不可抗力使得上游合同完全不能履行。第三，上游合同与下游合同的关联性。旅行团到达法兰克福是中商公司和罗马假期公司履行合同义务的基础，若旅行团未到达法兰克福则无法履行合同义务，故上游合同是下游合同履行的前提。第四，上游合同是否为下游合同不可替代之前提。中商公司虽然无法途经深圳飞往法兰克福，但是可以从大连直接飞往法兰克福。从得知航班取消至到达法兰克福还剩余3天，除去飞行时间还剩余2天，考虑旅行团有将近60人，虽然旅行社具有办理团队出行的经验，但要求其2天办理直接从大连飞往法兰克福的机票未免强人所难，时间上具有紧迫性，所以无法到达深圳的事实能够终局性地决定旅行团无法到达法兰克福，上游合同是下游合同不可替代之前提。综合以上分析，台风与中商公司履行合同义务存在因果关系，中商公司可以适用不可抗力规则主张免责。

3. 不可抗力所带来的损失如何分担

《中华人民共和国合同法》第一百零七条中规定承担违约责任的方式有继续履行，采取补救措施或者赔偿损失等，当事人可以主张采取以上方式来救济因违约所造成的损失。该法第一百一十七条第一款规定，因不可抗力不能履行合同的，根据不可抗力的影响，部分或者全部免除责任，但法律另有规定的除外。不可抗力是我国法定的一种民事责任免责事由，上述条款中的“民事责任”应该作缩小解释，是为全部或者部分免除因违约而产生的民事责任，不可抗力仅作为免责事由而用以在其影响的范围内对抗合同履行。但是当事人延迟履行后发生不可抗力，法律剥夺其抗辩的权利，并不能作为免责事由对抗合同履行请求权的行使。

对于因不可抗力造成的损失的负担。不可抗力作为免责事由，行为人仅在不可抗力的范围内免除违约责任，故在此大多数情形下仅产生损失负担的问题。首先，如果合同约定因不可抗力造成损失的条款，则应该根据约定来分担损失；其次，如果合同中未约定损失负担，且双方对损失的承担协商一致，则应该按照交易习惯等来加以确认；最后，法律规定当事人具有不可抗力的通知义务和避免损失扩大的义务，在以上方式均未明确损失负担标准的情况下，则应该按照合理预见原则、减轻损害原则、损益相抵原则及责任相抵原则来具体分配承担，通常在实践中也会运用公平及诚实信用等基本原则来平衡各方利益。

本案中，不可抗力所带来的损失是罗马假期公司为履行合同所付出的住宿、交通等服务费用。虽然双方在合同中约定了不可抗力条款，但是并未约定损失负担标准，也未就此协商一致，故应该考虑中商公司是否及时告知航班取消、为合同继续履行的努力程度、同旅客之间的协商等情况，同时考虑罗马假期公司是否合理支付费用、是否防止损失扩大等情况，最终考虑公平原则和诚实信用原则来判断数额是否合理，得出一个较为合适的承担损失数额。

编写人：北京市西城区人民法院　韩涛　任卓

17

买房人违约不应向中介公司承担违约责任

——全房公司诉刘某高、马某居间合同案

【案件基本信息】

1. 裁判书字号

江苏省常州市钟楼区人民法院（2019）苏0404民初5048号民事判决书

2. 案由：居间合同纠纷

3. 当事人

原告：全房公司

被告：刘某高、马某

【基本案情】

2019年4月13日，全房公司作为丙方，刘某高、马某作为乙方（买受人）及案外人王某银、倪某娟作为甲方（出卖人）签订《存量房买卖合同》一份，约定王某银、倪某娟将自有房地产转让给刘某高、马某，约定房屋成交价为139.8万元；该房款由刘某高、马某分3次向王某银、倪某娟付清，第一次于2019年4月13日支付定金2万元，第二次于2019年6月14日前支付136万元，第三次待水、电、气、物业交付过户当日支付1.8万元；在第二次付款当日王某银、倪某娟协助刘某高、马某办理产权转移登记手续；刘某高、马某支付全房公司中介费1.9万元，双方签字后中介费不退（双方签字后中介费必须付清），签合同当日中介费应该付清，如签合同当日有欠中介费的，到过户房产证前必须向全房公司付清，否则不予过户房产证，同时刘某高、马某依逾期天数按日向全房公司支付逾期应付款的5%的违约金，直到付清为止。本合同手写项填写内容与印刷文字内容不一致的，以手写项为优先。合同违约责任部分载明，刘某高、马某中途违约的，应及时书面通知王某银、倪某娟，购房定金归王某银、倪某娟所有；王某银、倪某娟中途违约

的，应及时书面通知刘某高、马某，并应在毁约之日起3日之内双倍返还购房定金给刘某高、马某；违约方同时承担向全房公司支付合同值4%的中介费，并承担因此而产生的诉讼费和合理律师费用。上述合同中“违约方同时承担向全房公司支付合同值4%的中介费，并承担因此而产生的诉讼费和合理律师费用”为印刷体，“刘某高、马某中介费壹万玖仟元整支付给丙方”中“壹万玖仟”四个字为手写。同日，刘某高、马某向全房公司交付中介费1000元。2019年5月31日，刘某高、马某向全房公司及王某银、倪某娟发送《解除购房合同通知书》一份，表明因个人原因要求解除合同。故全房公司诉至法院要求刘某高、马某立即支付中介费74920元、律师费1万元并承担本案诉讼费用。

【案件焦点】

1. 中介费金额的确定；2. 刘某高、马某是否应向全房公司承担违约责任。

【法院裁判要旨】

江苏省常州市钟楼区人民法院经审理认为：全房公司为刘某高、马某及卖房人提供房屋出售的相关信息，并促进双方订立房屋买卖合同，全房公司与刘某高、马某系居间合同法律关系。合同中有关中介费金额的约定有两处，即“违约方同时承担向全房公司支付合同值4%的中介费，并承担因此而产生的诉讼费和合理律师费用”与“刘某高、马某支付中介费1.9万元给丙方全房公司”，前者内容均为打印，后者“壹万玖仟”四个字为手写。因合同约定“本合同手写项填写内容与印刷文字内容不一致的，以手写项为优先”，结合全房公司陈述其一般收取的中介费为房屋成交价的2%，或协商在此基础上打折，故刘某高、马某应付全房公司的中介费为1.9万元。因刘某高、马某已支付中介费1000元，还需支付全房公司剩余中介费1.8万元。关于全房公司主张的刘某高、马某违约时还需另行支付合同值4%的中介费55920元。法院认为，首先，对于合同值4%的中介费内容约定在合同违约责任部分，该部分内容是针对房屋买卖双方违约责任的相关约定，即违约方除承担定金损失外，还需同时承担向全房公司支付中介费的责任等。该约定的目的是确认一方违约时中介费由违约方承担，而非确认违约时的中介费金额。其次，全房公司提供的居间服务在促进刘某高、马某与卖方订立合同后已完成，合同约定的办理房屋过户等事宜仅为全房公司提供的附加服务，买卖双方在履行合同过程中是否违约并不会损害全房公司的合法权益，不存在向全房公司承担违约责任的情况，这一点从合同约定的“合同值4%”是“中介费”而非“违约金”也可以看出。最后，全房公司系提供房屋中介服务的专业主体，交易合同系由全房公司制作、提供，全房公司作为居间第三方，并不涉及合同违约责任。综上，全房公司主张刘某高、马某另行支付中介费55920元缺乏事实依据，法院不予支持。

江苏省常州市钟楼区人民法院依照《中华人民共和国合同法》第四十四条第一款、第六十条第一款、第一百零七条、第四百二十四条、第四百二十六条及《中华人民共和国民事诉讼法》第六十五条第一款之规定，作出如下判决：

一、刘某高、马某于本判决生效之日起十日内向全房公司支付居间费1.8万元；

二、刘某高、马某于本判决生效之日起十日内向全房公司支付律师费3000元；

三、驳回全房公司的其他诉讼请求。

【法官后语】

本案主要争议焦点是在买房人违约的情况下是否应向房产中介公司承担违约责任。《中华人民共和国民法总则》第一百八十六条规定，因当事人一方的违约行为，损害对方人身权益、财产权益的，受损害方有权选择请求其承担违约责任或者侵权责任。《中华人民共和国合同法》第四百二十四条规定，居间合同是居间人向委托人报告订立合同的机会或者提供订立合同的媒介服务，委托人支付报酬的合同。依据上述规定，房产中介公司旨在促成房屋买卖双方订立合同，合同签订后其所提供的居间服务即已完成，其依法仅有权向委托人（卖方或买方）索要报酬。办理房屋过户等事宜仅为房产中介公司提供的附加服务，并非主合同义务，房屋买卖双方在履行合同过程中即使出现违约行为，也不会损害房产中介公司的合法权益，故而不存在向房产中介公司承担违约责任的情况。若房产中介公司的违约金主张成立，房产中介公司或因利益驱使而阻碍合同的正常履行，从而收取额外高额的中介费，显然不符合诚实信用的基本原则，也将严重影响房地产交易市场的稳定发展。

编写人：江苏省常州市钟楼区人民法院　刘永丽　刘丽霞

18

航班签转的法律属性及违约责任认定

——周某闽诉海南航空航空旅客运输合同案

【案件基本信息】

1. 裁判书字号

上海市浦东新区人民法院（2019）沪0115民初26237号民事判决书

2. 案由：航空旅客运输合同纠纷

3. 当事人

原告：周某闽

被告：海南航空

第三人：东方航空

【基本案情】

2018年7月20日，原告通过被告官网购买了2018年12月29日从上海浦东机场出发，中转深圳宝安机场，到达奥克兰国际（新西兰）机场以及2019年1月13日返程的机票，实际支付票价11614元。依据被告向原告出具的电子客票行程单显示，第一航程为2018年12月29日10：55分从浦东飞往深圳的由被告承运的HU7208航班，舱位为公务舱C。第二航程为同日17：30分从深圳飞往奥克兰的由被告承运的HU7931航班，舱位为公务舱I。后因被告取消了原10：55分起飞的海航航班，为原告调整为16：35分起飞、19时20分落地的航班，原告方收到航班变动通知后致电被告客服热线，被告客服人员回复称原10：55分起飞的海航航班取消，但调整后的航班中转时间不够，与原告后续航班衔接不上，被告客服人员又为原告调整成由第三人承运的起飞时间为9：10分的MU5335航班，并称MU5335航班是能够与原告的后续国际航班衔接的最早航班，其他航班都衔接不上，于是原告同意被告对航班进行调整。

2018年12月29日当日，原告乘坐第三人承运的MU5335航班从上海浦东机场飞往深圳宝安机场。在办理值机手续时，原告被第三人告知该航班公务舱超售，如继续乘坐该航班，只能降舱乘坐经济舱座位。原告为确保后续行程成行，选择乘坐MU5335航班经济舱座位，由第三人出具了《电子客票非自愿降舱证明》，内容为由于换机型超售原因，该旅客非自愿降低舱位等级，由J舱降至Y舱。因航班超售，被告给予原告400元现金补偿，原告予以接受，并签署了《非自愿降舱补偿确认书》，确认书上载明了原告确认上述补偿方案视为对于本人在2018年12月29日乘坐MU5335航班过程中由于超售未能享有原定舱位等级座位与服务而引起或可能引起的一切纠纷，包括但不限于损失赔偿、费用支出等的最终解决。

被告与第三人以及其他航空公司之间签订有《国内航线不正常航班客票签转及结算协议》，适用于协议一方承运的航班出现不正常情况，造成旅客无法按期旅行而导致旅客非自愿变更承运人或航程，而将旅客转签至协议另一方航班上。被告依据上述协议将原告客票签转至第三人承运航班上，并向第三人支付了147.6美元的签转费用。

原告认为，被告取消原定航班，擅自将原告签转至第三人承运的航班，第三人航班发生超售，原告因后续国际航班的行程时间紧迫，故不得已接受了第三人的补偿并降舱乘坐第三人的航班，当时第三人的服务人员引导原告可向被告主张经济损失。回程之后，原告也通过被告客服电话以及工商部门向被告主张赔偿，均协调未果，故起诉要求被告支付原告因上海至深圳航段乘坐的航班舱位超售造成原告降级的赔偿费1161元。

【案件焦点】

1. 原告因航班签转及非自愿降舱向被告提起违约赔偿之诉，航空旅客运输合同中被告为原告签转第三人航班的行为系由第三人代为履行还是合同权利义务的概括转移；2. 在第三人因超售对原告降舱损失作出赔偿后，原告是否还有权向被告主张承担违约责任。

【法院裁判要旨】

上海市浦东新区人民法院经审理认为：关于争议焦点一，客运合同自承运人向旅客交付客票时成立。原告购买被告海南航空的机票，双方之间建立了航空旅客运输合同关系，之后由于被告航班变动，被告将原告签转至第三人承运的航班，但被告与原告之间的合同并未因此终结，被告也未明确告知原告已将合同权利义务转让给第三人，故被告与原告之间的合同关系仍然存续，只是由第三人代为履行运输义务。即便被告与第三人之间就原告的客票签转进行过结算，被告作为缔约承运人，对原告仍负有约定的合同义务。

关于争议焦点二，本案第三人在代为履行运输义务过程中公务舱发生超售，进而对原告存在违约行为，因实际承运人的作为视为缔约承运人的作为，故被告对此应向原告承担违约责任。原告认为其在改乘第三人航班发生超售后，因后续航班衔接时间紧迫，被迫接受第三人降舱建议并在第三人工作人员释明可另行向被告主张经济损失的情况下，签署了《非自愿降舱补偿确认书》，结合客观事实，法院对此予以采信，并且从第三人的证据上无法体现已向原告充分告知就此事不可再向被告主张赔偿，因此，原告接受第三人400元的赔偿方案不应认定其已放弃了因航班签转和降舱导致的全部诉求。故原告因第三人超售行为导致的实际损失，有权要求被告承担赔偿责任。

被告作为缔约承运人，被告为原告签转航班，应确保原告依合同享受的服务标准不能降低，鉴于签转后第三人代为履行过程中发生超售导致原告降舱，客观上造成服务标准降低，应视为被告未能尽到约定的合同义务，对原告主张的降舱损失，被告应予赔偿。原告虽无证据直接证明降舱差价及实际损失情况，但被告抗辩涉案航班国内段票价为0元也缺乏相应合理依据，法院认为，因公务舱与经济舱之间的票价事实上存在一定差价，考虑到第三人超售已给予原告一定经济补偿，依据损失填平原则，法院酌定由被告赔偿原告降舱导致的损失500元。

【法官后语】

本案中，原告与被告海南航空形成航空旅客运输合同关系，之后因被告航班变动，将原告签转至第三人东方航空承运的航班，因此，实际提供航空运输服务的承运人是第三人，即因为签转的出现，导致本案出现两个承运人。根据《中华人民共和国民用航空法》第一百三十七条规定，本案航班签转行为属于第三人代为履行。被告作为缔约承运人，应当对合同约定的全部运输负责。根据《中华人民共和国合同法》第三百条的规定，被告为原告签转航班，应确保原告依合同享受的服务标准不能降低，鉴于签转后第三人代为履行过程中发生超售导致原告降舱，客观上造成服务标准降低，应视为被告未能尽到约定的合同义务，被告自身构成违约。第三人作为实际承运人，应对其履行的运输负责，即第三人与原告之间存在航空运输合同关系，第三人对原告具有按约定运输和安全运输的合同义务。本案第三人在代为履行运输义务过程中公务舱发生超售，导致原告非自愿降舱，使原告无法乘坐合同约定的公务舱座位，属于第三人对原告存在履行债务不符合约定的情形，第三人亦构成违约。

关于违约责任的承担，根据《中华人民共和国民用航空法》第一百三十九条的规定，再根据《中华人民共和国合同法》第六十五条规定，本案第三人在代为履行运输义务过程中公务舱发生超售，进而对原告存在违约行为，因实际承运人的作为视为缔约承运人的作为，故被告对此应向原告承担违约责任，原告要求被告主张违约赔偿责任，具有法律依据，可予支持。在原债务人承担违约责任后，也可以基于协议向第三人追偿。

关于原告获得第三人赔偿后又向被告索赔是否属于重复赔偿的问题，首先，从本案案情及举证情况看，原告虽然与第三人就航班超售达成一致，事实上原告在行程结束后仍在向被告主张赔偿权利甚至起诉，也体现出原告针对超售降舱一事未放弃对被告的权利主张。而被告及第三人均未能举证证明航班签转后发生违约的责任承担主体情况，即便第三人的作为可视为被告的作为，但纠纷发生后，第三人的证据仅体现为第三人与原告之间的纠纷解决，被告和第三人均不能提供证据证明第三人已向原告充分告知就此事不可再向被告主张赔偿。因此，原告接受第三人400元的赔偿方案不应认定其已放弃了因航班签转和降舱导致的全部诉求。其次，从原告的实际损失看，违约责任中的损失赔偿遵循全额赔偿与限制赔偿的双重原则，一方面，赔偿额的确定取决于损失数额，赔偿的范围应当是违约所造成的一切损失，即“损失多少，赔偿多少”；另一方面，为避免不可预见的赔偿额成为合同订立以后及交易的障碍，《中华人民共和国合同法》第一百一十三条第一款作出了限制赔偿范围的但书规定。因客观上公务舱与经济舱之间的票价存在一定差价，本案中，原告的降舱损失实际发生，原告虽无法举证该航段的降舱差价，被告抗辩国内段票价为0亦不合常理，最终法院参考行业惯例、依据全额赔偿和损失填平原则，对原告已从第三人处获得赔偿400元进行抵扣后，酌定由被告再向原告支付降舱损失500

元，该处理并不构成重复赔偿。

本案在查清事实的基础上，通过案件处理对航班签转行为的法律性质、第三人代为履行的法律后果、违约责任承担等问题从法律原理、立法本意和举证规则的角度作出明确的阐释，通过理解法律理念、衡量社会利益形成具体裁判标准，本案在引导航空旅客合理维权方面具有重要意义。

编写人：上海市浦东新区人民法院 杨柳

19

演艺经纪合同中，艺人违反独家条款的违约金判断规则

——唯可漫公司诉王某合同案

【案件基本信息】

1. 裁判书字号

广东省广州市白云区人民法院（2019）粤0111民初29340号民事判决书

2. 案由：合同纠纷

3. 当事人

原告：唯可漫公司

被告：王某

【基本案情】

2019年2月21日，唯可漫公司与王某签订《经纪合约》，约定王某聘请唯可漫公司为经纪公司，全权代理华南地区涉及美发教育、培训、代言等商业活动；合同期限自2019年2月21日至2020年2月20日；唯可漫公司应通过宣传，提高王某的知名度，使王某在美发行业建立、保持良好的公众形象；未经唯可漫公司同意，王某不得为唯可漫公司指定范围以外的个人或机构做美发相关教育培训；王某不得聘请唯可漫公司之外的任何第三方担任其美发事业的经纪公司；王某从事美发活动的酬劳应由唯可漫公司代收，活动结束后再按约定支付给王某；唯可漫公司支

付给王某培训师费的标准为：课程费6000元/天，下店培训费为实际收费金额×50%。如终止合约，违约方必须赔偿守约方20万元等内容。

《经纪合约》签订后，唯可漫公司于2019年3月和5月各举办主题培训活动一次，由王某担任主持。唯可漫公司合计向王某支付了2.4万元。后唯可漫公司发现王某私接培训课程，主张王某在2019年4月至6月，私下举办培训，学员学费远低于唯可漫公司同类课程，造成客户误解、流失，给唯可漫公司的名誉造成损害。该公司遂向法院起诉，请求判令：（1）解除双方签订的《经纪合约》；（2）王某支付唯可漫公司合作酬金4万元；（3）王某支付唯可漫公司违约金及损失20万元；（4）本案的诉讼费、保全费由王某承担。

庭审中，王某确认曾以个人名义承接培训课程，原因是唯可漫公司未按约定安排上课，其为保证收入来源才承接课程。王某确认上课3次共收取课程费4.5万元，同意向唯可漫公司分配该4.5万元50%的费用，但认为20万元违约金过高，请求驳回唯可漫公司的全部诉讼请求。诉讼中，唯可漫公司与王某确认涉案《经纪合约》于2019年6月12日解除。

【案件焦点】

1. 王某的行为是否违约；2. 如何确定王某应支付的课程报酬和违约金。

【法院裁判要旨】

广东省广州市白云区人民法院经审理认为：唯可漫公司与王某签订的《经纪合约》合法有效，双方应恪守履行。结合现有证据可以认定，王某在未告知唯可漫公司的情况下以个人名义对外承接课程，王某的行为构成违约，王某抗辩称因唯可漫公司未依约为其安排课程，且对其行为知悉、默认，但王某未提交证据予以证实，故对王某的抗辩不予采信。唯可漫公司作为守约方要求解除涉案《经纪合约》合理合法，双方均确认涉案《经纪合约》于2019年6月12日解除，法院予以确认。

现唯可漫公司要求分配王某在涉案合约履行期间私下承接的课程费用，王某亦同意支付，现双方提交的证据均无法佐证王某在2019年4月至6月8天的具体课程报酬，故法院依据唯可漫公司为王某提供的课程报酬按6000元/天计算，则王某就上述课程可获取的报酬酌定为4.8万元，王某应向唯可漫公司支付课程报酬2.4万元。

关于违约金的金额。涉案《经纪合约》的解除系因王某的根本违约所致，王某应承担相应的违约责任。涉案《经纪合约》约定违约方应支付守约方违约金 20 万元，现王某主张违约金约定过高，请求予以酌减。对此，从唯可漫公司提交的证据可以看到，唯可漫公司在与王某签订涉案合约后，有意愿为王某的发展寻求机会，并积极为王某提供发展平台、安排相应课程，涉案《经纪合约》约定的合作期限 1 年，而王某在合同签订后即在 2019 年 3 月从唯可漫公司处获取了 1.2 万元的报酬，在此情况下，王某仍在涉案合约仅履行不到两个月的时间内即 2019 年 4 月对外承接课程，其行为明显违反合同约定且无法认定为善意，而唯可漫公司作为开展商务服务、提供课程平台的咨询公司，其通过培养、提高讲师的知名度安排课程而实现其经济收益，现王某以其个人名义就相同的课程内容对外低价承接课程，确实会给唯可漫公司造成一定的损失，在综合考量涉案《经纪合约》实际履行期限、王某已获得报酬、唯可漫公司对王某发展的培养投入、宣传力度、可能给唯可漫公司带来的收益以及王某的违约行为可能给唯可漫公司造成的损失等因素，法院酌定王某应向唯可漫公司支付违约金 10 万元。

广东省广州市白云区人民法院依照《中华人民共和国合同法》第六十条、第一百零七条、第一百四十四条，《最高人民法院关于适用〈中华人民共和国合同法〉若干问题的解释（二）》第二十九条，《中华人民共和国民事诉讼法》第六十四条之规定，作出如下判决：

一、确认唯可漫公司与王某在 2019 年 2 月 21 日签订的《经纪合约》于 2019 年 6 月 12 日解除；

二、本判决生效之日起五日内，王某向唯可漫公司支付课程报酬 2.4 万元；

三、本判决生效之日起五日内，王某向唯可漫公司支付违约金 10 万元；

四、驳回唯可漫公司的其余诉讼请求。

判后，双方均没有上诉，判决已发生法律效力。

【法官后语】

随着我国经济实力的增强，人们对精神文化产品的需求日益增长，演艺娱乐产业繁荣发展。与此同时，艺人与经纪人之间的演艺经纪合同纠纷不断涌现。本案双方当事人签订的经纪合约属于演艺经纪合同，主要内容为，艺人委托经纪人为其安排和代理培训、代言等商业活动，经纪人为艺人开展宣传、提升公众形象，艺人应按约定参加经纪人安排的活动，艺人不得聘请其他经纪人，艺人的酬劳由经纪人代收并由经纪人分得部分等。演艺经纪合同因在主要内容上符合《中华人民共和国合同法》第三百九十六条“委托合同是委托人和受托人约定，由受托人处理委托人事务的合同”（民法典第九百一十九条作出相同的规定），应为委托合同，但在内容上还兼具行纪、中介、知识产权、劳动等法律关系的特征。

在艺人违反独家条款，未经经纪人同意私自参加商业活动取得报酬，并且未向经纪人分配的情况下，违约金的判断标准往往是案件的争议焦点。由于经纪人在艺人的活动安排、形象包装和宣传推广等方面存在付出，对艺人的收入享有期待利益，艺人的违约行为确实会对经纪人造成损失，因此，应结合双方对违约金的约定、经纪人为履约进行的投入、艺人的获利、经纪人的损失、合作期限、具体违约情形等方面认定违约金数额。本案的意义在于，厘清艺人违反独家条款时应向经纪人支付的违约金的判断标准，从而为演艺经纪合同纠纷的解决提供参考思路。本案中，王某私自承接课程的行为违反了《经纪合约》中不得为唯可漫公司指定以外机构做美发培训的约定，构成违约。王某在已从唯可漫公司处获取报酬的情况下，在合约仅履行不到两个月的时间就对外低价承接课程，存在过错，确实会给唯可漫公司造成损失。在综合考量《经纪合约》的实际履行期限，王某已获得的报酬，唯可漫公司的培养投入、宣传力度、预期收益以及王某违约行为造成的损失等因素，法院酌定王某应向唯可漫公司支付违约金10万元。

编写人：广东省广州市白云区人民法院　伍璇　刘明丽

五、赠与合同

20

夫妻间通过赠与方式办理产权变更登记的性质认定

——王某莹诉林某、马某萍债权人撤销权案

【案件基本信息】

1. 裁判书字号

福建省厦门市中级人民法院（2019）闽02民终1350号民事判决书

2. 案由：债权人撤销权纠纷

3. 当事人

原告（上诉人）：王某莹

被告（被上诉人）：林某、马某萍

【基本案情】

2006年7月4日，林某向案外人振嵘公司购买了家家海景花园一套房屋（案涉房屋），总价款为813418.2元，其中首付款253418.2元，余款56万元通过按揭支付。2006年8月14日，林某又向案外人振嵘公司购买了家家海景花园一处车库（讼争车位），总价款为12万元。此后，该车位产权登记在林某名下。2009年11月9日，林某与马某萍登记结婚。2015年10月15日，林某与马某萍签订了一份《夫妻财产约定》，约定讼争车位归马某萍个人所有，不再作为夫妻共同财产；次日，双方在房屋权属登记机关依据上述《夫妻财产约定》办理了产权过户登记手续，将讼争车位产权变更登记至马某萍名下，产权来源登记为“赠与”。2015年11月17

日，林某与马某萍签署《离婚协议书》并办理离婚登记手续；前述《离婚协议书》约定：1. 女儿林某安、儿子林某骞由女方抚养，随同女方生活，抚养费由男、女双方分摊；2. 存款：双方名下现有银行存款共10万元，双方各分一半，为5万元；3. 房屋：（1）夫妻共同所有的位于泉州市安溪县城厢镇建安大道4号房屋的所有权归男方所有；（2）女方名下位于厦门市思明区房屋为女方个人财产，属女方所有；（3）女方名下位于厦门市思明区案涉车位为女方个人财产，属女方所有；（4）其他财产：双方各自名下的其他财产归各自所有，双方各自的私人生活用品及首饰归各自所有；（5）债务的处理：男方和女方共同对晋江百应公司有500万元的债务，该债务本金和利息由双方共同偿还，男方和女方共同对李某有900万元的债务，该债务本金和利息由女方负责偿还，其他如有被认定为共同债务的债务，由男方承担，除上述债务外，如任何一方对外负有个人债务的，则由负债方自行承担。另查明，林某因需于2011年10月22日向王某莹借款100万元，约定借款期限3个月，借款月利率2%。嗣后，林某支付利息至2015年9月后未再还本付息，王某莹催讨未果后于2018年2月5日将林某起诉至晋江市人民法院，诉请判令林某偿付借款本金及相应利息。2018年4月10日，晋江市人民法院作出（2018）闽0582民初2572号民事判决，判令林某于判决生效之日起10日内偿付王某莹借款本金100万元及支付相应利息。后林某提起上诉，泉州市中级人民法院于2018年8月29日作出（2018）闽05民终4468号民事判决，判决驳回上诉，维持原判，该判决已于2018年9月13日发生法律效力。还查明，林某自2010年开始陆续向案外人王某村借款，双方于2016年1月1日签署一份《欠款协议》，约定"林某现欠王某村先生1300万元整，经双方协商，同意林某以安溪宝龙城市广场的铺位过户给王某村，同时扣除500万元债务，余额800万元今年再安排200万元（包括宝德城东商城店面100万工程款抵押房款。剩余600万元整年后根据实际情况分期付款，利息按银行贷款利率支付，原借款协议作废）"。《欠款协议》签订后，林某以其于2012年以6342806元购买的安溪宝龙公寓抵偿王某村借款本金500万元，马某萍亦配合办理了该房屋产权变更登记手续。2017年4月17日，王某村将林某、马某萍起诉至晋江市人民法院，诉请判令林某、马某萍共同偿还借款本金640万元及相应借款利息。该案中，王某村因财产保全需要于2017年4月12日向厦门市国土房产测绘档案管理中心申请调取了讼争车位的土地房屋登记卡。2017年12月18日，晋江市人民法院作出（2017）闽0582民初3470号民事判决，判令林某、马某萍于判决生效之日起10日内返还王某村借款本金646万元及支付相应利息。后林某、马某萍提起上诉，泉州市中级人民法院于2018年6月21日作出（2018）闽05民终2244号民事判决，撤销了前述一审判决，改判林某于判决生效之日起10日内日返还王某村借款本金646万元及支付相应利息，该判决已于2018年6月29日发生法律效力。该判决认定“由于本案借条未经马某萍共同签字或事后追认，王某村在诉讼中未能提供证据证明本案债务系用于林某与马某萍夫妻共同生活，共同生产经营或者基于夫妻双方共同意思表示，故马某萍对本案借款不属于夫妻共同债务的上诉主张，理由成立，予以采纳”。另查明，该案王某村的委托诉讼代理人与上述王某莹诉林某民间借贷纠纷案的委托诉讼代理人为同一人。

【案件焦点】

1. 王某莹行使债权人撤销权是否已超过除斥期间；2. 林某将讼争车位产权变更登记至马某萍名下的行为属何种法律性质。

【法院裁判要旨】

福建省厦门市思明区人民法院经审理认为：关于王某莹行使债权人撤销权是否已超过除斥期间。根据《中华人民共和国合同法》第七十五条之规定，债权人撤销权自债权人知道或者应当知道撤销事由之日起一年内行使。双方当事人对王某莹行使撤销权是否已超过除斥期间存在争议，系源于对“撤销事由”存在不同理解。《中华人民共和国合同法》第七十四条第一款规定：“因债务人放弃其到期债权或者无偿转让财产，对债权人造成损害的，债权人可以请求人民法院撤销债务人的行为。债务人以明显不合理的低价转让财产，对债权人造成损害，并且受让人知道该情形的，债权人也可以请求人民法院撤销债务人的行为。”根据该条文中关于债权人撤销权行使条件的规定，“对债权人造成损害”系撤销权成立的必要条件，因此前述“撤销事由”也应包括“对债权人造成损害”的要素。虽然王某莹另案的委托诉讼代理人吴某康在代理王某村诉林某、马某萍民间借贷纠纷案中，于2017年4月12日即已知晓讼争车位产权变更登记至马某萍名下，但因王某莹并非该案的当事人，不能推定其代理人应在当时就将相关情况告知王某莹，也未有证据显示其代理人在代理王某莹诉林某案前即对王某莹与林某之间的债权债务性质知悉，所以不宜认定王某莹在此时已经知道或应当知道该产权变更登记将对其债权实现造成损害。王某莹作为普通民事主体，且其对林某的债权亦系一般债权，在其于2018年2月5日通过起诉向林某主张债权前，如要求其主动调查林某的责任财产范围、婚姻财产变动状况等，无疑是一种苛责。所以，本案除斥期间最早应自2018年2月5日起算，王某莹行使债权人撤销权并未超过一年的除斥期间。关于林某将讼争车位产权变更登记至马某萍名下的行为属何种法律性质。讼争车位虽在2015年10月16日以“赠与”方式办理了产权变更登记，但林某与马某萍此后也已于2015年11月17日办理了离婚手续，并在《离婚协议书》中再次就讼争车位进行分割；双方在较短时间内完成前述产权变更登记及协议离婚手续，变更登记内容也与离婚协议内容相符，且客观上协议离婚的过程具有持续性，夫妻通过“赠与”方式办理产权变更登记亦符合常理，因此应认定该变更登记系对离婚协议内容的实际履行，林某和马某萍在办理讼争车位产权变更登记时的真实意思表示系分割双方离婚时的财产。综上，王某莹提起本案债权人撤销权诉讼并未超过一年除斥期间，但其诉求能否得到支持还应根据讼争车位产权变更是否对其造成损害进行判定。首先，如前所述，林某将讼争车位产权变更登记至马某萍名下的行为属于双方离婚时对财产进行分割，马某萍虽然分得讼争车位及案外房屋，但林某亦分得婚后购买的安溪宝龙公寓。其次，讼争车位及案外房屋虽系林某在婚前购买，但部分按揭款项确在婚后偿还，而且也无证据证明马某萍与林某各自分得的前述房产在价值上存在巨大差距，因此双方《离婚协议书》在财产分配上并未存在明显不公。最后，双方《离婚协议书》在债务分担上也不存在逃避债务的故意，马某萍在离婚后也还配合办理了将安溪宝龙公寓抵偿给案外人王某村的过户手续。因此，林某与马某萍签订的《离婚协议书》并不存在恶意逃避债务之情形，林某将讼争车位产权变更登记至马某萍名下的行为也未损害王某莹的债权，故对王某莹提出的各项诉讼请求，不予支持。

福建省厦门市思明区人民法院依照《中华人民共和国合同法》第七十四条、第七十五条，《中华人民共和国民事诉讼法》第六十四条第一款之规定，作出如下判决：

驳回王某莹的诉讼请求。

宣判后，王某莹对判决结果不服提起上诉。

福建省厦门市中级人民法院经审理认为：关于林某将讼争房屋及车位产权登记

到马某萍名下的行为是否属于无偿赠与问题。虽然林某系以赠与为由将讼争房屋及车位产权过户登记马某萍名下，但该过户行为系依据双方签订的《夫妻财产约定》所办理，此后双方就包括讼争房产及车位在内的相关财产及夫妻共同债务的处分达成《离婚协议书》并据此解除婚姻关系。根据法律规定，离婚时，夫妻共同财产由双方协议处理。林某与马某萍在短期内完成签订《夫妻财产约定》《离婚协议书》、办理产权过户、离婚手续等一系列行为，一审法院根据上述行为的内容及持续性认为林某、马某萍通过“赠与”方式办理产权变更登记符合常理，因此认定该变更登记系对离婚协议内容的实际履行，林某和马某萍在办理讼争房屋产权变更登记时的真实意思表示系分割双方离婚时的财产并无不当。根据《离婚协议书》的约定，马某萍分得讼争房产及车位并负担夫妻共同债务900万元，林某分得于婚后以6342806元购得的宝龙公寓商铺并负担夫妻共同债务500万元。虽讼争车位为林某婚前购买，因林某购买讼争房产签约时仅支付首期款253418.2元，余款56万元由林某通过按揭借款予以偿还（还款期限自2007年3月起至2021年7月止），无证据证明林某在婚前已将讼争房产按揭贷款还清之事实，一审法院认定讼争房产存在婚后偿还按揭款项情形并无不当，而讼争车位系作为讼争房产配套所购买，从使用便利角度一并分配给马某萍亦无不当。王某莹上诉主张林某所取得宝龙公寓商铺系用于偿还林某、马某萍所欠王某村夫妻共同债务，但生效判决已认定该笔债务系林某个人债务，故一审法院据此认定《离婚协议书》在财产分配上并未存在明显不公正确。由于王某莹对于本案所涉债务在林某、马某萍离婚数年后才对林某提起诉讼，要求林某承担还款责任，其并未能举证证明马某萍在签订《离婚协议书》时知道案涉债务存在且性质为夫妻共同债务。同时，马某萍在林某将讼争房产及车位已过户至其名下及双方签订《离婚协议书》后，作为宝龙公寓铺位原共有人协助林某将商铺过户给王某村抵偿其个人债务亦合乎常理，故王某莹关于林某、马某萍恶意串通降低林某的责任财产的上诉主张缺乏依据，不予采信。如上分析，由于林某并非无偿赠与马某萍讼争房产及车位，《离婚协议书》在财产分配上并未存在明显不公情形，也无证据证明林某与马某萍存在恶意串通逃避债务的情形，故一审法院据此认定林某将讼争房产及车位过户到马某萍名下的行为并未损害王某莹的债权，据此驳回王某莹的诉讼请求并无不当，亦予以维持。

福建省厦门市中级人民法院依照《中华人民共和国民事诉讼法》第一百七十

条第一款第一项之规定，作出如下判决：

驳回上诉，维持原判。

【法官后语】

本案处理的关键有二：一是如何认定债权人行使撤销权除斥期间的起算时间；二是如何认定夫妻间通过“赠与”的方式办理产权变更登记的性质及是否损害了债权人的权益。

1. 如何认定债权人行使债权人撤销权除斥期间的起算时间

根据《中华人民共和国合同法》第七十五条之规定，债权人撤销权自债权人知道或者应当知道撤销事由之日起一年内行使。自债务人的行为发生之日起五年内没有行使撤销权的，该撤销权消灭。本案当事人对债权人行使撤销权是否已超过除斥期间存在争议，系源于对“撤销事由”存在不同理解，而所谓“撤销事由”即为《中华人民共和国合同法》第七十四条规定内容。根据第七十四条第一款“因债务人放弃其到期债权或者无偿转让财产，对债权人造成损害的，债权人可以请求人民法院撤销债务人的行为。债务人以明显不合理的低价转让财产，对债权人造成损害，并且受让人知道该情形的，债权人也可以请求人民法院撤销债务人的行为”之规定，又根据该条文中关于债权人撤销权行使条件的规定，“对债权人造成损害”系撤销权成立的必要条件，因此前述“撤销事由”不应仅仅限于债务人的行为发生，也应包括“对债权人造成损害”的判定要素。当然，从促使债权人尽快行使权利以维护法律秩序的角度，还应兼顾公平、诚信和效率的原则进行综合判定。

2. 如何认定夫妻间通过“赠与”的方式办理产权变更登记的性质及是否损害了债权人的权益

根据法律规定，夫妻共同财产由双方协商处理。夫妻通过签订《夫妻财产约定》《离婚协议书》对夫妻共有财产进行分割，系兼顾人身关系处理及财产分割的综合性协议，不同于其他民事法律关系财产的交易和转让行为。2018 年 1 月 18 日，《最高人民法院关于审理涉及夫妻债务纠纷案件适用法律有关问题的解释》（现已失效）施行后，司法实践中对夫妻共同债务的认定更为慎重和严格。在不能认定夫妻共同责任的情形下，也使得债权人起诉撤销夫妻财产约定或分割的撤销权纠纷案件有所上升。但基于夫妻财产关系的人合性质，在该类案件中，债权人往往负有更难的举证责任，也更不容易进行识别。如夫妻通过“赠与”的方式办理产权变更登记，对该行为的性质不能简单理解为无偿转让，债务人不仅要证明该赠与是否系无偿赠与，夫妻双方关于共有财产的分配是否明显失衡，还要证明债务人夫妻不存在串通帮助债务人逃避债务的恶意，并导致了债务人责任财产的减少。法官在审理该类案件中还要结合债务人的其他债务情况，债务人夫妻分割财产所涉及的各种考量因素等进行综合判定。可以说，该类案件债权人的举证较为困难，对法官的识别能力和经验法则的要求也高。

具体到本案，关于林某将案涉车位和房屋的产权登记到马某萍名下的行为是否属于无偿赠与。虽然产权过户登记系以“赠与”的形式进行，夫妻婚内财产约定的“赠与”行为与其他民事主体间的赠与行为无异，但该过户行为系依据双方签订的《夫妻财产约定》办理，且是在《夫妻财产约定》签订并办理完毕产权登记后双方在短期内签订《离婚协议书》并办理了离婚登记，因此双方实际是履行离婚协议的约定的内容。实践中，出于税费和便利的角度，夫妻间通过“婚内赠与”方式来对离婚时的财产进行分割也是常见和符合生活常理的。除前述认定外，还应审查债务人夫妻的离婚财产分割是否存在明显失衡。根据《离婚协议书》的约定，马某萍分得案涉车位及房屋并负担夫妻共同债务900万元，林某分得婚后以6342806元购得的宝龙公寓商铺并负担夫妻共同债务500万元，虽然案涉车位和房屋为林某婚前购买，但因有按揭贷款，债权人并未举证证明林某在婚前已还清按揭贷款，且车位属房屋的配套设施，从便利角度一并分配给马某萍也是合理的。此外，还应考虑到子女抚养，双方的婚生子女随马某萍生活，出于维护子女生活稳定的角度考虑，将家庭共同生活之住所分配给抚养孩子的一方，也更符合情理。当然，夫妻间的财产分割有时还会考虑一方对家庭的付出等。值得注意的是，夫妻财产的约定虽是夫妻双方对共有财产的自由处分，但任何自由都是有界限的，即不能损害案外第三人的合法权益，要审查夫妻二人是否存在恶意串通即通过离婚协议安排达到逃避债务，从而造成债务人责任财产的减少。本案中，由于林某对王某村的债务被生效判决认定为个人债务，而非共同债务，马某萍在案涉车位和房屋过户至其名下及双方签订《离婚协议书》后，作为宝龙公寓铺位原共有人协助林某将该商铺过户给王某村抵偿林某的个人债务而非夫妻共同债务，可推定马某萍并不存在恶意串通逃避债务的情形。且由于王某莹就案涉债务在林某、马某萍离婚数年后才提起诉讼，要求林某承担还款责任，也未举证证明马某萍在签订《离婚协议书》时知道案涉债务存在且性质为夫妻共同债务，所以无证据证明林某与马某萍存在恶意串通逃避债务的情形，并未损害王某莹的债权，对王某莹的诉请不予支持。

编写人：福建省厦门市思明区人民法院　冯莉平

21

共同共有人单方赠与共有财产后死亡条件下赠与合同效力的认定

——张某荣诉卢某等赠与合同案

【案件基本信息】

1. 裁判书字号

北京市第三中级人民法院（2019）京03民终13974号民事判决书

2. 案由：赠与合同纠纷

3. 当事人

原告（上诉人）：张某荣

被告（被上诉人）：卢某、卢某澍、卢某芳、高某

【基本案情】

张某荣与卢某铭于1996年2月16日结婚，双方均系再婚。卢某铭与前妻育有长女卢某敏、长子卢某澍、次女卢某芳。卢某系卢某澍之女。庭审中，各方均认可卢某敏已于1992年去世，卢某敏育有一女高某。

卢某铭之父卢某平自1992年承租位于北京市西城区某胡同11—13房屋，后转由卢某铭承租。1997年9月2日，卢某铭、卢某澍作为乙方（被拆迁人）与甲方（拆迁人）西城区教育局签订《北京市城市住宅房屋拆迁安置补助协议书》，约定：乙方位于西城区某胡同的房屋在拆迁范围内有正式住房3间，居住面积为35平方

米，有正式户口4人，应安置人口6人，分别为“本人、妻、外孙女、子、子妻、女”，分别安置在302号、1108号、502号、30号房。

2001年6月25日，卢某铭作为买方与卖方北京低压电器厂签订《房屋买卖契约》，卢某铭以成本价每平方米1485元购买302号房屋（建筑面积43.5平方米），房屋实际售价为2.17万元，另应交纳公共维修基金1131元、所有权工本费10元、产权登记费13元，共计应交纳22854元。该房屋《单位出售公有住房房价计算表》记载共使用工龄69年（其中男方40年，女方29年）。截至2002年6月20日，卢某铭支付上述全部费用22859元。302号房屋于2004年8月13日登记在卢某铭名下。

北京第二机床厂于2000年2月24日记载购房人卢某铭截至建立公积金前工龄为40年，记载其配偶张某荣未建公积金截至1999年工龄29年（由张某荣单位北京纺织器材厂于2000年11月24日盖章确认）。

2015年11月11日，卢某铭与卢某签订《赠与合同》，卢某铭将302号房屋赠与卢某。2015年11月12日，302号房屋权属转移登记至卢某名下。卢某铭在办理过户时在《不动产登记询问笔录》“申请登记不动产或份额是否为夫妻共有”一栏填写“否”。

2016年4月5日，卢某铭去世，生前未订立遗嘱。

现张某荣认为其对卢某铭与卢某签订的《赠与合同》一事完全不知情，302号房屋为其与卢某铭的夫妻共同财产，故起诉请求确认卢某于2015年11月11日与卢某铭签订的《赠与合同》无效。

【案件焦点】

赠与人未经配偶同意单方向他人赠与夫妻共同财产并已履行，在赠与人已去世的情况下，应否认定赠与合同全部无效。

【法院裁判要旨】

北京市朝阳区人民法院经审理认为：涉案302号房屋系西城区教育局对包括卢某铭、张某荣在内的6人进行安置的房屋，以卢某铭名义于卢某铭、张某荣婚后购买，应认定为卢某铭、张某荣的夫妻共同财产。

关于张某荣对卢某铭赠与卢某涉案房屋是否明知且同意。现无直接证据表明卢某铭向卢某赠与房屋时征得了张某荣的同意；卢某称张某荣告诉热力公司工作人员找卢某收取供暖费证明张某荣对赠与合同知情且同意，但张某荣对该陈述未认可，卢某亦未能就此提交证据证明；从卢某铭在办理过户时在《不动产登记询问笔录》填写的情况来看，其在“申请登记不动产或份额是否为夫妻共有”一栏填写“否”，故在此环节卢某铭不存在征求张某荣同意的表示。综上，法院难以认定卢某铭向卢某赠与房屋系得到了张某荣的同意。夫或妻非因日常生活需要对夫妻共同财产做重要处理决定，夫妻双方应当平等协商，取得一致意见。根据《中华人民共和国物权法》的相关规定，处分共有的不动产或者动产以及对共有的不动产或者动产作重大修缮的，应当经占份额三分之二以上的按份共有人或者全体共同共有人同意，但共有人之间另有约定的除外。现卢某铭未经张某荣同意将二人共同共有房屋赠与卢某，该行为不对张某荣发生效力。然而，本案中值得注意的是，卢某铭意欲将其享有的房屋份额赠与卢某的意思表示是明确的，且由于卢某铭现已去世，其既无法认识到该赠与行为侵害了张某荣处分权利的事实，更无法基于该认识调整其合法处分自己财产权益的方式，以完成其本人的真实意愿。基于上述情况，法院认为，卢某铭现已去世，其与张某荣的共同财产因共有人的死亡导致共有基础丧失，故涉案房屋现已无法按卢某铭与张某荣的共同共有财产处理，该房屋中属于卢某铭的部分需依法析出，其中的一半应认定为卢某铭的遗产。卢某铭生前对卢某的赠与行为固然侵害了张某荣的处分权，但由于卢某铭去世，上述赠与中包含了卢某铭对自己财产的处分意思，应比照卢某铭对卢某的遗赠处理，如此方能更好地兼顾各方当事人权益，尤其是在生者权利和逝者意愿之间达到更好的平衡。基于上述认识，卢某获赠卢某铭享有的涉案房屋一半份额的权利应受到保护，故法院对张某荣主张卢某铭就涉案房屋对卢某赠与行为全部无效的诉讼请求不予支持，仅支持上述赠与行为中涉及张某荣的一半份额无效。

另外，高某经法院合法传唤未到庭参加诉讼，不影响本院根据查明的事实依法裁判。

北京市朝阳区人民法院依据《中华人民共和国婚姻法》第十七条第二款，《中华人民共和国物权法》第九十七条，《中华人民共和国继承法》第十六条、第二十六条，《最高人民法院关于适用〈中华人民共和国婚姻法〉若干问题的解释（一）》第十七条，《中华人民共和国民事诉讼法》第一百四十四条之规定，作出如下判决：

一、卢某铭与卢某于 2015 年 11 月 11 日签订的《赠与合同》中涉及原告张某荣对案涉房屋享有的一半份额的处分行为无效；

二、驳回原告张某荣的其他诉讼请求。

张某荣不服原审判决，提起上诉。

北京市第三中级人民法院经审理认为：首先，根据本案已查明的事实，应认定涉案 302 号房屋属于卢某铭生前与张某荣的夫妻共同共有财产。现因卢某铭已去世，涉案 302 号房屋作为夫妻财产的共同共有基础丧失，涉案 302 号房屋当可予以分割。再根据涉案 302 号房屋历史渊源、取得时间、购房款支付情况等事实，一审法院认定涉案房屋一半产权份额归属卢某铭生前所有，并无不当，法院予以确认，张某荣上诉主张一审法院不应对卢某铭所享有的房屋产权份额作出认定，于法无据，法院不予采信。其次，一审法院以卢某铭应获房屋产权份额为基础，结合卢某铭在赠与过程中的行为表示，认定卢某铭将自己财产份额赠与其孙女卢某系真实意思表示，法院不持异议。张某荣主张赠予合同发生时房屋属于卢某铭与张某荣夫妻不分份额共有，卢某铭擅自处分共同财产赠与合同应属全部无效。法院认为，虽然卢某铭赠与行为未与张某荣协商一致，但卢某铭现已去世，如果赠与合同整体归于无效，则涉案房产重新分配时就涉及卢某铭应享有的份额部分实难再征询卢某铭意愿，且重新分配结果将与卢某铭生前真实意思表示不符，故法院对张某荣的该项主张不予支持。最后，法律规定，赠与行为完成后当符合特殊情形时赠与人方可撤销，现经审查本案并无导致可撤销情形，且卢某铭已去世，故一审法院仅对卢某铭处理张某荣所享有份额的部分认定为无效，并无不当，法院不持异议，并对张某荣主张本案存在漏判和超诉请裁判的主张不予支持。本案中，张某荣另主张卢某铭与卢某之间构成恶意串通，但对恶意串通证明应达到排除合理怀疑的较高标准，结合卢某铭在办理房屋过户时的年龄情况，以及房屋取得来源、出资情况、张某荣与卢某铭再婚事实等，并不排除卢某铭对涉案房屋产权真实状态存有误解，另卢某铭与卢某之间系祖孙关系，基于亲情产生赠与意愿与社会传统道德并不相悖，故法院难以仅凭卢某铭在过户过程中的单方表述即认定成立恶意串通；张某荣还主张一审判决剥夺其继承权，因法律规定赠与人有权将自己的财产无偿给予受赠人，卢某铭将涉案房产中属于自己的份额赠与卢某并未违反法律规定，故法院对张某荣该上诉主张不予支持。

综上所述，张某荣的上诉请求不能成立，应予驳回；一审判决认定事实清楚，适用法律正确，应予维持。北京市第三中级人民法院依照《中华人民共和国民事诉讼法》第一百七十条第一款第一项之规定，作出如下判决：

驳回上诉，维持原判。

【法官后语】

《中华人民共和国婚姻法》第十七条第二款规定，夫妻对共同所有的财产，有平等的处理权。《最高人民法院关于适用〈中华人民共和国婚姻法〉若干问题的解释（一）》第十七条规定，夫或妻非因日常生活需要对夫妻共同财产做重要处理决定，夫妻双方应当平等协商，取得一致意见。《中华人民共和国物权法》第九十七条规定，处分共有的不动产或者动产以及对共有的不动产或者动产作重大修缮的，应当经占份额三分之二以上的按份共有人或者全体共同共有人同意，但共有人之间另有约定的除外。本案中，卢某铭在未经其配偶张某荣的同意的情况下，将作为夫妻共同财产的涉案房屋赠与其孙女卢某，违反了上述法律及司法解释的规定，该行为在处分时显然应认定为无效，由于该房屋系共同共有财产，共有人之间未区分份额，故该赠与行为应整体认定为无效，而非部分无效。本案中，需要着重考虑的是，由于赠与人卢某铭已死亡，在其生前已作出意思表示愿意将其财产赠与他人的情况下，对于该赠与行为是否仍应整体认定为无效。换言之，在此种情况下，对该共同共有财产中析出的卢某铭的遗产部分，是按照法定继承处理，还是按照遗赠处理。对此，审判实践中存在两种不同的观点。

第一种观点认为，根据《中华人民共和国民法总则》第一百五十五条的规定，无效的或者被撤销的民事法律行为自始没有法律约束力。据此，卢某铭生前进行赠与时因未经过其配偶同意，其赠与行为自始整体无效，无效的行为不发生任何法律约束力，由于卢某铭未订立遗嘱，其遗产部分应按照法定继承处理。

第二种观点认为，虽然卢某铭的赠与行为无效，但该赠与行为中包含了卢某铭将其财产赠与卢某的意思表示，如将赠与行为整体认定为无效后重新分配财产，将与卢某铭生前意思表示不符，现因卢某铭已去世，涉案房屋作为夫妻财产的共同共有基础丧失，故可仅认定卢某铭处理张某荣所享有份额的部分为无效，就卢某铭享有份额的部分可比照卢某铭的遗赠处理。

本案采纳了第二种观点，理由如下：

第一，本案虽系赠与合同纠纷，但实质影响的是赠与人卢某铭遗产的最终处理方式，故理应尊重卢某铭的生前意愿，以符合继承案件处理的司法原则。本案中，卢某铭意欲将其享有的房屋份额赠与卢某的意思表示是明确的，且由于卢某铭现已去世，其既无法认识到其赠与行为侵害了张某荣处分权利的事实，更无法基于该认识调整其合法处分自己财产权益的方式，以完成其本人的真实意愿。一般而言，赠与人将其财产赠与他人往往具有特殊的理由，特别是在可能涉及继承的情况下，如不考虑赠予人的意愿，在个案审理中往往产生不公平。故卢某铭生前对卢某的赠与行为固然侵害了张某荣的处分权，但由于卢某铭的去世，将上述赠与中包含的卢某铭对自己财产的处分意思比照卢某铭对卢某的遗赠处理，可以更好地兼顾各方当事人权益，尤其是在生者权利和逝者意愿之间达到更好的平衡，亦有利于达成案件审理的实体公正。

第二，无效法律行为虽自始无效，但无论是理论界还是实务界均存在变通做法。从法理上分析，要式合同向来存在“无效法律行为因履行而治疗”的观点。如《中华人民共和国合同法》第三十六条规定：“法律、行政法规规定或者当事人约定采用书面形式订立合同，当事人未采用书面形式但一方已经履行主要义务，对方接受的，该合同成立。”我国台湾地区“民法”第一百六十六条规定，契约以负担不动产物权之转移、设定或变更之义务为标的者，应由公证人作成公证书。未依前项规定公证之契约，如当事人已合意为不动产物权之转移、设定或变更而完成登记者，仍为有效。在司法实践中，无效法律行为在履行中效力瑕疵完成补正的，不再按无效处理，此种规定非常常见。如《最高人民法院关于审理建设工程施工合同纠纷案件适用法律问题的解释》第五条规定：“承包人超越资质等级许可的业务范围签订建设工程施工合同，在建设工程竣工前取得相应资质等级，当事人请求按照无效合同处理的，不予支持。”《最高人民法院关于审理城镇房屋租赁合同纠纷案件具体应用法律若干问题的解释》（2009年）第三条第一款规定：“出租人就未经批准或者未按照批准内容建设的临时建筑，与承租人订立的租赁合同无效。但在一审法庭辩论终结前经主管部门批准建设的，人民法院应当认定有效。”2020年12月修正后的该司法解释依然沿袭了这一规定。本案中，之所以卢某铭未经其配偶张某荣的同意将涉案房屋赠与卢某的行为无效，是因为是其处分的是共有财产。由于卢某铭的去世，导致共有基础丧失，卢某铭应享有的财产份额须从共有财产中析出以完成继承，而此种析出一旦完成，在某种意义上可视为对卢某铭赠与效力瑕疵的补正，从实际处理结果上已不再伤害其配偶张某荣的共有利益。

综上，涉案赠与行为虽系无效，但在赠与人卢某铭去世后，如仍按照整体无效处理，不仅违背了卢某铭本人的真实意愿，在实践中亦可能产生新的不公正，难以达到法律效果和社会效果的统一。而仅认定卢某铭处理张某荣所享有份额的部分为无效，符合相关司法原则，具有法理依据，该裁判结果平衡了死者意愿和生者权利。

编写人：北京市朝阳区人民法院　蔡峰

22

亲属间赠与的财产有瑕疵的，应严格认定赠与人的责任

——戴某美等诉李某赠与合同案

【案件基本信息】

1. 裁判书字号

江苏省南京市中级人民法院（2019）苏01民终10570号民事裁定书

2. 案由：赠与合同纠纷

3. 当事人

原告（上诉人）：戴某美、巫某、巫某山

被告（被上诉人）：李某

【基本案情】

2016年6月，案外人马某杰在明知“制川乌”有毒性的情况下，将自己配制的含“制川乌”等中药成分的三瓶药酒（瓶身标有“打工皇帝”字样，颜色呈褐色），以每瓶300元的价格卖给孙某银、李某夫妇。2016年7月的一天，李某见孙某银饮酒后疾病症状有所缓解，即通过女儿孙某园将其中一瓶未开封的药酒赠与同

样患有腰腿疼痛病的亲家巫某春服用。2016年8月30日18时许，巫某春吃晚饭时喝了该药酒后身体不适，出现口唇麻木、呕吐等症状，后送至江苏省中西医结合医院抢救，经抢救无效死亡。经鉴定，巫某春符合因乌头碱中毒致呼吸循环衰竭而死亡。后因为此事原告巫某与被告的女儿孙某园离婚。2017年11月23日，南京市玄武区人民检察院向南京市玄武区人民法院提起公诉，指控马某杰犯过失致人死亡罪，在诉讼中，本案三原告提起附带民事诉讼。2018年12月21日，南京市玄武区人民法院作出（2017）苏0102刑初707号刑事附带民事判决，认定："一、被告人马某杰犯过失致人死亡罪，判处有期徒刑三年，缓刑四年；（缓刑考验期限，自判决确定之日起计算。）二、被告人马某杰赔偿附带民事诉讼原告人戴某美、巫某、巫某山医疗费5795.3元、丧葬费36342元、餐饮费9650元、交通费11元，赔偿戴某美误工费8400元，赔偿巫某误工费3733元；上述费用于判决生效之日起十日内支付；三、驳回附带民事诉讼原告人戴某美、巫某、巫某山的其他诉讼请求。"宣判后，三原告不服该判决提出上诉，2019年4月12日，南京市中级人民法院作出（2019）苏01刑终277号刑事附带民事裁定书，裁定驳回上诉，维持原判。巫某春的近亲属戴某美、巫某、巫某山认为，被告李某与巫某春之间形成赠与合同关系，被告李某赠与巫某春药酒的目的是缓解巫某春的腰腿疼痛，其应当在保证巫某春生命安全的情况下提高巫某春的健康程度，但被告赠与的药酒中含有致命的乌头碱成分，导致巫某春死亡的严重后果，违反了被告赠与巫某春的初衷，严重违反了合同目的，被告的行为已严重侵犯了巫某春和三原告的合法权益，并造成了无可挽回的后果，故请求判令被告支付三原告死亡赔偿金94.4万元、丧葬事宜的实际支出55055元、精神损害抚慰金15万元、原告巫某山的被扶养人生活费49103.33元，共计1198158.33元，并承担本案诉讼费用。

【案件焦点】

亲属之间成立赠与合同，受赠人遭受损失的，赠与人应否承担责任。

【法院裁判要旨】

江苏省南京市六合区人民法院经审理认为：赠与合同是赠与人将自己的财产无偿给予受赠人，受赠人表示接受赠与的合同。根据法律规定，在赠与合同中，赠与的财产有瑕疵的，赠与人不承担责任。赠与人故意不告知瑕疵或者保证无瑕疵，造成受赠人损失的，应当承担损害赔偿责任。本案中，被告李某将自己所有的药酒无偿给予巫某春，巫某春接受并使用了该药酒，双方之间形成赠与合同法律关系。现原告认为被告赠与药酒的行为违反了合同的约定，应承担赔偿损失的违约责任。根据法律规定，赠与的财产有瑕疵的，赠与人不承担责任。赠与人承担损害赔偿责任的情形只有两种，即赠与人故意不告知瑕疵或者保证无瑕疵，而本案中的被告在赠与巫某春药酒之前，其丈夫孙某银为了缓解腰腿疼痛，已饮用了该药酒，由此可以推定被告应不知晓该药酒存在瑕疵，被告在其丈夫饮用后腰腿疼痛症状有所缓解的情况下，基于双方之间的姻亲关系，被告将剩余一瓶未开封的同款药酒赠与同样患有腰腿疼痛病的巫某春饮服，以缓解巫某春的病痛，可以认定被告不具有故意不告知瑕疵，也未保证无瑕疵的情形，故原告要求被告赔偿各项损失的诉讼请求，事实依据不充分，不予支持。鉴于被告自愿同意补偿原告 1 万元损失，不违反法律规定，予以确认。六合区人民法院依照《中华人民共和国合同法》第一百八十五条、第一百九十一条，《中华人民共和国民事诉讼法》第六十四条第一款之规定，作出如下判决：

一、被告李某于本判决生效之日起十日内补偿原告戴某美、巫某、巫某山 1 万元；

二、驳回原告戴某美、巫某、巫某山的各项诉讼请求。

戴某美、巫某、巫某山不服一审判决，提起上诉，在二审中撤回上诉。

江苏省南京市中级人民法院认为：当事人有权在法律规定的范围内处分自己的民事权利和诉讼权利。上诉人戴某美、巫某、巫某山在本案审理期间提出撤回上诉的请求，不违反法律规定，法院予以准许。依照《中华人民共和国民事诉讼法》第一百七十三条的规定，作出如下裁定：

准许上诉人撤回上诉。

【法官后语】

《中华人民共和国合同法》第一百九十一条规定，赠与的财产有瑕疵的，赠与人不承担责任。附义务的赠与，赠与的财产有瑕疵的，赠与人在附义务的限度内承担与出卖人相同的责任。赠与人故意不告知瑕疵或者保证无瑕疵，造成受赠人损失的，应当承担损害赔偿责任。赠与合同为无偿合同，赠与是为了受赠人的利益而为的行为，因而赠与人对赠与财产的瑕疵担保责任，与买卖合同等有偿合同有所不同。在买卖合同中，出卖方应当承担质量瑕疵担保和权利瑕疵担保责任，当买受人因标的物瑕疵而受到损害时，出卖方应当承担损害赔偿责任。该条的内涵有两个方面：

第一，赠与的财产有瑕疵，赠与人原则上不承担责任。

第二，在下列情况下，赠与人应承担瑕疵担保责任：(1) 在附义务的赠与中，赠与的财产如有瑕疵，赠与人需在受赠人所附义务的限度内承担与出卖人相同的责任。对于附义务的赠与，受赠人虽受有利益，但又需履行约定的义务。如赠与的财产有瑕疵，必然导致受赠人所受利益有所减损，这便与合同约定的权利与义务不对应，使受赠人遭受损失。为保护受赠人的利益，以求公允，应由赠与人承担瑕疵担保责任。就受赠人履行负担的义务而言，受赠人如同买受人，居于与买受人相同的地位，因此，赠与人应在受赠人所附义务的限度内，承担与买卖合同中的出卖人相同的瑕疵担保责任。附负担赠与合同的赠与人所承担的瑕疵担保责任，不以其故意不告知瑕疵或者保证无瑕疵为条件。(2) 赠与人故意不告知瑕疵或者保证无瑕疵，并且造成受赠人损失的，应当承担损害赔偿责任。赠与人故意不告知赠与财产有瑕疵的，其主观上存在恶意，有违诚实信用原则。因赠与财产的瑕疵给受赠人造成其他财产损失或者人身伤亡的，自然应负损害赔偿责任。如果赠与人故意不告知瑕疵，但没有给受赠人造成损失，则不承担赔偿责任。赠与人保证赠与物无瑕疵，受赠人会因相信赠与人的许诺而放松警惕，基于诚实信用原则，赠与人对受赠人因此造成的损害，给受赠人造成损失的，也应承担损害赔偿责任。

对于赠与合同对赠与人的瑕疵担保责任的问题，国外及我国台湾地区都有所规定，但又有所差别。如日本规定，赠与人对赠与标的物或权利瑕疵或欠缺，不负责任。但赠与人知有瑕疵或欠缺而不告知受赠人者，不在此限。对附负担之赠与，赠与人于该负担限度内，负担出卖人相同之担保责任。德国规定，赠与人故意隐瞒权利瑕疵或者赠与物的瑕疵，对受赠人因瑕疵所生损害负赔偿责任。我国台湾地区规定，赠与之物或权利如有瑕疵，赠与人不负担保责任。但赠与人故意不告知其瑕疵，或保证其无瑕疵者，对于受赠人因瑕疵所生之损害，负赔偿之义务。附有负担之赠与，其赠与之物或权利如有瑕疵，赠与人于受赠人负担之限度内，负与出卖人同一之担保责任。由此可见，日本、德国和我国台湾地区对赠与人故意不告知赠与物之瑕疵，给受赠人带来损害的，都规定应承担赔偿责任。而对于赠与人保证无瑕疵，给受赠人造成损失的损害赔偿责任，我国台湾地区作了规定，日本和德国未作规定。

基于赠与合同双方的密切关系，法院在认定赠与人承担责任时应严格审查赠与人是否存在以上两种情形。本案由被告向其亲家赠送一瓶药酒导致亲家死亡引发，而本案诉讼的形成原因在于原告认为原刑事附带民事赔偿额过低，不足以弥补其受到的伤害和损失。就刑事附带民事赔偿问题，司法实践中除道路交通事故责任案外，通常仅支持受害人因犯罪行为所遭受的直接物质损失，对死亡赔偿金、精神损害抚慰金一般不予支持，而该结论可能无法让受害人信服。于是，原告提起了本案诉讼。

党的十八大以来，党中央高度重视社会主义核心价值观建设。2016 年 12 月，中共中央办公厅、国务院办公厅印发《关于进一步把社会主义核心价值观融入法治建设的指导意见》。人民法院作为司法机关，在培育和践行社会主义核心价值观方面承担着重要的职责。近年来，最高人民法院先后发布《关于在人民法院工作中培育和践行社会主义核心价值观的若干意见》《关于在司法解释中全面贯彻社会主义核心价值观的工作规划（2018—2023)》，人民法院在审理案件中应严格贯彻落实上述文件精神，主动参与到社会治理中，本案即为弘扬会主义核心价值观的一则典型案例。案涉的两亲家之间的赠与行为系亲属间的人情往来，是日常生活中传统朴素的善良风俗，从维护社会公共秩序和善良风俗的角度，不宜在法定之外苛以赠与人较为严格的义务。诚信、友善是对公民个人的基本道德规范，本案中的被告在自己的丈夫饮用药酒后，腰腿疼痛有所缓解的情况下，基于对亲家的友好和关爱，善意地赠与其同样患有腰腿疼痛疾病的亲家同样的药酒，若在法律规定之外再苛以其严格的责任，实不利于文明、和谐、美丽国家的建设。

编写人：江苏省南京市六合区人民法院　刘小梅

六、租赁合同

23

出租人与善意第三人签订的租赁合同不因原承租人享有优先承租权而导致无效

——冯某平、月季公司诉焦作师专、腾达公司合同案

【案件基本信息】

1. 裁判书字号

河南省焦作市中级人民法院（2019）豫08民终2264号民事判决书

2. 案由：合同纠纷

3. 当事人

原告（上诉人）：冯某平、月季公司

被告（被上诉人）：焦作师专、腾达公司

【基本案情】

2013年8月5日，焦作师专后勤集团公司作为甲方、原告冯某平作为乙方，双方签订了场地、房屋使用管理协议，约定甲方将北校区南部部分场地、房屋交与乙方开办驾校开展汽车驾驶员培训业务（月季公司），期限自2013年9月1日起至2018年8月31日止；协议期满，乙方在同等条件下可优先续签。2018年8月29日，被告焦作师专向冯某平作出书面通知书，要求其搬出并退还场地。冯某平于当日收到该通知后，于2018年10月1日向焦作师专作出书面保证，在2018年10月1日下午已将所有车辆移出校外，停止校内经营，积极开展学员的善后工作。2019年

1 月 21 日，中兴豫公司受被告焦作师专委托，就该校北校区驾校项目以竞争性磋商方式进行采购，2019 年 2 月 2 日，采购人焦作师专、采购代理机构中兴豫公司向被告腾达公司作出成交通知书，告知腾达公司经竞争性磋商及磋商评审小组评定，被确定为该项目成交单位，成交金额 25.08 万元，租赁期 8 年，并要求腾达公司自成交通知书发出之日起 30 日内与采购方签订采购合同。2019 年 2 月 23 日，焦作师专作为甲方（出租人），腾达公司作为乙方（承租人），双方签订了焦作师专北校区驾校场地房屋租赁合同。

【案件焦点】

如何确定优先承租权的权利属性，其能否导致出租人与善意第三人签订的租赁合同无效。

【法院裁判要旨】

河南省焦作市山阳区人民法院经审理认为：当事人对自己的主张，有责任提供证据。二原告以二被告恶意串通，侵犯原告与被告焦作师专所签订的租赁协议中的优先续约权为由，主张二被告签订的关于焦作师专北校区驾校项目的磋商结果无效，并请求判决被告焦作师专按照优先承租权条款约定，以焦作师专北校区驾校场地房屋租赁合同中的价格、租期等与原告冯某平签订焦作师专北校区驾校项目场地、房屋的续约合同。本案中，焦作师专与冯某平于 2013 年 8 月 5 日签订的场地、房屋使用管理协议中，约定了“协议期满，乙方在同等条件下可优先续签”的内容。该租赁协议于 2018 年 8 月 31 日期满，被告焦作师专在多次书面通知冯某平要求其限期搬离该场地后，于 2019 年 1 月 21 日委托中兴豫公司发布磋商公告，就该校北校区驾校项目以竞争性磋商方式进行采购。被告腾达公司按照相关程序，经竞争性磋商后被确定为该项目成交单位，并在限定时间内与被告焦作师专签订了焦作师专北校区驾校场地房屋租赁合同。二原告在焦作师专北校区驾校项目竞争性磋商公告发布后，未按照相关程序报名进行竞争性磋商，故其与经竞争性磋商后被确定为该项目成交单位的被告腾达公司相较并不具备原协议中所约定的“同等条件”，故二原告以其优先续约权被侵犯为由提出本案诉讼请求，依据不足，不应予以支持。河南省焦作市山阳区人民法院依照《中华人民共和国民事诉讼法》第六十四条第一款之规定，作出如下判决：

驳回原告冯某平、月季公司的诉讼请求。

冯某平、月季公司不服一审判决，提出上诉。

河南省焦作市中级人民法院审理认为：冯某平依约取得的优先承租权仅为一种债权，是一种相对权，而非与出租人焦作师专的强制缔约权，因此，冯某平在焦作师专将租赁物出租给第三人的情形下，请求强制与出租人签订租赁合同，或者请求确认出租人与第三人签订的租赁合同无效，既不符合优先承租权的权利属性，也缺乏法律依据。焦作师专作为租赁物的权利人，最终选择腾达公司并与之签约，是谋求利润最大化的正常市场行为，上诉人也不能提供充分证据证明被上诉人之间存在恶意串通，使腾达公司以较低的租赁条件取得涉案租赁物的承租权，因此，上诉人主张被上诉人之间存在恶意串通，并以此请求确认被上诉人之间签订的合同无效缺乏证据支持。综上所述，冯某平、月季公司的上诉请求不能成立，应予驳回；河南省焦作市中级人民法院依照《中华人民共和国民事诉讼法》第一百七十条第一款第一项之规定，作出如下判决：

驳回上诉，维持原判。

【法官后语】

优先购买权是法定的承租人的权利，而优先承租权的概念，法律并未明文规定，其性质如何确定，审判实务中如何处理？

第一，优先承租权在我国现行法律中并无明确的法条依据，也就是说，优先承租权并不是法律规定的承租人应享有的一种民事权利，而是出租人和承租人在租赁合同中约定的期限届满后，如出租人继续出租租赁物，则承租人享有优先承租的权利。倘若出租人违反该约定，应对承租人承担违约责任。但是，约定优先承租权，并不意味着承租人在租赁合同期满后自然取得优先强制缔约的权利，它需要满足合同约定的同等租赁条件和合同各方当事人的协商自愿，因为优先承租权仅是一种债权，而出租人对租赁物的所有权、占有权或者使用权则是具有物权性质的权利，出租人有权自主决定是否继续出租租赁物以及选择合同相对人。如果出租人在租赁合同期满后没有通知承租人协商续订租赁合同，而是将租赁物出租给他人，视为违反了原租赁合同的约定，损害了原承租人的优先承租权，参照《最高人民法院关于审理城镇房屋租赁合同纠纷案件具体应用法律若干问题的解释》（此处指2009年，

2020年修正时删除本条）第二十一条的规定，原承租人可以依据租赁合同的约定请求出租人承担违约损害赔偿责任。与优先购买权相似，原承租人依约取得的优先承租权仅为一种债权，是一种相对权，而非与出租人的强制缔约权，因此，原承租人在出租人将租赁物出租给第三人的情形下，请求强制与出租人签订租赁合同，或者请求确认出租人与第三人签订的租赁合同无效，既不符合优先承租权的权利属性，也缺乏法律依据。本案涉及的承租人的优先承租权，在当事人双方之间产生债权的约束力：在合同期限届满后，当承租人以第三方提供的同等条款与条件提出缔约请求时，出租人需要与承租人订约，否则应当承担违约责任。

第二，如出租人与第三人恶意串通，隐瞒与第三人真实的租金数额，向原承租人高报该价格导致原承租人在不明真相的情况下放弃继续承租。此时，出租人与第三人签订的租赁合同，是恶意串通所为，侵害了被告利益。在这种情况下，双方的租赁合同当属无效。

但是，即便法院在此情形下确认合同无效，若出租方坚持不愿继续出租给原承租人，法院亦难以强制双方建立租赁关系。从权利根源来看，原承租人依约取得的优先承租权仅为一种合同债权，是一种相对权，而非与出租人的强制缔约权，在当事人无法达成一致意思表示的情形下，如果强制适用，无疑是对出租方自由支配权的侵害，对其全面行使所有权形成限制。承租人亦只能主张出租人的违约责任。

焦作师专作为租赁物的权利人，中兴豫公司受焦作师专委托，就该校北校区驾校项目以竞争性磋商方式进行采购，在选择承租人的磋商中，最终选择腾达公司并与之签约，是基于谋求利润最大化的正常市场竞争行为，原告未能提供充分证据证明两被告人之间恶意串通，以使腾达公司以较低的租赁条件取得涉案租赁物的承租权，因此，原告主张被告存在恶意串通，并以此请求确认被告签订的合同无效缺乏证据支持。

本案涉及的承租人的优先承租权，虽然不具有对抗善意第三人的承租权的优先性，但同样可以在当事人双方之间产生债权的约束力：在合同期限届满后，如果系争房屋继续出租，当原承租人以第三方提供的同等条款与条件提出缔约请求时，出租人需要与原承租人订约，否则应当承担违约责任。因并无证据证明第三人与出租人有恶意串通导致合同无效的情形，原承租人要求确认承租人与第三人签订的合同无效的诉请无法得到法院的支持。

编写人：河南省焦作市中级人民法院　赵歆　樊倩

24

法定代表人以个人名义签字的租赁合同应当结合合同目的对租赁主体进行判断

——福尔公司诉谢某华、恒业公司租赁合同案

【案件基本信息】

1. 裁判书字号

福建省泉州市安溪县人民法院（2019）闽0524民初793号民事判决书

2. 案由：租赁合同纠纷

3. 当事人

原告：福尔公司

被告：谢某华、恒业公司

【基本案情】

2016年6月5日，谢某华以承租人（乙方）的名义与福尔公司（甲方）签订《厂房租赁合同》，合同约定甲方同意将坐落于泉州市安溪县南英村福尔工业园8号厂房出租给乙方作为经营生物科技之用，租赁厂房面积2400平方米。租赁期限3年，从2016年7月1日至2019年7月1日，租金为每月2.04万元，半年支付一次。谢某华支付租金至2017年12月31日（尚欠5000元租金未支付），自2018年1月1日起未再支付租金。2017年12月26日4时许，上述厂房发生火灾，过火面积约1600平方米。2018年3月19日，安溪县公安消防大队出具安公消火认字〔2018〕第0003号《火灾事故认定书》，认定起火点位于配电箱附近，起火原因可以排除放火、生产用火、雷击、自燃、飞火和吸烟引起火灾等，不能排除电气故障引起火灾。经鉴定，租赁厂房拆除重建费用为987416元。福尔公司于2019年诉至法院，要求解除与谢某华签订的《厂房租赁合同》，判令谢某华支付拖欠租金

26.74 万元（暂计算至2019 年 1 月 28 日，之后至法院判决解除合同日止的租金）并赔偿福尔公司拆除重建987416 元，支付福尔公司垫付火灾扑救费用及代交电费合计 17535 元；恒业公司对上述拖欠租金及赔款承担连带责任；诉讼费、评估鉴定费等均由谢某华与恒业公司承担。

【案件焦点】

1. 租赁合同的相对方是谢某华还是恒业公司；2. 本案财产损失的认定及租金的计算。

【法院裁判要旨】

福建省泉州市安溪县人民法院经审理认为：第一，关于本案主体问题。租赁合同抬头部分以及落款处记载的承租人为谢某华，但是合同中有明确租赁物为厂房且厂房系用于经营生物科技之用。谢某华为恒业公司的法定代表人，其以个人名义签订的租赁合同，事后得到恒业公司的追认，从恒业公司的营业执照以及《火灾事故认定书》均可以看出，该公司的经营地址为租赁厂房，可见恒业公司才是租赁合同的实际承租方。谢某华与恒业公司关于合同主体是恒业公司的主张，法院予以认可。

第二，租赁合同解除问题。《厂房租赁合同》是合同当事人真实意思表示，合法有效。现因本案火灾的发生，租赁物于 2017 年 12 月 26 日已经被大部分损毁，无法继续使用，合同目的已经无法实现。福尔公司要求解除合同，法院予以支持。恒业公司一方主张租赁合同自 2017 年 12 月 27 日起，租赁合同实际上已经中止履行，之后也未继续使用租赁厂房，该主张符合客观情况，予以认可。租赁合同于 2017 年 12 月 27 日起解除。

第三，关于本案财产损失认定的问题，根据双方签订的租赁合同约定，在合同终止后，谢某华应迁离租赁厂房并将厂房返还给福尔公司，即谢某华一方承担着返还厂房的义务。福尔公司在庭审中明确本案诉讼标的为房租租赁关系。本案是合同之诉而非侵权之诉，租赁厂房由于发生火灾被损毁，承租方应承担返还厂房的义务无法实现的违约责任，而非导致厂房毁损的侵权责任，即承租方应承担赔偿厂房的拆除重建费用。虽然双方在合同中约定了乙方应自行做好内部防火等消防保卫工作，并要求产生的责任即损失由乙方承担。福尔公司作为提供格式条款的一方，完全免除自身的责任，该免责条款无效。福尔公司作为出租方，在履行租赁合同过程中没有配备相应的消防设施，存在一定过错，应承担相应的违约责任。租赁厂房由于火灾事故发生导致的损失为拆除重建费用987416元，以及火灾扑救费用15441元，共计1002857元，福尔公司对上述损失酌情承担30%的责任，恒业公司承担70%的责任，即恒业公司应当支付福尔公司支付其尚欠的租金5000元、赔偿火灾造成的经济损失1002857×70% =701999.9元，并返还代垫的电费2094.89元。对于火灾发生之后的租金主张，由于租赁事实客观上已经不存在，法院不予支持。

综上，福建省泉州市安溪县人民法院依照《中华人民共和国合同法》第九十四条、第九十七条，《最高人民法院关于适用〈中华人民共和国民事诉讼法〉的解释》第九十条之规定，作出如下判决：

一、福尔公司与谢某华签订的《厂房租赁合同》于2017年12月27日解除；

二、恒业公司应于本判决生效之日起十日内支付福尔公司租金5000元；

三、恒业公司应于本判决生效之日起十日内支付福尔公司财产损失赔偿款701999.9元及返还代交的电费2094.89元；

四、驳回福尔公司的其他诉讼请求。

【法官后语】

本案实际上是合同目的对合同相对性的突破。合同相对性是合同主体的相对性。基于合同相对性的羁绊，合同效力仅及于缔约方之间。合同相对性原则，对保护市场交易的稳定性有着积极作用。然而随着经济的发展，合同主体身份出现多样化倾向。如果严格地适用相对性原则，对于司法实践遇到的纠纷，既不能够公平合理地解决，也不能满足当前经济发展的需要。合同相对性在个案中出现了例外，这就是合同相对性的突破。虽然突破理论没有坚持合同相对性，但是前者并不意味着彻底地否定后者。

本案是合同之诉，诉的标的是租赁合同关系。合同的相对方福尔公司与谢某华皆认可本案合同的目的系承租涉案厂房用于经营生物科技。可见，无论出租方还是承租方，均知晓租赁物是用于办厂经营的商业目的。而谢某华身份具有特殊性，在作为一个自然人的同时，他也是恒业公司的法定代表人。在合同目的明确，缔约主体同时具有法定代表人身份的情况下，租赁合同的主体不应局限于签字人本人，而是应当充分考虑合同目的、合同实际的履行人、出租方是否明知等情节进行判断。谢某华承租涉案厂房并非为了个人使用，而是其作为公司的法定代表人为了公司的经营选择经营场所所为的职务行为，该行为事后也得到恒业公司的追认。《中华人民共和国合同法》第六十五条规定："当事人约定由第三人向债权人履行债务的，第三人不履行债务或者履行债务不符合约定，债务人应当向债权人承担违约责任。"从上述规定中可以看出，合同缔约时将合同义务设定在了合同缔约人以外的第三人，使得合同的效力扩展到合同关系以外的第三人上。可见，立法已经将第三人义务合同作为合同相对性突破的情形之一。恒业公司在本案中是"隐形"的第三人。虽然《厂房租赁合同》中并无约定由恒业公司履行承租方义务，但是在租赁合同履行期间，恒业公司均以承租人的身份，既享受了使用租赁物的权利，也承担着支付租金以及保障涉案厂房整体性的义务。可见，租赁合同的效力及于谢某华作为法定代表人的恒业公司，应本案的责任承担主体应当为恒业公司而非谢某华个人。同时，恒业公司也承担着返还厂房的义务，即应当承担支付租金，返还代缴电费，并根据责任比例承担火灾造成的经济损失70%的赔偿责任。

编写人：福建省泉州市安溪县人民法院　施路云　陈榕钜

七、承揽合同

25

承揽人不能仅以艺术性追求为由对抗合同约定

——五洲公司诉锐智公司承揽合同案

【案件基本信息】

1. 裁判书字号

北京市第一中级人民法院（2019）京01民终6989号民事判决书

2. 案由：承揽合同纠纷

3. 当事人

原告（反诉被告、被上诉人）：五洲公司

被告（反诉原告、上诉人）：锐智公司

【基本案情】

2015年1月16日、20日，五洲公司与锐智公司签订《中国丝绸宣传片制作合同书》（以下简称制作合同书），五洲公司将中国丝绸宣传项目中的设计制作宣传片部分委托锐智公司进行加工制作。制作合同书签订后，五洲公司按约定支付锐智公司45.5万元，但锐智公司反复拖延约定工作期限，拒绝按约定交付项目素材，导致合同无法履行，合同目的无法实现。故五洲公司诉至法院，请求判令：（1）锐智公司返还制作费用45.5万元；（2）锐智公司赔偿损失18万元；（3）锐智公司承担本案的诉讼费用。锐智公司辩称，宣传片承揽合同具有艺术特殊性，合同履行过程中，锐智公司一直如约履行合同，但由于五洲公司对双方合同附件及承揽工作要求有了颠覆性变化，导致双方最终未能协商一致，且五洲公司支付的费用不能覆盖锐智公司的实际支出，故对于合同无法继续履行及由此产生的损失，应由五洲公司承担。锐智公司提出反诉请求，请求判令：（1）五洲公司向锐智公司赔偿实际超出已收到费用的损失共计114285.68元；（2）五洲公司承担诉讼费用。

【案件焦点】

1. 锐智公司制作涉案宣传片是否超期；2. 锐智公司已制作的涉案宣传片是否符合约定的验收标准；3. 2015年4月14日后的修改意见是否影响制作合同的履行。

【法院裁判要旨】

北京市海淀区人民法院经审理认为：五洲公司与锐智公司签订制作合同书，双方形成承揽合同关系。双方之间的承揽合同关系，是当事人真实意思表示，未违反法律法规强制性规定，应属合法有效。

第一，锐智公司是否构成违约及其抗辩理由是否成立。

1. 验收标准。制作合同书约定，“合同附件1创意方案及甲方确认过的制作策划方案及拍摄脚本作为甲方进行成品验收的唯一标准”。没有证据证明双方另行确认了以制作策划方案、拍摄脚本作为验收标准。因此，本案涉案宣传片的验收标准应仅为附件1。

2. 锐智公司提供的宣传片画面是否符合上述验收标准。就锐智公司2015年4月14日4分23秒版本而言，经与制作合同书附件1故事线比对，验收标准附件1中的故事线共49项内容，锐智公司提供的宣传片与该故事线中36项存在出入，占比较大，虽锐智公司主张其更改是合理的，但缺乏依据，一审法院认定锐智公司提交的宣传片画面不符合案涉合同约定的验收标准。

3. 除宣传片画面是否符合合同约定的验收标准外，锐智公司在宣传片的版本、时长等方面是否符合合同约定。至案涉合同约定的期限届满，锐智公司制作的版本缺少1分钟、2分钟版本，5分钟版本的时长不符合约定，没有完成版权音乐选曲、中英文解说词撰写、5分钟版本中英文配音等，锐智公司的上述行为不符合合同约定。

4. 锐智公司就其违约行为提出的抗辩理由是否成立。关于锐智公司主张案涉合同约定的项目进度表未对五洲公司的反馈时间予以考虑，五洲公司迟延回复，未对拍摄进度提出异议，拍摄临近过年及雾霾等天气属于不可抗力等抗辩，缺少事实和法律依据，不予支持。

第二，五洲公司2015年4月14日对宣传片提出的修改意见是否构成对制作要求的颠覆性变化及五洲公司是否有权解除合同。

五洲公司最终播出宣传片与案涉制作合同书的附件1故事线的对比文件及2015年4月14日审片会上有关领导称“这个调整应该说不算小”，不能证明五洲公司对宣传片制作提出了颠覆性变化。锐智公司在案涉合同约定的各个时间节点均出现了超期，锐智公司迟延履行其主要债务，经五洲公司催促，其在五洲公司给予宽限时间内仍未履行，在此情况下，应属于无法实现合同目的，五洲公司有权解除合同。

第三，解除合同后的法律后果。

本案中，在合同解除的情况下，锐智公司未证明五洲公司存在违约行为，其主张五洲公司对制作要求提出重大修改缺乏充分证据，且锐智公司亦未向五洲公司交付素材，故五洲公司有权要求锐智公司退还全部已付报酬45.5万元，其相应诉讼请求予以支持。关于五洲公司另行委托案外公司制作宣传片支出的费用18万元，不属于五洲公司的损失，对于该诉讼请求不予支持。

第四，锐智公司的反诉请求。

如前所述，锐智公司并未提供充分证据证明五洲公司对制作要求提出了重大变更且该变更与锐智公司主张的损失存在因果联系，故其据此主张赔偿损失的诉讼请求，依据不足，不予支持。综上，北京市海淀区人民法院依照《中华人民共和国合同法》第九十四条、第二百六十二条，《最高人民法院关于适用〈中华人民共和国民事诉讼法〉的解释》第九十三条，《最高人民法院关于民事诉讼证据的若干规定》第六十九条第二项之规定，作出如下判决：

一、被告锐智公司于本判决生效之日起十日内向原告五洲公司返还报酬45.5万元；

二、驳回原告五洲公司的其他诉讼请求；

三、驳回反诉原告锐智公司的全部反诉请求。

锐智公司不服一审判决，提起上诉。

北京市第一中级人民法院经审理认为：锐智公司的上诉请求不能成立，应予驳回；一审判决认定事实清楚，适用法律正确，应予维持。北京市第一中级人民法院依照《中华人民共和国民事诉讼法》第一百七十条第一款第一项之规定，作出如下判决：

驳回上诉，维持原判。

【法官后语】

本案系“一带一路”倡议的大背景下，五洲公司受商务部市场运行和消费促进司委托制作以反映丝绸发展和作用为主要内容的宣传片，并将制作完成的宣传片在包括中国、法国巴黎等地区进行推广宣传。为完成该项目，五洲公司与锐智公司签订宣传片的制作合同书，由锐智公司承揽制作案涉宣传片，但在合同履行过程中，双方就宣传片的交付周期、验收标准等双方产生争议。针对实践中类似案件，以下问题应当关注：

1. 平衡宣传片制作艺术性追求与合同约定的关系，明确交付周期

本案中涉及的一个争议焦点就是锐智公司制作案涉宣传片是否超期。五洲公司与锐智公司在合同附件中对宣传片制作的进度进行了约定，实际履行中锐智公司认可未按照约定的时间完成制作，并强调宣传片的拍摄制作有艺术的特殊性。经审查，锐智公司并无证据证明双方就宣传片制作完成时间达成新的变更合意，则附件2关于时间进度安排的条款，仍对双方产生约束，锐智公司认可在约定的时间内未完成宣传片制作，因此可以认定锐智公司违反合同约定，构成违约。宣传片作为视频作品，固然具有其艺术性，但艺术性的追求与合同时间进度约定之间并不冲突，双方在订立案涉合同，约定时间进度条款时，即已为宣传片的艺术性追求预留了空间，双方对此都应当有所预见。

2. 平衡宣传片制作艺术性追求与合同约定的关系，明确验收标准

《中华人民共和国合同法》第七十七条第一款规定，当事人协商一致，可以变更合同。第七十八条规定，当事人对合同变更的内容约定不明确的，推定为未变更。本案中，针对五洲公司诉称锐智公司交付成果不符合合同约定验收标准等违约行为，锐智公司辩称，宣传片的拍摄方案、分镜脚本及拍摄修改意见是与五洲公司沟通修改的，双方对合同变更达成了一致。但经审查，根据双方的往来邮件及微信信息，可以确认五洲公司向锐智公司提出了宣传片修改意见，但锐智公司与五洲公司就宣传片的修改并未达成明确意见，依法只能推定关于合同验收标准未发生变

更。且锐智公司无法提供证据证明拍摄过程中实际存在双方重新确认的策划方案、分镜脚本等，故只能按照合同约定将合同附件中明确的创意方案作为验收标准。

应当讲，宣传片制作是一个反映审美与传达价值的过程，客观上带有较强的主观色彩，因此在宣传片承揽合同中仅能约定宣传片制作的大致进程安排与拍摄画面的框架，很难精细到宣传片场景的每一个方面，这样就给宣传片创作留下了艺术空间，当然也客观上给承揽合同双方沟通变更拍摄方案留下了空间。考虑到宣传片承揽设计合同的这些特性，在此类合同履行中，特别提示当事人注意固定双方达成一致的合同变更内容，及时以确认书、邮件、录音录像等方式予以确定，明确验收标准，减少合同纠纷发生的可能。

编写人：北京市第一中级人民法院　秦顾萍　窦磊

26

服装加工承揽合同中加工费单价认定问题

——李某艳诉卓翔公司承揽合同案

【案件基本信息】

1. 裁判书字号

河北省迁安市人民法院（2019）冀0283民初2900号民事判决书

2. 案由：承揽合同纠纷

3. 当事人

原告：李某艳

被告：卓翔公司

【基本案情】

2016年4月1日，李某艳与卓翔公司签订协议，双方约定由李某艳垫付材料款为卓翔公司加工服装，李某艳可根据自身产能及资金实力选择包工包料或纯做加工。合同签订后，李某艳向卓翔公司转款500万元并开始加工服装。卓翔公司指派宋某仿负责技术指导、成品检验入库等工作。

2017年7月23日，双方在宋某仿手写的对账单上签字确认，经核算截至该日止加工费总额合计3891679元。该对账单同时载明了服装入库时间段、货号、数量及单价。之后，李某艳加工的服装继续送入卓翔公司指定的仓库，卓翔公司陆续向李某艳支付5765420元。后因2017年7月23日之后的加工费及垫付的材料款问题，李某艳诉至法院，请求法院判令卓翔公司返还材料款、支付利息并支付剩余加工费。

【案件焦点】

1. 双方无约定的情况下，服装加工承揽合同中加工费数额如何认定；2. 无明确注明的情况下，已付款性质如何认定。

【法院裁判要旨】

河北省迁安市人民法院经审理认为：李某艳与卓翔公司签订的协议虽然约定2016年采用包工包料方式生产，但在履行过程中，卓翔公司并未按照李某艳加工的成品服装总价值付款，给付的只是加工费，该履行方式实为纯加工。双方签订的协议中约定加工费一款一议且约定成品送入卓翔公司指定的仓库并检验合格后，卓翔公司应在15日内支付该批货品80%的加工费。2017年7月26日至2017年12月25日，李某艳陆续将成品送到卓翔公司的仓库，卓翔公司验收后并未按照约定日期向李某艳支付加工费。宋某仿是卓翔公司指派到李某艳处的工作人员，曾于2017年7月23日代表卓翔公司与李某艳就加工费问题签订对账单，其发给李某艳的微信图片所载明的入库成品服装的货号、件数与卓翔公司提交的入库信息完全一致，载明的价格与2017年7月23日对账单中同款加工费单价基本一致，由此能够证明宋某仿发给李某艳的微信图片中载明的加工费单价具有合理、合法性。经核算，加工费总额合计5818087元。

卓翔公司已向李某艳支付的5765420元，双方无争议。汇款电子回单中明确注明加工费合计224万元，剩余3525420元未明确是加工费还是材料款。根据有关债务偿还顺序的规定，本案中500万元的材料款系先到期债务，上述3525420元应为返还的材料款。截至2018年3月16日，被告尚欠原告材料款1474580元应予返还。

河北省迁安市人民法院依据依照《中华人民共和国合同法》第六十条、第六十一条、第一百零七条、第一百零九条、第二百五十一条、第二百六十三条，《最高人民法院关于适用〈中华人民共和国合同法〉若干问题的解释（二）》第二十条，《最高人民法院关于审理买卖合同纠纷案件适用法律问题的解释》第二十四条第四款之规定，作出如下判决：

被告卓翔公司于本判决生效后十日内给付原告李某艳材料款和加工费504775元及利息（利息以147480元为基数，自2018年3月17日起按照中国人民银行同期同类贷款基准利率计算至付清之日止）。

【法官后语】

无论社会经济发展到何种水平，衣食住行永远是我们的基本生活需求，“穿衣”问题即其中之一。随着我国社会经济的不断发展，服装加工小作坊不断涌现，而大多数承揽服装加工的自然人或小企业受自身知识水平及成本等因素的限制和影响，对相关的法律规定及签订合同及履行合同过程中存在的法律问题未引起足够的重视，直接导致了出现矛盾纠纷后自身权利救济难等相关问题。

在服装加工承揽过程中，无明确约定情况下的加工费认定问题显得尤为重要，甚至直接决定诉讼成败。本案即典型案例，双方当事人签订协议时，并未对具体的加工费单价问题作出明确、详细的约定，但在实际履行过程中，双方当事人曾就部分成品的加工费签订对账单并就各型号服装加工费单价达成一致意见，对此双方并无争议。在此前提下，未形成对账单的成品加工费是否能够得到支持？主办法官在审理案件时，首先，从合同履行情况着手，承揽人已经按照定作人要求将其加工的服装送入卓翔公司指定的仓库，且定作人经验收后并未提出异议，承揽人已经按照协议约定完成了加工义务。同时，协议约定了承揽人将产成品送入定作人仓库并检验合格后定作人应在15日内支付该批货品80%的加工费，由此可见，定作人对加工费的定价具有主动权，其怠于与承揽人协商定价不仅违反了合同约定，且违反诚实信用原则。其次，本案认定事实的关键证据在于，承揽人提交的与宋某仿的聊天记录。宋某仿作为定作人指派到承揽处的工作人员，曾代表定作人与承揽人就加工费问题签订对账单，且聊天记录所载明的入库成品服装的货号、件数与入库信息完全一致，载明的价格与先前形成的对账单中同款服装的加工费单价基本一致。主办法官由此认定未达成对账单的加工费单价具有合理、合法性，并支持了承揽人的请求。

本案的判案意义在于通过合法的证据采信，维护了守约方的合法权利，有效打击了违反诚实信用原则的不良市场经济行为，具有一定的教育意义。同时，也提醒从事相关行业的中小经营者，在签订合同时，一定要慎之又慎，对关键问题如单价、违约责任等一定要进行明确约定，否则一旦出现争议将造成不可挽回的损失。本案之所以能够支持承揽人的请求，关键在于其提交了对账单、入库单及微信聊天记录能够相互印证并形成一条完整的证据链。否则，在加工费单价无法确定的情况下，虽然有可能通过司法鉴定等相关程序予以救济，但必将造成时间、金钱等诉讼成本的增加，甚至按照举证责任分配可能面临败诉的风险。此外，在合同履行过程中，所付款项的用途也应尽量予以注明，以免造成不必要的损失。

编写人：河北省迁安市人民法院　田小梅

27

承揽合同与建设工程施工合同的区分认定

——吴某亮诉赵某生、智达公司承揽合同案

【案件基本信息】

1. 裁判书字号

广西壮族自治区桂林市龙胜各族自治县人民法院（2019）桂0328民初148号民事判决书

2. 案由：承揽合同纠纷

3. 当事人

原告：吴某亮

被告：赵某生、智达公司

【基本案情】

2014年10月31日，龙胜各族自治县三门镇人民政府通过招投标的方式将古坪至滩底通村水泥公路工程发包给智达公司，双方签订了一份《施工承包合同书》。

之后，该工程由被告赵某生实际施工。2015年10月1日，被告赵某生与原告吴某亮以甲、乙双方签订了一份《水泥硬化施工承包合同》，被告赵某生将三门镇古坪至大罗（滩底）水泥砼路面工程以包工不包料的形式发包给原告吴某亮施工。合同签订后，原告于2015年10月2日开始从滩底往古坪方向施工。2016年春节前，原告施工至古坪村河口组铁索桥头（地名）时，因政府征地及线路改道问题，工程暂时停工。此时，原告已经完成约三分之二的工程量，剩余三分之一的工程长约4公里未完工，被告先后支付给原告工程款共计52万元。停工之后，原告见征地问题迟迟没有解决，担心因拖延时间造成难以承受的损失，且认为被告经常未按时支付工程款，于是决定不再继续为被告施工。被告认为原告只做了前面容易的路段，后面难施工的路段就不做了，双方产生矛盾。2016年10月16日，被告与李某兵另行签订合同，继续施工。之后，原告要求被告支付工程尾款，被告以原告未完成全部工程，造成被告另请他人施工，造价增加，给被告造成损失为由，拒绝与原告结算。原告遂于2019年2月26日向法院提起诉讼，请求法院判令被告赵某生、智达公司连带给付工程款22.88万元、利息32276元。被告赵某生不认可原告吴某亮完成的工程量，但又拒绝去实地进行丈量，原告吴某亮向法院申请委托有关部门对其完成的工程量进行测算。法院依法委托诚信达公司进行测量，结果为：（1）滩底村至古坪村河口组铁索桥头（地名）的乡村道路混凝土路面已施工面积为40875.672平方米；（2）滩底村至古坪村河口组铁索桥头（地名）路段各个岔路口的混凝土路面已施工面积为215.06平方米。为此，原告变更诉讼请求，将请求支付工程款22.88万元变更为21.96万元。

另查明，目前古坪至滩底通村水泥公路工程尚未通过验收，但该公路已经通车使用。

【案件焦点】

1. 原告施工的路段是从滩底村至古坪村河口组铁索桥头（地名）还是从滩底村至同烈村田湾桥头（地名）；2. 原告完成的工程量如何认定；3. 原告的诉讼请求是否应当支持；4. 被告智达公司是否需要承担连带给付责任。

【法院裁判要旨】

广西壮族自治区桂林市龙胜各族自治县人民法院经审理认为：原告吴某亮与被

告赵某生签订的《水泥硬化施工承包合同》，系在公平、自愿、协商一致的基础上签订的，是双方当事人的真实意思表示，且不违反法律和行政法规的强制性规定，属有效合同，应当受到法律保护。依法成立的合同，对当事人具有法律约束力，当事人应当按照合同的约定全面履行义务。本案中，原告吴某亮按照被告赵某生的要求，由被告赵某生提供施工材料及部分机械设备，由原告组织工人及自带部分机械设备进行施工，被告以每平方米 18 元的价格支付原告工程款。可见，原告按照被告要求完成工作，交付工作成果，被告支付劳动报酬，原告在本案中主要是提供劳动服务。因此，原告吴某亮与被告赵某生之间系承揽关系，本案应当按承揽合同纠纷处理。虽然原告没有完成全部工程，但其已完成的工程已交付给被告，被告应当支付相应的工程款。

关于原告主张从 2016 年 3 月 1 日开始计付利息的问题。由于原告没有完成全部工程，双方没有进行结算，也没有对工程款的支付期限及利息的计付标准进行明确约定。因此，原告的利息应当从其起诉之日（2019 年 2 月 26 日）起按中国人民银行发布的同期同类贷款利率标准计算至还清之日止。

关于被告智达公司是否要承担连带给付责任的问题。

因本案系承揽合同纠纷，并非建设工程施工合同纠纷，故被告智达公司与原告吴某亮之间没有直接联系，根据合同相对性原则，被告智达公司对被告赵某生应支付给原告吴某亮的款项不承担连带给付责任。因此，原告要求被告智达公司承担连带给付责任，没有事实和法律依据。

广西壮族自治区桂林市龙胜各族自治县人民法院依照《中华人民共和国合同法》第八条、第二百五十一条第一款、第二百六十三条，《中华人民共和国民事诉讼法》第六十四条第一款、第一百四十四条及《最高人民法院关于民事诉讼证据的若干规定》第二条之规定，作出如下判决：

一、被告赵某生支付原告吴某亮工程款 219300 元及相应利息（利息按中国人民银行同期同类贷款利率计算，从 2019 年 2 月 26 日起计算至付清款项之日止）；

二、驳回原告吴某亮的其他诉讼请求。

【法官后语】

自 2021 年 11 月 1 日起施行的《中华人民共和国民法典》合同编保留了多数原

《中华人民共和国合同法》中的规定，法律规定有名合同之间、有名合同与其他合同之间的区别似乎很明确，但在实践中经常会出现困惑。实践中建设工程合同易与承揽合同发生混淆。承揽合同是指承揽人按照定作人的要求完成工作，交付工作成果，定作人给付报酬的合同。建设工程合同是指承包人进行工程建设，发包人支付价款的合同。其实建设工程合同就是一种特殊的承揽合同，因此两者在实践中的区分存在一定的困难。要想对该合同的性质作出准确的判断，就必须弄清这两者合同之间的区别。(1) 主体不同。建设工程合同的发包人一般为建设单位，承包人也必须是具有相应资质的法人，自然人是不能成为建设工程合同的发包人和承包人的。承揽合同的发包人及承包人没有那么多的限制，可以是法人、自然人、法人或非法人组织。(2) 合同标的价值不同。建设工程合同的标的往往是大型工程项目，在很多情况下建设工程是通过招投标的方式签订合同。而承揽合同标的额往往较小。(3) 合同的要式性不同。因建设工程标的额较大且往往通过招投标形式，所以根据法律规定，建设工程应当采用书面形式；而承揽合同既可以是书面的也可以是口头的，实践中，承揽合同以口头形式占多数。(4) 主要工作是否可由第三人完成。在建设工程合同中，总承包人可以在发包人同意的情况下，将非主体工程分包给第三人完成，但是主体工程必须自己完成。而在承揽合同中，除当事人另有约定外，承揽人应当以自己的设备、技术和劳动力，完成主要工作。(5) 工作交由第三方完成时责任承担者不同。建设工程中，第三人就其完成的工作成果与总承包人或者勘察、设计、施工承包人向发包人承担连带责任。而在承揽合同中，无论是承揽人经定作人同意将全部工作交由第三人完成，还是将辅助工作交第三人完成，都是由承揽人向定作人承担责任，第三人不向定作人承担责任。(6) 合同计价条款的变动性不同。一般来说，建设工程合同因工程量大、工期较长、材料和费用在订立合同时难以准确计算，所以在结算时通常可以突破合同的计价条款。而承揽合同中的价款条款较为固定。(7) 合同解除的条件不同，根据法律规定，承揽合同的定作人有权随时解除合同。而在建设工程合同中，是不允许随意解除合同的。(8) 一方违约时的救济方式不同。在承揽合同中，定作人解除合同后，承揽只能要求定作人赔偿损失，而不能要求继续履行。而在建设工程合同中，除特定情形外，一方违约时，对方当事人都可以要求其继续履行。

编写人：广西壮族自治区龙胜各族自治县人民法院　汪子焯

28

双方原因导致承揽合同履行不能均应承担违约责任

——青泰公司诉龙山人公司承揽合同案

【案件基本信息】

1. 裁判书字号

山东省日照市中级人民法院（2019）鲁11民终2148号民事判决书

2. 案由：承揽合同纠纷

3. 当事人

原告（被上诉人）：青泰公司

被告（上诉人）：龙山人公司

【基本案情】

2010年10月13日，青泰公司（甲方）与龙山人公司（乙方）签订广告牌制作协议，约定广告牌位于奎山汽车城海马4S店门前，制作期限为甲方付款之日起30天内，合同金额为6万元，合同签订后2个工作日内甲方首付制作费4万元，广告牌制作安装完毕并经甲方验收合格后5天内支付剩余制作费2万元，乙方负责办理制作、审批手续，乙方在接到甲方支付的第一期制作费后4日内组织施工，30天内完工，合同期内完成制作并交付甲方使用，每延期一天按合同标的总额1%支付违约金。2010年10月13日，青泰公司支付制作费4万元，龙山人公司未最终完成广告牌制作安装并交付使用。青泰公司起诉要求龙山人公司返还广告牌制作费用4万元并承担违约金2万元。

另查明，2010年，龙山人公司为青泰公司制作广告牌后，在安装过程中两次受到案外人的阻挠，原因是青泰公司指定的安装地点（奎山汽车城区域内）并非其规划用地。同年，龙山人公司为部分其他客户在奎山汽车城制作、安装广告牌，双方已结算完毕。2017年，青泰公司发布搬迁公告，内容为：海马汽车日照青泰迎宾路店全店整体搬迁至日照奎山汽车城海马汽车日照锐发店。青泰公司承认在与龙山人公司签订合同时奎山汽车城海马汽车4S店尚未建成，也未取得规划用地手续；其没有向龙山人公司提供案涉合同约定的规划图纸，但当时告知龙山人公司将广告牌安装在该店附近。对于案涉合同是否继续履行，龙山人公司主张其已全面履行了自己的合同义务，该合同事实上已经履行完毕，青泰公司指定地点不明给龙山人公司造成了损失，继续履行已无实际可能；青泰公司主张其起诉本意即为解除合同，但如果龙山人公司能在2020年元旦前办理手续，完成广告牌制作安装，愿意继续履行合同。

【案件焦点】

1. 龙山人公司应否返还广告制作费；2. 本案是否超过诉讼时效期间。

【法院裁判要旨】

山东省日照市日照经济技术开发区人民法院经审理认为：青泰公司与龙山人公司均不要求继续履行合同，对已履行部分，均有权要求对方恢复原状、采取补救措施并赔偿损失。双方均未充分举证证实广告牌未安装完成完全系对方违约所致，故均应承担一定责任。龙山人公司作为承揽人应尽到更多的审慎义务，根据公平原则，以其返还制作费首付款3万元为宜。因青泰公司未证实广告牌未安装系龙山人公司违约造成，对其主张的违约金不予支持。双方并未约定制作费何时返还，诉讼时效期间应从青泰公司第一次主张返还制作费时开始计算，龙山人公司对该时间未举证证明，其关于本案超过诉讼时效期间的主张不成立。依照《中华人民共和国合同法》第六十条、第一百零七条、第二百五十一条之规定，日照经济技术开发区人民法院作出如下判决：

一、龙山人公司于判决生效后十日内返还青泰公司广告牌制作费3万元；

二、驳回青泰公司的其他诉讼请求。

龙山人公司不服一审判决，提出上诉。

山东省日照市中级人民法院经审理认为：案涉广告牌未能安装完成，龙山人公司存在违约情形，收取的广告牌制作费用应予返还。青泰公司认可签订合同时未取得规划用地手续且未提供合同约定的规划图纸，龙山人公司应催告其在合理期限内履行协助义务，但不能直接扣除广告牌制作费用。案涉承揽合同未能履行完毕双方均有过错，一审法院综合考量合同的履行情况、双方当事人的履行能力等因素，判令龙山人公司返还3万元制作费并无不当。双方虽然约定制作施工期限，但同时约定延期违约责任，即如果广告牌的制作安装超时完成，青泰公司仍会接受工作成果，故制作期满时青泰公司并未已知或应知权利受到侵害。龙山人公司未明确告知青泰公司不再履行安装义务，青泰公司不知或应知权利受到侵害，诉讼时效期间不应起算，故本案诉讼并未超过诉讼时效期间。山东省日照市中级人民法院判依照《中华人民共和国民事诉讼法》第一百六十九条第一款、第一百七十条第一款第一项之规定，决如下：

驳回上诉，维持原判。

【法官后语】

本案是典型的承揽合同纠纷。承揽合同的基本特征是，承揽人按照约定的规格、品质、期限等条件完成特定工作，并交付工作成果。如果承揽人付出劳务，但未能交付特定工作成果，也不能认为其全面履行合同义务。龙山人公司事实上未能交付成果、完成主要合同义务，应承担违约责任。承揽合同的另一特征在于承揽人按照定作人的特定要求完成工作成果，故定作人负有将合同标的之规格、质量、技术指标等“特定化”要求及时、准确地告知承揽人，配合承揽人完成承揽工作。就本案而言，青泰公司不但要向龙山人公司提供有关广告内容，还应明确指示广告牌的安装位置。虽然双方约定龙山人公司负责办理审批手续，但并未明确审批手续范围，结合合同金额及广告发布、土地使用等有关规定及日常生活经验，对合同中“审批手续”的解释至少不应扩大至安装地点的用地规划审批或租用手续，故在青泰公司认可签订合同时奎山汽车城海马汽车4S店尚未建成、未取得规划用地手续，且在未提供合同约定的规划图纸的情况下，龙山人公司主张因青泰公司原因未能完成广告牌安装，具有一定合理性。

在承揽合同中，对于定作人不予协助致使承揽工作无法完成的，承揽人享有催告并要求定作人在合理期限内履行义务直至解除合同的权利，但不应无所作为。青泰公司未能及时履行协助义务，龙山人公司应及时催告其在合理期限内履行，如其在合理期限内仍未履行上述协助义务，则龙山人公司有权解除合同并要求青泰公司赔偿损失，但不能直接扣留青泰公司交付的广告牌制作费用。

承揽工作的顺利进行离不开双方当事人全面、适当地履行各自的合同义务，双方当事人应本着诚实、信用、善意的原则，互相配合、互相协助，促使承揽合同得以顺利履行，避免不必要的争端和纠纷。案涉承揽合同未能履行完毕，系因双方当事人未能适当履行各自合同义务所致，综合考量合同的履行情况、双方当事人的履行能力、主观过错等因素，判令龙山人公司返还3万元广告制作费为宜。

编写人：山东省日照市中级人民法院　吴丹

八、建设工程合同

29

建设工程设计合同解除后设计费用如何认定

——中景汇公司诉棋盘山管理局建设工程设计合同案

【案件基本信息】

1. 裁判书字号

辽宁省沈阳市中级人民法院（2019）辽01民终13907号民事判决书

2. 案由：建设工程设计合同纠纷

3. 当事人

原告（被上诉人）：中景汇公司

被告（上诉人）：棋盘山管理局

【基本案情】

中景汇公司于2016年1月7日在棋盘山出入口改造设计工程招标活动中中标。在中景汇公司提交的相关投标文件工程设计任务清单中关于各阶段工作内容及工作量分配比例中载明：方案设计及修改占25%，初步设计及修改占25%，施工图设计及修改占30%，施工图预算编制占5%，施工服务费占10%，其他应包括内容5%。同年6月，中景汇公司、棋盘山管理局补签的《建设工程设计合同》约定：工程阶段包括概念方案设计、方案深化设计、施工图设计、现场服务阶段；第八条约定："工程设计费支付在发包人收到所欲施工图纸，并在该工程招标完毕后，依据工程中标价格及设计中标费率：建筑部分按投标费率2.3%，绿化景观部分按费率2.4%计算，支付设计费的60%，余款二年内付清；若两年内未进行竣工验收或施工总承包未进行结算，发包人仍需按本合同投资估算价及中标费率支付设计人设计费，投资估算按建筑部分750万元、绿化景观部分450万元计算，支付全部设计费”；第九条约定：“在合同履行期间，发包人要求终止或解除合同，已开始设计工作的，发包人应根据设计人已进行的实际工作量，不足一半时，按该阶段设计费的一半支付；超过一半时，按该阶段设计费的全部支付。”

2016年7月1日，双方签署“方案与扩初阶段图纸交付确认单”。因棋盘山管理局就涉案工程相关报批手续未获得上级政府部门审计批准，双方签订的《建设工程设计合同》并未全部履行完毕。

中景汇公司、棋盘山管理局双方均同意解除《建设工程设计合同》；均认可涉案工程全部设计费以建筑部分750万元×2.3%及景观绿化部分450万元×2.4%予以计算，共计28.05万元；均认可“扩初设计”为初步设计，属于方案深化设计阶段。中景汇公司、棋盘山管理局双方并未在《建设工程设计合同》中对概念方案设计、方案深化设计、施工图设计、现场服务阶段各个阶段节点工作成果具体内容及各阶段工程款所占比例予以明确约定。中景汇公司认为按照《建设工程设计合同》关于工程阶段的约定，施工图设计阶段已完成，棋盘山管理局认为中景汇公司方案深化设计阶段尚未完成，施工图设计阶段并未开始。中景汇公司先后向法院提交两版设计图纸，其中先提交的图纸形成时间为2016年6月，后提交的图纸形成时间为2016年1月，该份图纸是中景汇公司在招投标阶段形成的。经中景汇公司申请鉴定，一审法院向辽宁省沈阳市中级人民法院提交鉴定委托书，法院确认无相关鉴定结构备案，无法指定鉴定机构。中景汇公司诉至法院，主张28.8万元设计费用。

【案件焦点】

设计合同解除后，中景汇公司实际发生的设计费数额应如何认定。

【法院裁判要旨】

辽宁省沈阳市浑南区人民法院经审理认为：中景汇公司、棋盘山管理局签订的《建设工程设计合同》有效，现设计合同无法继续履行，中景汇公司、棋盘山管理局均同意解除合同。关于中景汇公司设计工作进度完成情况，中景汇公司未提交充分且权威的证据证明已经进行到施工图设计完毕阶段。中景汇公司认为应以2016

年1月出具的设计图纸作为衡量依据，因上述图纸仅为招投标阶段图纸，并非设计工作进展的最后成果，不应采信。根据中景汇公司针对涉案工程设计的最后一版图纸（2016年6月），综合考虑上述图纸已交付给棋盘山管理局且经双方确认为“初步设计图纸”“方案与扩初阶段图纸”的事实以及阶段性评审中的评审意见、中景汇公司回复等情况，可认定中景汇公司方案深化设计阶段已基本完成。中景汇公司、棋盘山管理局在《建设工程设计合同》中对各阶段节点工作成果具体内容及各阶段工程款所占比例没有明确约定，在棋盘山管理局未提供相反证据的情况下，鉴于中景汇公司已经中标的事实，可根据中景汇公司提交的投标文件中记载的工作量比例作为依据，即截至深化设计（初步设计及修改）阶段，已完设计工作量达到50%。因此，棋盘山管理局应给付中景汇公司总设计费的50%，即14.025万元。关于中景汇公司要求给付资金占用费的诉讼请求，因根据合同约定并未达到付款节点，且中景汇公司未提交充分证据证明存在上述损失，故对中景汇公司的该项诉求不予支持。

辽宁省沈阳市浑南区人民法院作出如下判决：

一、棋盘山管理局于判决生效后十日内，给付中景汇公司设计费14.025万元；

二、驳回中景汇公司的其他诉讼请求。

棋盘山管理局不服一审判决，持原审意见提起上诉。

辽宁省沈阳市中级人民法院经审理认为：棋盘山管理局对一审认定的设计费计算方式有异议。结合中景汇公司针对涉案工程设计的最后一版图纸（2016年6月），综合考虑上述图纸已交付棋盘山管理局且经双方确认为“初步设计图纸”“方案与扩初阶段图纸”的事实以及阶段性评审中的评审意见、中景汇公司回复等情况，可认定中景汇公司方案深化设计阶段已基本完成。在双方设计合同没有明确约定各阶段设计费用的情况下，应结合投标文件工程设计任务清单中关于各阶段工作内容及工作量分配比例的规定进行认定，故一审法院据此认定并无不当。关于棋盘山管理局提出的应依据《工程勘察设计收费标准》进行计算，因该标准并非强制性规定，且结合双方的合同约定以及参照招投标相关文件等可以确定中景汇公司设计费数额，故棋盘山管理局的相关上诉请求，二审法院不予支持。另外，审理中，双方对设计费总额为28.05万元的事实并无异议。

辽宁省沈阳市中级人民法院依照《中华人民共和国民事诉讼法》第一百七十

条之规定，作出如下判决：

驳回上诉，维持原判。

【法官后语】

建设工程设计合同纠纷类案件中，设计方主张设计费用，诉至法院，今后如何在法律框架范围内解决双方争议的专业问题，是对裁判者提出的挑战。

这类纠纷往往发生在设计未全部完毕的合同解除的情况下，在《中华人民共和国民法典》施行后，依据《中华人民共和国民法典》第五百六十六条第一款“合同解除后，尚未履行的，终止履行；已经履行的，根据履行情况和合同性质，当事人可以请求恢复原状或者采取其他补救措施，并有权要求赔偿损失”的规定，合同因主观原因或客观原因解除，合同已不能继续履行，这涉及合同解除后果处理问题。

对于在设计合同解除前已经履行的部分，设计方已以当时有效合同为依据从事设计行为、履行了合同义务，亦产生了对应的实际损失，发包方则应依据解除前的有效合同支付相应对价。由于此类设计费用无法或者不宜采取建设工程合同纠纷中的造价鉴定方式确定数额，故需要由法院依据相关法律规定和公平原则，结合案件具体事实，认定当事人双方争议的已完成部分设计费用。如何认定这部分设计费用的数额，是这类案件的核心问题。

首先，应确定设计费的总额。一般当事人会在合同中直接约定总设计费数额或者约定相应计算方式。例如，按照工程造价乘以费率等。虽然在审判实践中，直接通过合同总设计费金额确定实际发生设计费数额的案件并不多见，但此问题涉及计算基数的认定。

其次，确定设计方所实际完成的设计费数额，这就需要确定设计方所达到的设计阶段，以判断所占总额的比例。可以借助当事人之间签订的设计合同或者投标文件等可反映出真实意思表示的证据判断比例情况；而对于具体施工到哪一个比例节点，则需要当事人通过双方往来材料等进行举证，结合双方的证据优势进行认定，实际完成到哪个节点，进而判断对应的实际完成的设计费用。

最后，要强调的是在合同类纠纷案件中，在不违反法律强制性规定的情况下，应尊重当事人针对案件所达成的合同约定，而非只具有参考性效力的相关规定。本案中，上诉人提出应依据《工程勘察设计收费标准》来认定设计方的实际完成设计费用，但在合同或招投标文件有相关规定的情况下，应尊重当事人的真实意思表示。

编写人：辽宁省沈阳市中级人民法院　孙菁蔓

30

建设工程施工合同中实际施工人的认定标准

——刘某诉曹某军等建设工程施工合同案

【案件基本信息】

1. 裁判书字号

河南省平顶山市中级人民法院（2019）豫04民终2941号民事裁定书

2. 案由：建设工程施工合同纠纷

3. 当事人

原告（被上诉人）：刘某

被告（被上诉人）：曹某军

被告（上诉人）：方得公司

被告：中进公司

【基本案情】

2016年8月9日，原告刘某与被告曹某军签订补充协议一份，约定将位于叶县昆阳大道与九龙路交叉口西南角工程名称为方得雲宫首府酒店楼工程交由刘某施工，后曹某军于2017年1月18日为原告出具结算清单一份，结算清单载明："……总建筑面积13195.7平方米×260元/平方米=3430882元，总价款：343.0882万元整。"刘某、曹某军均在该结算单上签字按指印予以确认。审理中，曹某军表示认可上述结算单。

另查明以下事实：

1. 旭进公司于2018年3月30日名称变更为中进公司。

2. 就上述涉案工程，2014年4月28日，方得公司作为发包方，将工程承包给中进公司建设，双方签订建设工程施工合同，后中进公司建设至13层。13层以上的工程曹某军承包后交由刘某施工。

3. 因方得公司资金困难，无力全部支付曹某军工程款，双方于2017年4月24日签订住宅买卖合同，方得公司将37套房屋抵给曹某军，以抵偿工程款6576450元（曹某军出具收条）。审理中，曹某军称住宅买卖合同没有完全履行，方得公司尚欠其300万元左右工程款没有支付。

4. 2018年1月18日，曹某军与刘某达成一致意见，将上述37套房屋中的9套抵顶刘某的工程款计179.37万元，刘某为曹某军出具收条一份，载明："今收到曹某军工程款179.37万元整　刘某　备注：有半套房款没收到。"审理中，刘某称9套房屋均不在曹某军名下，其无权处分，且9套房屋经在房管部门查询基本情况不清，上述以房抵债无效，曹某军应继续支付179.37万元工程款；曹某军称9套房屋现状为仍属于方得公司，并没有交付给刘某。

5. 刘某认可已收到曹某军、方得公司向其支付工程款总计1027067元［包含刘某出具的借据四张共计23.25万元、收条1张40万元（该款由全某娟分两次转入赵某亚账户，后刘某出具收条）、金某龙出具的条据2张4000元、全某娟转账给刘某的310416元、80151元］。

6. 曹某军、方得公司向法院提供的网银电子回单显示，其于2018年1月29日、1月30日，全某娟分别转给赵某亚10万元，共计20万元。曹某军、方得公司认为该款系方得公司代付刘某的工程款。对此刘某不予认可，称该款系赵某亚承包的其他活，与本案工程款无关。

【案件焦点】

1. 刘某提供的结算单的效力问题；2. 刘某是否可以认定为实际施工人，方得公司作为发包方的责任承担问题。

【法院裁判要旨】

河南省平顶山市叶县人民法院经审理认为：当事人应当按照约定全面履行自己的义务，被告曹某军为原告刘某出具的结算清单系本人真实意思表示，因此，曹某军应当按照结算清单载明的内容履行义务，结算清单载明343.0882万元，法院予以确认。关于已支付工程款，第一，就刘某认可的1027067元予以扣除；第二，关于以房抵债款179.37万元，因曹某军认可房屋并未实际交付，仍属于方得公司，且就涉案的9套房屋经在房管部门查询，无法确认房屋基本信息，故刘某辩解曹某军应继续支付179.37万元工程款的意见，法院予以支持；第三，关于全某娟转给赵某亚的两笔款项共计20万元是否计入工程款，刘某称该款系赵某亚干的其他活，但并未提供证据证明其主张，另刘某认可的方得公司支付的40万元工程款亦是转入赵某亚的账户，故就该20万元法院认定系涉案工程款，应予以扣除。综上，法院认定刘某已收到涉案工程款1227067元，扣除后，曹某军应支付刘某工程款为2203815元。曹某军要求扣除的款额超出1227067元部分，因未提供充分证据证实，就其该主张法院不予采信。刘某要求支付所欠工程价款的利息，可按中国人民银行同期同类贷款利率自起诉之日起计算至工程款偿还完毕之日止。刘某要求过高部分诉讼请求，依据不足，法院不予支持。

关于方得公司是否承担责任的问题，《最高人民法院关于审理建设工程施工合同纠纷案件适用法律问题的解释》第二十六条规定，实际施工人以转包人、违法分包人为被告起诉的，人民法院应当依法受理。实际施工人以发包人为被告主张权利的，人民法院可以追加转包人或者违法分包人为本案当事人。发包人只在欠付工程价款范围内对实际施工人承担责任。本案中，曹某军承包涉案工程后，将13层以上的主体工程交由刘某施工，曹某军的施工义务转由刘某履行，刘某与发包人方得公司形成事实上的权利义务关系，可以认定刘某系实际施工人。方得公司作为发包方，根据上述规定，应在欠付工程价款范围内对刘某承担责任。方得公司以37套房屋抵顶欠付曹某军的工程款6576450元，但未提供证据证明曹某军已取得房屋所有权或房屋已处分、曹某军已收到相应款项，因其提供的证据不足以证明其已经支付完毕工程款及已支付工程款款额，故应与曹某军对刘某的施工款负连带清偿责任。

关于中进公司是否承担责任的问题。第一，中进公司称13层以上的建设与其公司无关；第二，曹某军称中进公司施工至13层，13层以上的主体由其继续施工，其没有与中进公司签订挂靠协议；第三，在案曹某军与刘某及方得公司签订的有关手续并未加盖中进公司印章。综上，在案证据不足以证明曹某军与中进公司的实际挂靠与被挂靠关系，故刘某要求中进公司承担责任的意见，法院不予采信。

综上，河南省平顶山市叶县人民法院根据《中华人民共和国合同法》第六十条，《最高人民法院关于审理建设工程施工合同纠纷案件适用法律问题的解释》第二十六条，《中华人民共和国民事诉讼法》第六十四条的规定，作出如下判决：

一、被告曹某军于本判决发生法律效力之日起十日内支付原告刘某工程款2203815元，在支付上述工程款的同时，按照中国人民银行发布的同期同类贷款利率计付自2018年6月1日起至款项清偿完毕之日止的利息；

二、被告方得公司对上述第一项承担连带清偿责任；

三、驳回原告刘某的其他诉讼请求。

二审期间方得公司提出撤回上诉的请求，河南省平顶山市中级人民法院依照《中华人民共和国民事诉讼法》第一百七十三条的规定，作出如下裁定：

准许方得公司撤回上诉。一审判决自本裁定送达之日起发生法律效力。

【法官后语】

本案件涉及以下需要阐明的问题：

1. 结算单的效力问题

该案件系合同相对人即被告本人出具的结算，认定起来争议不大，但类似案件审理中，对结算单的效力被告方不认可的情况居多，因大多结算时不是被告本人参与并出具结算单，而是由在工地负责的其他人员实施的该行为，这就给被告留下足以辩解的空间。审理中，法院应综合工程的完工、双方约定的合同价款等情况结合在案的其他证据而做出认定，在工程完工或由于相对人原因导致部分施工的情况下，笔者是倾向于应认定结算单载明的内容并以此作为依据做出裁判。但案件审理中尚存在具有付款义务的一方为拖欠工程款而不进行结算的情况，导致施工方起诉时无明确的价款依据，付款义务方也以未结算为辩解理由拒绝支付款项。鉴于上述问题的存在，应当对建设工程施工合同中涉及的结算问题进一步规范化及细化，提高可操作性，以便于施工方保护自己的权益。

2. 关于建设工程施工合同中的以房抵工程款的问题

本案发包人方得公司因无力支付承包人工程款，将涉案工程的房屋作价抵欠付曹某军的工程款，双方签订合同，后由曹某军对所抵房屋进行处置以取得钱款，即曹某军以方得公司名义出售房屋，在此过程中需要方得公司的配合，完成卖房的一系列手续，这样在实际操作中就会存在诸多不确定因素：（1）一旦房价出现波动，双方出于各自利益的考虑就会怠与履行最初的约定，如房价下跌，曹某军方会认为原来约定的房屋价款过高，对其不公平，如房价上涨，方得公司的利益就会有损，导致双方在履行约定过程中不予配合的情形发生；（2）因曹某军需以方得公司名义卖房，购房人应向方得公司支付房屋全款或首付款，如分期付款购买房屋还涉及银行贷款，钱款在曹某军与方得公司的交付方面也存在诸多问题。所以该类案件应倾向于保护要求支付施工款方的利益，在房屋并未实际处理的情况下，要求施工款的一方要求对方继续支付钱款的，应予支持。这样能够保护施工方的利益且同时另一方的利益并没有受损。

3. 实际施工人的认定及发包人的责任承担问题

根据《最高人民法院关于审理建设工程施工合同纠纷案件适用法律问题的解释》可以推定实际施工人包含无效建设工程施工合同的转承包人、违法分包的承包人、借用资质的承包人等，最高人民法院民一庭关于上述司法解释的理解与适用要求实际施工人需要实际履行施工合同义务，即应与发包人全面实际地履行发包人与承包人之间的合同，并形成事实上的权利义务关系。本案中，涉案的工程 13 层以下非刘某施工，是否可以认定刘某是实际施工人。根据以上阐述，实际施工人需与发包人全面实际的履行了发包人与承包人之间的合同，并形成事实上的权利义务关系。本案 13 层以上的主体工程曹某军交由刘某施工，曹某军的施工义务转由刘某履行，刘某与发包人方得公司形成事实上的权利义务关系，可以认定刘某系实际施工人，这样也有利于保护实际施工方的权益。

编写人：河南省平顶山市叶县人民法院　王克娜

31

建设工程施工合同纠纷案件中“黑白合同”的认定

——通兴公司诉交通公司、荣鹿公司建设工程施工合同案

【案件基本信息】

1. 裁判书字号

湖南省岳阳市中级人民法院（2019）湘06民终2871号民事判决书

2. 案由：建设工程施工合同纠纷

3. 当事人

原告（上诉人）：通兴公司

被告（被上诉人）：交通公司

被告：荣鹿公司

【基本案情】

荣鹿公司系岳阳县荣鹿一级公路的对外招标人，其在对外发布的投标人须知中明确否定接受调价函。2010年5月13日，通兴公司与荣鹿公司以施工招（投）标文件等为岳阳县荣鹿一级公路工程第三合同段合同谈判为主要依据形成纪要，并确定纪要为双方合同协议书的组成部分，纪要第二项明确“在该项目施工过程中，原材料、油料、人工工资等项目无论市场价格发生何种变化，发包人均不予调价”。当日，通兴公司与荣鹿公司签订了《岳阳县荣鹿一级公路工程第三合同段合同协议书》，上述投标书及投标书附件、合同谈判纪要均被列入协议书内容。通兴公司在施工期间，因2010年至2012年人工及主要材料大幅上涨，通兴公司所承建工程的进度受到严重影响，部分工程甚至出现了停工的情况，为此通兴公司多次找荣鹿公司协商调价事宜，荣鹿公司法定代表人承诺只要将来有相关调价的文件就给予调价。2012年年底工程竣工。2013年1月31日，荣鹿公司与通兴公司根据湖南省交通运输厅建设造价管理站2012年3月30日发布的湘交造字〔2012〕6号文件及湖

南国通工程管理有限公司《关于岳阳县荣家湾至鹿角公路工程第三合同段主要材料价格调整的审查意见》［湘国通〔2013〕造字第10号］，签订了《岳阳县荣家湾至鹿角公路工程材料价差调整补充合同书》，对通兴公司承建工程的国材进行了调差，调整总金额108.38万元，其中第二条第二款约定“人工与地材未列入本次调整范围”。2013年上半年，荣鹿公司原法定代表人因犯罪被逮捕，岳阳县交通运输管理局党委委员许某南开始担任交通公司法定代表人。2013年6月30日，岳阳县人民政府、岳阳县交通局、城市建设公司与荣鹿公司签订《债权享有及债务承担协议书》，将荣鹿公司的所有债权债务全部剥离给岳阳县人民政府、岳阳县交通局、城市建设公司，通兴公司也出具了承诺书，承诺就所有未结算款项放弃向荣鹿公司主张权利，仅向岳阳县人民政府、岳阳县交通局、城市建设公司主张权利。后岳阳县人民政府、岳阳县交通局指令交通公司办理与通兴公司的结算、支付工程款等事项。2016年7月12日，交通公司与通兴公司进行了结算（人工和地材价格没有进行调差）。

2013年7月10日湖南省交通厅下发湘交基建字〔2013〕286号文件、2013年7月25日湘交造字〔2013〕9号文件，规定人工单价及主要材料价差从2010年1月1日起开始调整计算，计算期限至项目结束时止。2016年8月，通兴公司在知道有上述文件后向交通公司主张权利，并向其法定代表人许某南提供了调整文件及通兴公司自己编制的调整资料。2016年9月20日，交通公司以岳县交建〔2016〕15号文件向岳阳县人民政府提出“关于申请人工及地材价差调整的请示”，该文件中明确提出“补充合同第二条第二款明确规定人工及地材未列入本次调整范围，原因是没有上级相关部门下发的文件依据……”鉴于上述情况，请求依据2013年7月湖南省交通运输厅与造价管理站的文件，对荣鹿公路工程人工与地材进行价差调整。该报告上交通公司法定代表人许某南签字“情况属实”，岳阳县人民政府分管交通的领导签字“请交建投依法依规按程序受理、汇报”。2016年11月，交通公司委托国通工程公司对通兴公司承建的第三合同段的人工及地材价格调整进行审查，并提供了通兴公司编制的调整材料（通兴公司单位项目负责人一同前往），2017年1月9日，国通工程公司以湘国通〔2017〕造字第3号文件出具了“关于岳阳县荣家湾到鹿角公路工程第三合同段主要材料价格调整的审查意见”，审查核定调整金额为292.03万元。此后在办理过程中交通公司以岳阳市交通运输管理局造价站不批准调整为由拒绝进行调差。2017年6月15日，通兴公司向一审法院提出申请，请求撤回要求荣鹿公司、交通公司支付通兴公司工程款662718元的诉讼请求。

【案件焦点】

当事人签订的口头补充协议，是否属于“黑合同”。

【法院裁判要旨】

湖南省岳阳市岳阳县人民法院经审理认为：通兴公司与荣鹿公司通过招投标方式签订的《岳阳县荣鹿一级公路工程第三合同段合同协议书》合法有效。双方合同约定“无论市场价格发生何种变化，发包人均不予调价”。另根据《最高人民法院关于审理建设工程施工合同纠纷案件适用法律问题的解释》第二十一条“当事人就同一建设工程另行订立的建设工程施工合同与经过备案的中标合同实质性内容不一致的，应当以备案的中标合同作为结算工程价款的根据”的规定，说明在招投标合同订立之后另行签订的补充协议原则上不能修改招投标合同的主要条款，即不能修改包括工程造价、工期、质量等在内的基本条款。否则，应当被认定为无效。本案中，通兴公司在施工过程中与荣鹿公司双方达成了按照相关调差文件进行调差的口头约定。通兴公司基于与荣鹿公司达成的调差约定编制出了调差材料，并会同荣鹿公司负责人许某南一同将材料报送国通工程公司审查核定调差的金额为292.03万元。因通兴公司与交通公司就人工和地材调差口头合约，有悖双方合同约定及最高人民法院上述司法解释第二十一条的规定，导致合同双方当事人就实质性内容享有的权利义务发生较大的变化，依法应认定为无效，故对通兴公司要求交通公司支付人工、材料差价款292.03万元诉讼请求，不予支持。荣鹿公司已经将荣鹿公路工程所有的债权债务转移至交通公司，交通公司和通兴公司对此均予以认可，故荣鹿公司关于其与通兴公司没有任何权利义务关系的辩解理由成立，通兴公司要求荣鹿公司支付人工和地材调差款的诉讼请求亦不予支持。通兴公司提出申请，请求撤回要求荣鹿公司、交通公司支付通兴公司工程款662718元的诉讼请求，其系通兴公司依法处分自己的民事权利，符合法律规定，依法准许。综上所述，湖南省岳阳市岳阳县人民法院依照《中华人民共和国合同法》第二百六十九条，《中华人民共和国招投标法》第三条，《最高人民法院关于审理建设施工合同纠纷案件适用法律问题的解释》第十六条、第二十一条之规定，作出如下判决：

驳回通兴公司对荣鹿公司、交通公司的诉讼请求。

通兴公司不服一审判决，坚持原审起诉意见提起上诉。

湖南省岳阳市中级人民法院经审理认为：本案二审争议的焦点是通兴公司要求支付差价款292.03万元的诉讼请求有无事实和法律依据。首先，《中华人民共和国合同法》第十条第一款规定，当事人订立合同，有书面形式、口头形式和其他形式。根据一审法院对荣鹿公司原法定代表人的调查，结合通兴公司事后编制出了调差材料，并会同荣鹿公司负责人许某南一同将材料报送国通工程公司审查核定的事实，可以认定通兴公司与荣鹿公司达成调差的口头约定，一审法院对该事实认定正确，双方当事人亦未就一审认定的事后达成调差的口头约定的事实提起上诉，故法院对该事实予以认定。当事人原来形成的作为双方合同协议书组成部分的纪要虽明确“在该项目施工过程中，原材料、油料、人工工资等项目无论市场价格发生何种变化，发包人均不予调价”，但依据《中华人民共和国合同法》第七十七条“当事人协商一致，可以变更合同”之规定，当事人事后经协商一致口头变更合同并不违反法律规定，亦无法律规定经过公证的合同不能变更合同内容。故交通公司辩称口头约定不能变更书面约定，口头约定效力低于书面约定效力的意见，因无法律依据，法院不予采纳。其次，本案通兴公司与荣鹿公司根据湖南省交通厅的文件达成了按照相关调差文件进行调差的口头约定。通兴公司基于调差的口头约定，会同荣鹿公司负责人许某南一同将材料报送国通工程公司审查核定调差的金额为292.03万元，上述事实说明双方已经在实际履行口头约定。《中华人民共和国合同法》第二百七十条虽规定，建设工程合同应当采用书面形式。但该法第三十六条亦规定，法律、行政法规规定或者当事人约定采用书面形式订立合同，当事人未采用书面形式但一方已经履行主要义务，对方接受的，该合同成立。故本案口头调差协议已经成立，依法成立的合同，自成立时生效。最后，《最高人民法院关于审理建设工程施工合同纠纷案件适用法律问题的解释》第二十一条的立法目的是打击建设工程招投标过程中的不正当竞争行为。而本案是合同签订后客观情况发生了重大变化，人工及主要材料大幅上涨，已超出施工单位实际承受能力，继续按原合同履行难以实现合同目的，本案双方事后签订补充协议，明显不属于上述签订“黑白合同”的情形，故双方关于价格调差的口头约定有效。据此，可认定通兴公司要求支付差价款

292.03万元的诉讼请求有事实和法律依据。综上所述，通兴公司的上诉请求成立，应予支持。本案一审虽认定基本事实清楚，但适用法律不当，处理错误，应予纠正。据此，湖南省岳阳市中级人民法院依照《中华人民共和国合同法》第十条、第三十六条、第六十条、第七十七条、第一百零七条、第二百六十九条以及《中华人民共和国民事诉讼法》第一百七十条第一款第二项之规定，作出如下判决：

一、撤销湖南省岳阳市岳阳县人民法院（2019）湘0621民初112号民事判决；

二、交通公司在本判决生效后10日内支付通兴公司工程款292.03万元；如果未按本判决指定的期间履行给付金钱义务，应当按照《中华人民共和国民事诉讼法》第二百五十三条之规定，加倍支付迟延履行期间的债务利息；

三、驳回通兴公司的其他诉讼请求。

【法官后语】

“黑白合同”又称阴阳合同，是指法律法规规定必须进行招投标的工程项目合同，开发企业与施工方就同一建筑工程签订两份不同的合同，一份用于建设主管部门备案，另一份是不对外公开、与备案合同内容不一致的私下协议，前一份备案合同称为“白合同”，后一份称为“黑合同”。因此“黑白合同”仅存在于法律法规规定必须进行招投标的工程中，强制性招投标以外的工程中不存在“黑白合同”。尽管“黑白合同”的签订时间、形式及内容多种多样，但其判断标准不外乎两个：一方面，两份合同是否针对同一工程项目即标的物的一致性，只有针对同一工程项目的两份不同的合同才可能构成“黑白合同”；另一方面，“黑合同”对“白合同”必须存在实质性违背，即另行签订的合同必须在工程价款、工程质量和工程期限等方面与中标合同实质相背离，而不是一般的合同内容变更。实践中要注意区分实质性变更和正常合同变更的区别。经过备案的合同并不是不允许对其进行变更，备案合同签订后可以根据实际情况的变化签订补充协议。例如，签订合同时合同价款的确定是根据工程的方案设计、初步设计、施工图设计进行预估，而在工程实际施工过程中，因建筑材料、人工工资大幅上涨及设计图纸的变更，因而引起的合同内容的变更等原因导致最终合同价款变化，属于合同正常变更范围之内，应当予以认可。故如果仅仅是对“白合同”涉及的一些具体问题的修改或补充，是被允许的，亦不应被视作为“黑合同”。是否属于建设工程施工合同中的“黑合同”应结合

《最高人民法院关于审理建设工程施工合同纠纷案件适用法律问题的解释》第二十一条的立法目的及合同签订后客观情况是否发生了重大变化等事实综合判断。《最高人民法院关于审理建设工程施工合同纠纷案件适用法律问题的解释》第二十一条的立法目的是打击建设工程招投标过程中的不正当竞争行为。该条司法解释并没有排除建设施工合同双方当事人依法变更合同的权利，因为合同变更是法律赋予合同当事人的法定权利。而本案是合同签订后客观情况发生了重大变化，人工及主要材料大幅上涨，已超出施工单位实际承受能力，继续按原合同履行难以实现合同目的。2013 年 7 月 10 日湖南省交通厅下发湘交基建字〔2013〕286 号文件、2013 年 7 月 25 日湘交造字〔2013〕9 号文件，规定人工单价及主要材料价差从 2010 年 1 月 1 日起开始调整计算，计算期限至项目结束时止。故本案双方根据政策调整，事后签订补充协议，明显有事实依据，不属于上述签订“黑白合同”的情形，故双方关于价格调差的口头约定有效。据此，可认定通兴公司要求支付差价款 292.03 万元的诉讼请求有事实和法律依据。

编写人：湖南省岳阳市中级人民法院　蒋立春

九、运输合同

32

航空旅客运输承运人安检验视义务的认定

——朱某等诉东海航空公司、国际航空公司航空旅客运输合同案

【案件基本信息】

1. 裁判书字号

北京市第三中级人民法院（2019）京 03 民终 6792 号民事判决书

2. 案由：航空旅客运输合同纠纷

3. 当事人

原告（上诉人）：朱某、朱某东、刘某琴

被告（上诉人）：东海航空公司

被告（被上诉人）：国际航空公司

【基本案情】

朱某为了参加 2017 年 12 月 17 日在兰州举行的甘肃省普通高校招生美术与设计学类专业考试，与父亲朱某东、奶奶刘某琴各自购买了东海航空公司 2017 年 12 月 16 日上午 5：55 至 8：40 由北京首都机场飞往兰州的机票，共支出机票款 939 元。朱某将准考证以及画板和颜料放在行李箱内，在机场安检时被告知画板和颜料不能随身携带，只能托运，于是朱某将装有颜料、画板和准考证的行李进行了托运。朱某、朱某东、刘某琴按时到达兰州后，发现托运的行李没有同机到达，经询问被告知其行李因涉嫌有违禁品需要进行进一步检查、检测，所以导致延误，行李

于2017年12月17日下午到达兰州。

朱某到达兰州后又从网上打印了一份准考证，本来要在当日下午先参加学校的一场考试，但是因为考试的所有用具未到，这场考试未能参加。次日是省联考，朱某参加了上午素描考试和速写考试，但是因颜料和画板迟延没有参加17日下午的水彩考试。水彩考试结束后，东海航空公司、国际航空公司联系朱某，朱某拿到了延误的行李。但因为缺席了水彩考试，朱某在本次高考中落榜。朱某认为由于二被告的疏忽导致朱某无法参加本次考试，耽误了朱某的前程，故起诉请求法院：(1) 判令东海航空公司、国际航空公司赔偿机票费用939元；(2) 判令东海航空公司、国际航空公司赔偿朱某经济损失（包括课程培训费5.48万元，住宿费1800元，另行购买考试用品和画具的费用2000元）共计5.9539万元；(3) 东海航空公司、国际航空公司承担本案诉讼费。

【案件焦点】

1. 承运人是否应当赔偿行李延误造成的损失以及赔偿的范围；2. 受实际承运人委托进行地面服务的代理人是否应当对乘客行李延误造成的损失承担连带赔偿责任。

【法院裁判要旨】

北京市顺义区人民法院经审理认为：合同承运人为东海航空公司而非作为东海航空公司地面服务代理人的国际航空公司，故朱某应向东海航空公司提出赔偿请求。东海航空公司未能就行李延误、不能与旅客同机到达向朱某进行说明；且无法说清朱某托运行李中的物品为何涉嫌构成四级违禁品。故一审法院认定国际航空公司在安检过程中存在过失，东海航空公司应对朱某因行李延误造成的直接经济损失进行赔偿。东海航空公司已将朱某等按约运送到目的地，退还机票款无事实和法律依据。为参加本次考试报名辅导班的费用非行李延误导致的直接经济损失，且东海航空公司在托运时无法预见，不予支持。为了考试而购买的考试用具系朱某因行李延误导致的直接经济损失，虽然朱某未提供相应的证据，但根据朱某参加考试的性质，购买相关用具属必然，一审法院酌定为1000元。

北京市顺义区人民法院依照《中华人民共和国合同法》第六十条、第一百零七条之规定，作出如下判决：

一、东海航空公司赔偿朱某经济损失1000元；

二、驳回朱某、朱某东、刘某琴其他诉讼请求。

原告、东海航空公司不服一审判决，遂提起上诉。

北京市第三中级人民法院经审理认为：本案争议焦点为东海航空公司是否应当赔偿朱某经济损失以及赔偿的责任主体。

承运人为了航空公共安全的需要，有权对旅客的行李进行检查，国际航空公司根据东海航空公司的委托对朱某的托运行李进行安检并无不当。但承运人应保证托运行李与旅客同机到达，确因特殊原因无法同机到达的，承运人应向旅客进行说明并举证证明为了避免行李延误已经采取一切防止延误的必要措施。本案中，东海航空公司未能将朱某的行李同机运送，未能提交有效证据证明朱某托运行李中的物品为何涉嫌构成四级违禁品，且东海航空公司亦未及时就行李延误、不能与旅客同机到达向朱某进行说明；东海航空公司在行李延误后未及时联系朱某，系未能全面履行合同的行为，故东海航空公司应对因行李延误造成的直接经济损失进行赔偿。关于机票款、考试报名辅导班的费用、为购买考试用具支出的相关费用，二审法院同意一审法院的裁判意见。

关于赔偿责任主体。本案航空旅客运输合同承运人为东海航空公司，国际航空公司系东海航空公司委托的地面服务代理人，其行为的法律后果应当由委托人承担。

北京市第三中级人民法院依照《中华人民共和国民事诉讼法》第一百七十条第一款第一项之规定，作出如下判决：

驳回上诉，维持原判。

【法官后语】

本案主要涉及航空旅客运输承运人安检验视义务的认定以及赔偿损失的范围。

第一，关于航空旅客运输承运人安检验视义务的认定，应当分三步进行考察。首先，应当认为，航空旅客运输承运人有安检验视义务。《中国民用航空旅客、行李国内运输规则》第四十一条规定，承运人为了运输安全，可以会同旅客对其行李进行检查；必要时，可会同有关部门进行检查。如果旅客拒绝接受检查，承运人对该行李有权拒绝运输。该法第四十六条第一项规定，旅客的托运行李、自理行李和随身携带物品中，凡夹带国家规定的禁运物品、限制携带物品或危险物品等，其整件行李称为违章行李。对违章行李的处理规定如下：在始发地发现违章行李，应拒绝收运；如已承运，应取消运输，或将违章夹带物品取出后运输，已收逾重行李费不退。本案中，国际航空公司根据东海航空公司的委托对朱某的托运行李进行安检并无不当。但是，该项检查应当“会同旅客”进行。也就是说，在值机柜台进行行李托运时，与乘客当面验视，如有违禁物品或无法托运的物品，原则上应当当场告知并拒绝承运。其次，航空旅客运输承运人应当对涉案行李是否涉嫌违禁物品承担举证责任。本案中，承运人主张行李延误的原因系朱某的行李中有违禁物品，那么承运人应当明确行李中的什么物品为违禁物品。对于行李是否涉嫌违禁物品的问题，应当由承运人承担举证责任。但是在本案中，直至二审庭审结束，东海航空公司都未能提交有效证据证明朱某的行李中有什么违禁品，因此，对于东海航空公司认为行李中有违禁物品的主张，不应予以采信。最后，在行李未能同机运送的情况下，承运人有解释说明和防止损失扩大的义务。《中国民用航空旅客、行李国内运输规则》第四十二条规定，旅客的托运行李，应与旅客同机运送，特殊情况下不能同机运送时，承运人应向旅客说明，并优先安排在后续的航班上运送。因此，在行李无法同机运送的情况下，承运人有解释说明和防止损失扩大的义务。确因特殊原因无法同机到达的，承运人应向旅客进行说明并举证证明为了避免行李延误已经采取一切防止延误的必要措施。本案中，朱某到达兰州机场后，多次通过机场客服人员与承运人联系，均未得到承运人的答复，东海航空公司未能尽到解释说明义务；同时，东海航空公司在行李延误，朱某多次联系表示涉案行李有考试用具，承运具有一定的紧迫性的情况下，仍未及时联系旅客并采取及时的必要措施防止行李延误，在北京与兰州当天存在多趟往来航班的情况下，直到第二天才将行李运送至兰州，系未能全面履行合同的行为，故东海航空公司应对朱某、朱某东、刘某琴因行李延误造成的损失进行赔偿。

第二，关于赔偿损失的范围，应当系因违约所造成的直接损失，包括合同履行后可以获得的利益，但不得超过违反合同一方订立合同时预见到或者应当预见到的因违反合同可能造成的损失。首先，已经实际履行的合同义务所支付的对价不应认定为违约责任损失范围。关于朱某、朱某东、刘某琴主张的机票款。机票款系东海航空公司承运的对价，东海航空公司已将朱某、朱某东、刘某琴按约运送到目的地，履行了承运的义务，因此，朱某、朱某东、刘某琴要求退还机票款缺乏事实和法律依据。其次，违约责任的范围应当遵循可预见性原则。关于朱某主张的参加本次考试报名辅导班的费用，非本次行李延误导致的直接经济损失，且东海航空公司在订立合同时无法预见该损失的发生，故一审法院对朱某要求赔偿辅导班费用的诉讼请求不予支持亦无不当。最后，因违约行为造成的直接经济损失应当予以赔偿。关于朱某主张的为购买考试用具支出的相关费用，系朱某因本次行李延误导致的直接经济损失，其虽未能提交相应证据予以证明，但考虑到朱某参加考试的性质，购买相关用具是必然会发生的费用，故一审法院酌定为1000元，并无不当。

编写人：北京市西城区人民法院　黄丹

33

文艺品运输过程中受损的价值估算及如何合理确定文艺品修复后的折价价值

——向某东诉湖北顺丰公司运输合同案

【案件基本信息】

1. 裁判书字号

湖北省恩施土家族苗族自治州来凤县人民法院（2019）鄂2827民初155号民事判决书

2. 案由：运输合同

3. 当事人

原告：向某东

被告：湖北顺丰公司

【基本案情】

2018年10月25日，原告与被告设立在来凤的工作站签订了运输合同，约定托寄件为“金丝楠木家具”，收货地点为河北省秦皇岛市海港区南山街××号，收货人为何某，付款方式为寄付。原告支付了运输费302元。原告申明该物品价值为4万元，并按被告的保价规则缴纳了附加服务特安费200元。当家具被运至收货地点时，发现家具“精打细算”的算盘断裂，收货人拒收。原告得知后即找被告商量索赔，双方协商未果，原告遂起诉要求判如所请。在庭审过程中，被告申请对原告托运的“精打细算”的价值及修复进行评估，经循其本价格鉴定公司评估，意见是：（1）鉴定评估价值为3万元；（2）修复鉴定评估价值为6500元。另查明，被告公司对特安服务的解释为：特安服务是为有寄递高价值物品（单票声明价值超过2万元）需求的客户提供特殊监控、专车派送、专业理赔的服务，当货物在运输途中发生丢损，我公司将按照声明价值和损失比例进行赔偿，赔偿金额不超过货物实际损失。

【案件焦点】

1. 原告货物受损后，被告作为承运人是否应当承担责任及承担责任的大小；2. 原告货物受损后，原告主张按照保价价值进行赔偿，被告作为承运人主张按照鉴定价值进行修复，应当采取何种价值评估方式。

【法院裁判要旨】

湖北省恩施土家族苗族自治州来凤县人民法院经审理认为：《快递暂行条例》第二十七条第一款规定：“快件延误、丢失、损毁或者内件短少的，对保价的快件，应当按照经营快递业务的企业与寄件人约定的保价规则确定赔偿责任；对未保价的快件，依照民事法律的有关规定确定赔偿责任。”被告公司对特安服务的保价规则是“货物在运输途中发生丢损，我公司将按照声明价值和损失比例进行赔偿，赔偿金额不超过货物实际损失。”

本案中，原、被告签订了运输合同，约定收货地址、托运物、付费方式，原告交付了运输费用和特安费，双方运输合同成立。被告有义务将原告托运的货物安全、完好地送至收货地点。被告将原告货物在运输过程中损坏，应当承担违约责任。原告要求被告赔偿损失的请求，法院应予支持。原告所寄的物品是家具名为“精打细算”的金丝楠乌木雕刻品，形象是一老者手持算盘，做打算盘状。从该家居的名称、形象和寓意来看，算盘应该是这个家具的重点和突出表现部位之一，被告在运输途中，将算盘折断，无论采取修理或者其他方式处置该家具，其经济价值和艺术价值都将会受到较大的影响。虽经鉴定该家具的价值为3万元，但根据《快递暂行条例》第二十七条及被告公司对特安服务的保价规则的规定，原、被告双方已明确约定了保价额为4万元，法院采信双方约定的保价额，对鉴定价值不予采信。综合本案案情及原告的实际损失，法院酌情确定由被告承担50%的责任，即2万元。被告没有将原告货物安全运送至收货地点，原告要求退还运输费302元和特安费200元的请求，法院予以支持。

湖北省恩施土家族苗族自治州来凤县人民法院依照《中华人民共和国合同法》第六十条第一款、第一百零七条、第二百八十八条，《中华人民共和国民事诉讼法》第六十四条、第一百四十二条之规定，作出如下判决：

被告湖北顺丰公司于本判决生效后十日内赔偿原告向某东金丝楠乌木雕刻品损失2万元，退还原告向某东运输费和特安费502元。

【法官后语】

该案件的形成是现在物流快递行业高速发展以后，有大量的货物通过快递公司运输、交付，因为任何行业均具有一定的风险性，因而在运输过程中可能会有各种意外事件发生，本案即本地域价值相对较高的金丝楠乌木雕刻品由原告购买后，在寄送的过程中出现了意外，造成了货品的损伤，原告要求按照购买时的保价进行相应的赔付，本案的焦点集中在当货物寄送者担心贵重货物出现灭失，在货物承运人处购买了高额的保价后，能否按照保价进行赔偿。货物承运人主张货物寄件人的货物可以通过修复回归其本身价值，但考虑到金丝楠乌木雕刻品作为一种艺术品，其本身所具有的艺术价值决定了其修复以后，价值面临着大幅贬值，货物承运人在寄件人决定对该艺术品保价时就应该预见到这种风险，既然货物承运人在已知晓这种风险的情形下，依然选择对该物品承运并且保价，就代表承运人接受了这种风险，既然承运人接受了这种风险，那么其就应该在货品保价范围内承担相应责任，故法院判决货物承运人承担相应的费用。

现在快递行业大量的货物运输，货品损坏时有发生，但是货物损害以后，快递公司面临赔偿问题时各种矛盾就会出现，因而在一些具有较大价值的艺术品被损坏，面临赔偿问题时，就会出现到底应按照何种价值估值方式进行赔偿的问题。因为艺术品通常具有较高的内在艺术价值和经济价值，当其发生损坏以后，应按何种价值进行估值就成了焦点和难点，因为艺术的主要价值就体现在其作品本身的完美和无暇，如果出现损坏，哪怕是进行修复以后，其价值也会大幅度的打折扣，因而，在审理有较高收藏价值和艺术价值的作品的案件时，不能简单地以货物的实际修复价值作为衡量一切的评估标准，要把有较高收藏价值和艺术价值的作品遭受损害后，其价值较大幅度的减值作为直接考虑因素，这样才能体现公平原则。且在本案中原告已经为自己的货物投保了额度较高的保价，那么被告在本案中就应当在原告投保的保价范围内承担其责任，这也间接地为快递物流行业敲响警钟，在运输具有较高收藏价值和艺术价值的物品时要考虑其潜在风险，并加强运输途中货物特别是对艺术品的防护。

编写人：湖北省恩施土家族苗族自治州来凤县人民法院　蒋鹏

34

快递合同保价条款的效力认定

——郭某诉德邦货运公司、德邦物流公司公路货物运输合同案

【案件基本信息】

1. 裁判书字号

北京市第三中级人民法院（2019）京03民终16633号民事判决书

2. 案由：公路货物运输合同纠纷

3. 当事人

原告（上诉人）：郭某

被告（被上诉人）：德邦货运公司、德邦物流公司

【基本案情】

2018年12月18日，郭某自西安市委托德邦货运公司运送52件家具至北京市，保价声明价值5000元，运费为13714元。郭某在托运人处签名确认。该运单背面

印制的德邦物流公司契约条款，以加粗字体载明赔偿规则为："（1）托运人未保价，则在对应总费用的5倍以内赔偿托运货物的实际损失，最高不超过货物的实际损失。（2）托运人已保价，实际价值大于或等于声明价值时，货物全部毁损或灭失，按照保价声明价值予以赔偿；若货物部分毁损或内件缺少，则按照声明价值和损失的比例赔偿。实际价值小于声明价值时，货物全部毁损、灭失，按照实际价值赔偿；货物部分毁损、灭失时，则按照实际损失赔偿。"2018年12月26日，涉案家具运至北京后发现在运输途中被损坏，郭某与德邦货运公司确认共计损坏10件家具，郭某提交了商家对损坏家具询价的报价单，报价单载明金额合计为152740元。郭某称系德邦货运公司工作人员要求其填写的保价声明价值5000元，并告知郭某最高保价5000元。

【案件焦点】

1. 德邦货运公司是否尽到提示说明义务；2. 德邦货运公司是否应承担保价范围外赔偿责任。

【法院裁判要旨】

北京市朝阳区人民法院经审理认为：郭某与德邦货运公司之间成立货物运输合同关系，涉案货物在德邦货运公司运输过程中发生磕碰，导致托运货物部分损坏，德邦货运公司应依约承担赔偿责任。关于赔偿金额，当事人有约定的，应按照其约定。托运单背后约定了保价条款，并以加粗字体提请郭某予以注意，托运单上"保价声明价值"处填写了5000元，郭某在托运单上签字予以确认，故上述保价条款应为合法有效。考虑到本案毁损货物为部分家具中的部分损坏，难以确认损失比例，故法院对于赔偿数额予以酌定。

北京市朝阳区人民法院作出如下判决：

一、德邦货运公司于判决生效后十日内赔偿郭某损失4000元；

二、驳回郭某的其他诉讼请求。

郭某不服一审判决，提起上诉。

北京市第三中级人民法院经审理认为：货物运输合同中对保价货物的毁损、灭失按保价金额赔偿的相关内容应视为限制责任格式条款，托运人保价的目的在于保证货物在运输过程中受损时能得到比未保价更高的补偿，以分担货物受损的风险，但郭某对货物保价的声明价值远低于货物的运输费用，一旦货物受损，按照保价条款获取的赔偿远低于在未保价情况下货物受损所获得的赔偿。郭某作为托运人，作此选择，明显不合常理。德邦货运公司虽在运单背面以加粗字体印制德邦物流公司契约条款中的赔偿条款，但在其未提供其他证据予以佐证的情况下，不能证明其尽到了提示说明义务。格式条款的适用应当建立在对合同双方权利义务公平划分的基础之上，托运单上“保价声明价值”处填写了5000元，但货物运费高达13714元，使得托运人对货物进行保价运输的情况下，在货物受损时托运人所享有的赔偿权利受到极大限制，若仅按照保价条款进行赔偿，对托运人显失公平。德邦货运公司未尽到提示说明义务，在保价条款中保价声明价值远低于未保价时货物受损可能获得的赔偿数额的情况下，该格式条款的设立排除了郭某获得较高赔偿数额的权利，应当认定无效。

北京市第三中级人民法院依照《中华人民共和国合同法》第三十九条、第四十条、第三百一十二条，《中华人民共和国民事诉讼法》第六十四条、第一百七十条第一款第二项之规定，作出如下判决：

一、撤销北京市朝阳区人民法院（2019）京0105民初50186号民事判决书；

二、德邦货运公司于判决生效后十日内赔偿郭某损失1.3万元；

三、驳回郭某的其他诉讼请求。

【法官后语】

近年来，随着快递行业的飞速发展，快递纠纷时有发生。快递公司在运送货物的过程中难免会造成货物的损坏或丢失，托运人要求快递公司赔偿损失的案件屡见不鲜。快递公司为了规避自身风险，在托运单中往往约定限额赔偿条款以及保价条款。保价是否系快递公司的格式条款？保价条款的效力如何？保价条款与限额赔偿条款之间存在何种关系？快递公司的提示说明义务应履行到何种程度？这些均是司法实践中亟需解决的问题。

判断保价条款是否系格式条款需从以下三个方面进行分析：一是快递公司相较托运人而言是否处于优势地位；二是双方能否就保价条款进行协商和修改；三是保价条款是否系重复使用并预先设定的条款。托运人与快递公司之间的地位应当根据双方主体身份的不同而作出区分。普通消费者与快递公司之间并非属于长期关系，由于双方之间的经济实力以及信息不对称等因素，难以就快递运单的内容与快递公司之间进行协商，普通消费者相对快递公司而言常处于劣势地位。保价条款系快递公司重复使用并预先设定的条款，直接预先植入运单的具体条款中，对不同的消费者统一使用。应当适用格式条款的相关规定，对保价条款本身的公平性、合法性、合理性以及对快递公司是否尽到提示说明义务予以详细审查，以便明确保价条款的效力。

快递公司应当以合理的方式提请托运人注意限额赔偿条款以及保价条款并对该条款予以说明。提示义务的履行在于以足以引起投保人注意的文字、字体、符号或者其他明显标志作出提示，说明义务的履行则以对格式条款的概念、内容及其法律后果以书面或者口头形式作出常人能够理解的解释说明为标准。保价条款以及限额赔偿条款均能以加粗加黑或者以特殊字体、特别颜色予以显著标识，应当视为快递公司履行了法律规定的提示义务。但快递公司很少对限额赔偿条款及保价条款的内容予以口头或书面说明，保价选项处签字一般系快递员代签，纵使消费者要求保价并在保价选项处签字，但并不代表消费者知晓保价的具体赔偿规则。法院应当在具体的案件中对快递公司是否尽到说明义务进行实质审查，以保护消费者的合法权益。

对说明义务的实质审查应着重于对说明方式与说明程度的审查。快递公司作为说明义务的履行者，应承担相应的举证责任。快递公司的说明义务需要以更加直观的形式予以体现，可通过录音等形式证明对保价条款予以口头说明，在如今的电子运单时代，快递公司完全有能力在消费者下单时使消费者知晓未保价以及保价时最高获偿数额，与运费一同显示，以证明快递公司尽到说明义务。说明程度的审查系实质审查的核心内容，快递公司对说明义务的证明程度应达到使消费者明确知晓未保价与保价时分别获偿的最高限额的程度。若说明程度无法达到这一点，则不能证明快递公司尽到提示说明义务。

保价条款与限额赔偿条款均属于快递公司减轻自身责任的手段和方式。面对当前如此复杂的运输搬运流程，快递行业需承担较高的运输风险，而大部分托运人所支付的运费相对来说较为低廉，此时让快递公司完全承担货物的损失赔偿责任也并不公允。限额赔偿条款以及保价条款在一定价格范围内具有其合理性。但应当明确限额赔偿条款有效时，保价条款未必有效。尤其在未足额保价的情况下，对于保价条款的审查应当以公平性原则为基础，严格把握快递公司的提示说明义务。由于保价条款的设立是为修正限额赔偿条款对托运人保护之不足，故而保价条款的最低赔偿标准应高于限额赔偿条款的最高赔偿标准，此为保价条款设立的必然选择。否则保价条款将违反公平原则，对托运人的利益保护显著失衡。

编写人：北京市第三中级人民法院　万丽丽　李延昭

35

旅客运输合同承运人的合同义务不因乘客下车而终止

——张某付诉弘宇公司公路旅客运输合同案

【案件基本信息】

1. 裁判书字号

江苏省泰州市中级人民法院（2019）苏12民终759号民事判决书

2. 案由：公路旅客运输合同纠纷

3. 当事人

原告（被上诉人）：张某付

被告（上诉人）：弘宇公司

第三人：紫金公司

【基本案情】

2017年3月22日17时25分许，陆某宜驾驶登记在弘宇公司名下的大型普通客车在靖江市公新公路新桥镇盛太汽车服务部门前（火叉港西侧）路段公新公路南侧机动车道与非机动车道之间临时停车上、下客，张某付从该车下车后沿公新公路由西向东步行时，遭同向由顾某根驾驶的普通二轮摩托车左前部撞击，造成张某付受伤、普通二轮摩托车损坏的道路交通事故。经交警部门认定，顾某根承担本起事故的主要责任，陆某宜驾驶公共汽车行至上述事发地点未靠边临时停车上、下客，其行为违反了《江苏省道路交通安全条例》第四十三条第三款“公共汽车应当靠边、按序、单排进出站台，不得在站外上下客”之规定，是事故发生的次要原因，故承担本起事故的次要责任。张某付无责任。事故发生后，张某付至多家医院治疗，共产生医疗费226554.92元，其中紫金公司垫付张某付（道路救助基金）医疗费86268.66元。诉讼中，经张某付申请，一审法院依法委托江苏省扬州五台山医院司法鉴定所、江苏省苏北人民医院司法鉴定所对张某付的伤残等级等进行了法医学鉴定，鉴定意见认为张某付构成交通事故四级、七级伤残，误工期限为270天，护理期限为终身部分护理依赖（1人护理），营养期限为180天。张某付认为其在乘坐公交车的过程中，因弘宇公司的违约行为导致其损失，故请求法院判令弘宇公司赔偿医药费等各项损失合计1073110.86元；因紫金公司在事故发生后向张某付垫付医疗费（道路救助基金）86268.66元，故其申请作为第三人参加诉讼，一审法院予以准许。

【案件焦点】

1. 弘宇公司在履行与张某付形成的合同过程中是否存在违约行为；2. 如有违约，弘宇公司应当对张某付损失承担赔偿责任的范围如何确定。

【法院裁判要旨】

江苏省靖江市人民法院经审理认为：承运人在履行运输合同义务时，应当依法、按约将乘客安全送达目的地，否则应当承担相应的违约责任。同时当事人应当遵循诚实信用原则，根据合同的性质、目的和交易习惯履行通知、协助、保密等义务。而根据相关证据可以认定，弘宇公司在运送旅客时，未能靠边临时停车，其公交车停靠的位置距离路边约为1.5米至2米，该段距离为案外人骑摩托车从右侧超车提供了可能，增大了事故发生的概率，导致张某付下车后在向路边行走的过程中被案外人撞倒致伤。弘宇公司在履约过程中存在违约行为，应当承担违约责任。故弘宇公司应当对张某付的损失承担赔偿责任。但我国法律规定，行人在通过没有交通信号灯、人行横道的路口，或者在没有过街设施的路段横过道路时，应当观察来往车辆的情况，确认安全后直行通过。本案中，张某付作为一个具有完全民事行为能力的人，其应当对自身的安全尽到较高程度的注意义务，其乘坐公交车下车前及下车后从非机动车道向路边行走的过程中，均未对周围环境和来往车辆进行充分的观察以确保在安全的情况下穿过道路，其亦存在一定的过失，法院酌定其对自身损失承担20%的责任。法律规定，因当事人一方的违约行为，侵害对方人身、财产权益的，受损害方有权选择依照合同法要求其承担违约责任或者依照其他法律要求其承担侵权责任。本案中，张某付选择请求判令弘宇公司承担违约责任，符合法律规定，张某付应承担的自身损失之外的部分，弘宇公司应当承担赔偿责任。法院根据双方提供的证据依法认定张某付的损失合计为1000620.5元。因紫金公司已垫付张某付医疗费86268.66元，为避免讼累，该款项由弘宇公司在支付张某付的赔偿款中扣减，直接返还给紫金公司。

江苏省靖江市人民法院依照《中华人民共和国合同法》第六十条、第一百零七条、第一百二十一条、第一百二十二条、第二百八十八条、第二百九十条、第三百零二条，《中华人民共和国道路交通安全法》第六十二条，《中华人民共和国道路交通安全法实施条例》第七十五条，《最高人民法院关于审理人身损害赔偿案件适用法律若干问题的解释》第十九条、第二十条、第二十一条、第二十二条、第二十三条、第二十四条、第二十五条的规定，作出如下判决：

弘宇公司于判决生效后十日内赔偿张某付714227.74元，返还紫金公司86268.66元。

弘宇公司不服一审判决，提出上诉。

江苏省泰州市中级人民法院经审理认为：一审法院认定事实清楚，适用法律正确，同意一审法院裁判意见，依照《中华人民共和国民事诉讼法》第一百七十条第一款第一项之规定，作出如下判决：

驳回上诉，维持原判。

【法官后语】

公路客车运输在节能减排、缓解社会交通压力方面承担了一定的社会功能，但在公共交通设施配备、路线站点规划及驾驶人员素质等方面存在不同程度的问题有待改善。本案中，事故的发生与案涉公交车驾驶员的安全意识有较大关系，其在站台停车时未能留下足够的安全距离，导致乘客下车后在走向人行道的过程中被第三方碰撞受伤。弘宇公司辩称乘客下车后双方的运输合同即终止，之后乘客受伤，不应以弘宇公司违约为由起诉。然而在司法实践中，合同的义务除主合同义务外，有的合同还存在附随义务，一般是为了合同的正常履行，遵循诚实信用的原则，根据合同的性质、目的和交易习惯而履行通知、协助、保密等义务。本案中，公交车虽已到站，乘客亦从公交车下车，表面上看，弘宇公司运送乘客的义务已经完成，但因为公交车的停车位置距离路边较远，弘宇公司协助乘客安全下车的义务未履行完毕，从而导致了事故的发生，故弘宇公司存在违约。该事故的发生系多因一果，弘宇公司在赔偿伤者后可向事故其他方进行追偿。

此类案件的伤者大多以交通事故为由进行起诉，但在事故其他方承担主要责任又无履行能力的情况下，伤者难以获得足额赔偿。而此时伤者拥有选择让弘宇公司承担违约责任或侵权责任的权利，如选择前者，则获得足额赔偿的可能性较大。与乘客相比，弘宇公司作为强势一方，其在公交运输合同的履行过程中存在着站点设置、停车时间、停车位置的选择权利，而恰恰这些因素与乘客的安全息息相关，故此类案件应当充分保障弱势方即伤者的合法权益。

随着我国交通事业的发展，多数城市都建立了完善的交通体系，但对大多数城市和乡村而言，公共汽车的角色在近几年或几十年内无法取代，然而目前我国各地的公交站台设置五花八门，故公交站台的科学化、合理化建设显得尤为重要。望交通部门和规划部门在设置公交站台时，充分考虑乘客上下车的方便，尤其是要注意安全，尽量使乘客在上下车的过程中，不受非机动车甚至是机动车的安全威胁。

编写人：江苏省靖江市人民法院　吴长伟

36

汽渡运输中乘客溺水死亡的侵权责任与合同责任的界定

——张某梅等诉渡口管理所通海水域旅客运输合同案

【案件基本信息】

1. 裁判书字号

湖北省高级人民法院（2019）鄂民终139号民事判决书

2. 案由：通海水域旅客运输合同纠纷

3. 当事人

原告（上诉人）：张某梅、刘某秀、王某

被告（被上诉人）：渡口管理所

【基本案情】

2015 年 3 月 16 日，三原告的被继承人王某亮租用案外人李某勇所有的小型普通客车往返嘉鱼县鱼岳镇和洪湖市龙口镇。双方口头约定，车辆由李某勇驾驶，租车租金 100 元。当日 14 时许，李某勇受载王某亮驾车搭乘被告所有的“龙口汽渡驳 3 号”汽渡船从洪湖市龙口码头返回嘉鱼县石叽头码头。李某勇驾车上船后，独自离开驾驶室去了拖带“龙口汽渡驳 3 号”汽渡船的拖轮。当日天气状况良好，汽渡船在从洪湖市龙口码头至嘉鱼县石叽头码头全程航行中没有发生任何事故，也无人发现有人落水。汽渡船抵达嘉鱼县石叽头码头后，李某勇以王某亮不在车上经寻找未果为由向公安机关电话报警。长江航运公安局武汉分局嘉鱼派出所出警并展开调查，没有发现王某亮的踪迹。2015 年 4 月 3 日，长江航运公安局在嘉鱼县簰洲镇新洲村江边水域发现王某亮的尸体，湖北同济法医学司法鉴定中心对王某亮死亡原因出具法医学鉴定意见书，认为王某亮符合溺死。原告提起诉讼，诉请判令被告渡口管理所赔偿各项费用 644727.5 元。

被告渡口管理所具备涉案航线旅客运输资质，实行按车辆数量吨位计费。涉案航次收取涉案小型普通客车 35 元的摆渡费用，没有收取车上乘员的轮渡费用。

【案件焦点】

双方当事人之间是否成立旅客运输合同关系。

【法院裁判要旨】

武汉海事法院经审理认为：三原告主张王某亮在乘坐汽渡船期间溺水死亡的依据为李某勇的证人证言，李某勇的证人证言仅能说明王某亮随其驾驶的小客车上了汽渡船，即使确认王某亮随车登上被告的船舶，证人李某勇的证言也不能证明王某亮溺水死亡发生在其乘坐汽渡船期间。王某亮系在乘坐汽渡船期间溺水死亡的待证事实仍处于真伪不明的状态，依据《中华人民共和国民事诉讼法》第六十四条第一款之规定，当事人对自己提出的主张，有责任提供证据。由于原告无法举证王某亮随李某勇的客车登上被告船舶并在渡轮开航时仍然在船的事实，所以原告提出的王某亮是在搭乘被告渡口管理所渡船过程中溺水死亡的主张没有事实依据，其所诉理由不能成立；《最高人民法院关于民事诉讼证据的若干规定》第五条第一款规定，在合同纠纷案件中，主张合同关系成立并生效的一方当事人对合同订立和生效的事实承担举证责任。三原告所举证据不能证明王某亮是否随车上船以及是在船上落水溺亡的事实，应当承担结果意义上举证不能的不利后果。

被告渡口管理所经营的汽运轮渡，采取按车辆型号收费，不收取随车乘员费用。被告与客车的司驾人员即所有人李某勇构成通海水域车辆运输合同关系，有义务将该车安全运输至约定地点。而客车所有人与王某亮达成运送协议并约定运输报酬，构成陆路旅客运输合同关系，王某亮与被告渡口管理所不构成通海水域旅客运输合同关系，渡口管理所与王某亮之间没有合同约定和《中华人民共和国合同法》规定的权利义务关系，只有负责船舶适航、适载、安全驾驶、在船人员安全管理的法定义务。本案中，渡口管理所对船上乘员安全只应承担侵权法上的过错责任，而不应承担水路旅客运输合同法律规定的严格责任。三原告起诉选择的案由为通海水域旅客运输合同纠纷，没有事实和法律依据，三原告的诉讼请求所依据的请求权基础法律关系不成立，依法不予支持。武汉海事法院依据《中华人民共和国民事诉讼法》第六十四条第一款、第一百四十二条的规定，作出如下判决：

驳回张某梅、刘某秀、王某的诉讼请求。

原告张某梅、刘某秀、王某不服一审判决，提起上诉。

湖北省高级人民法院经审理认为：一审判决认定事实清楚，适用法律正确。依照《中华人民共和国民事诉讼法》第一百七十条第一款第一项之规定，作出如下判决：

驳回上诉，维持原判。

【法官后语】

在经济不断发展的当下，客车轮渡及滚装船运输迅猛发展，客车摆渡及滚装船运输的合同属性及权利义务引起各方的关注。特别是客车达成轮渡或滚装船的过程中，发生客车所载乘客失踪、溺水死亡案件不断增加，由此也引发了诸多的法律责任问题。本案试图利用实例对相应案件进行一个简要的分析。

本案中首先要解决的是汽渡运输合同的性质及法律责任范围。无疑，汽车摆渡属于水路货物运输合同，船舶承运人与相对人签订的合同针对的是汽车运输，而非旅客运输，船舶承运人只对所承运的汽车整体承担运输及安全责任，而相对于车上货物和人员，在没有出现足以导致所载车辆整体事故的情况下，车载货物或人员因自身原因所导致的安全事故不承担看护、保管和安全防范的责任。也就是说，除非有充足的证据证明车载货物和人员的损失或伤亡系因承运船舶的过错所造成的，承运船舶不应承担赔偿责任。如此，举证就成为案件归责的前提条件。此外，客车摆渡相对于承运船舶与客车搭载的乘客之间是否因承运船舶承载了客车就必然构成承运船舶与客车乘客间的旅客运输合同关系？答案是否定的。承运船舶因承运客车，与客车之间产生货物运输关系，该关系并不必然延伸致客车上的乘客，客车应当对所载乘客负责，虽然客车与承运船舶可以就有关客车搭载乘客的人身财产作出相应的约定，但这种约定并非法定或不可选的，故在客车与承运船舶就汽车轮渡或滚装船约定车辆运输合同时，在没有对车载货物和乘客的安全作出约定时，因非侵权事故或责任造成的损害，船舶承运人不应承担车载货物或乘客的损失责任。

编写人：武汉海事法院　左铭辉

37

寄贵重物品，因快递公司业务员的疏忽而未办理“保价”运输造成的损失责任承担认定

——林某升诉顺丰公司新城分公司运输合同案

【案件基本信息】

1. 裁判书字号

广东省梅州市梅县区人民法院（2019）粤1403民初1249号民事判决书

2. 案由：运输合同纠纷

3. 当事人

原告：林某升

被告：顺丰公司新城分公司

【基本案情】

2019年3月28日，原告在微拍堂网站胡恒古瓷堂店购得4套瓷器（附件A、B)。在4月1日上午收到卖家快递过来的4套瓷器（分五件包装)，拆开包装后细看，发现货物虽然完整无损，但不像卖家在网页上说的老瓷器。在下午原告在网上向卖家提出退货，卖家同意退货。原告觉得这次瓷器量多而体积大，应找个可靠的快递公司来承担运输退回去的货物，于是就找到了顺丰速运公司。4月2日通过热线电话派来一部顺丰速运公司新城分公司的面包车，收货员是罗某新，收货员查验过各种瓷器确认无破损后，重新包装了各件瓷器后，原告提出办理快递手续，收货员说：“这次没带票据，你这么多瓷器又这么大体积我还不知道用重量还是用体积计费呢，顺丰公司快递费用比较贵的哟，你要划算好。”原告问：“我第一次找你们顺丰快递寄货物，按你的经验要多少钱寄费?”收货员说：“东西值多少钱?”原告答：“近万元。”收货员说：“好贵哟，大约要300元左右。”原告说：“没办法为安全着想，只有找你们不找别家公司，就是你们有保险嘛，贵点也无办法。”收货员说：“加个微信吧，货只有运回公司去办理快递手续了，你放心，到时我会把快递单号发给你，快递费你就用微信转给我好了。”原告说：“好的，那就辛苦罗师傅了。”货就这样装车拉走了，过了一段时间果然收到收货员发来的单号（附件C)，又发一个是快递费用（附件D)，总金额是220元。原告立即用微信转账220元给收货员（附件E)。4月10日，原告从网站上得知在顺丰公司新城分公司承运的四套瓷器有两套已破损，价值6776元。在正常的情况下卖家收到退货确认后购物货款就会在网站上自动全款退回给买家，因这两套瓷器破损卖家就以退回物件破损为由拒收两套破损物件，造成这两套无法从网站退款。因此，本应退回四套瓷器总额为10552元的货款只退回了没破损两套共3776元。还有两套破损物件6776元转由顺丰公司新城分公司按运输途中破损事项来处理。但是，就是这个环节，顺丰速运公司总部在执行理赔时告知原告货物没有办理保值保险，原告听到顿时感觉一头雾水，马上查手机微信，发现220元的费用中其中有20元的增值服务费，马上打电话给被告顺丰公司新城分公司查询，他们的回复是：增值服务费一般是指保险费。后再和顺丰速运公司总部的人沟通时被告知：20元的增值服务费是包装纸箱的费用，从顺丰公司新城分公司电脑里看没有登记保值保险费。得知这个情况原告赶忙驱车到10多公里外的顺风公司新城分公司去查看电脑，果然没有保值保险登记。

原告和顺丰公司总部负责处理这件事的人员重复申明这个破损是顺丰公司新城分公司在运输中途造成的，无保值保险是基层收货员失误造成的。但无论怎样申明，最后顺丰速运总公司只赔付了616元给原告。根据以上情况，原告认为，被告有严重失误行为，理由：（1）明知原告特地找顺丰速运公司寄易损物件就是为了易损物件有保价保险而没有给原告办理保险手续。（2）在发微信给原告时只说需要220元，没表明220元中哪些是运费哪些是包装费，如果当时有说明，原告就会发现漏了交保价保险费，就会补交。（3）只加固原已经牢固的包装，忽视了原告核心思想是万一有事还有保价保值的愿望。（4）被告在工作中有疏漏行为，理由是：没能去检查每件物品，特别是易损易碎品有无办理保价手续的异常现象，或发现异常现象没询问为什么，就造成了遗漏办保险的后果。实际这个破损事件是自己公司运输过程中损坏的，加之被告在工作中失误未办理到保值保险，怎么能把90%损失的经济责任由原告承担呢？根据以上理由，原告请求法院依法判令被告方立即赔付清原告的剩余款项。诉讼请求：（1）请求依法判令被告立即赔付清原告受损瓷器未赔付余款6160元（已赔616元）。（2）与本案有关联的费用由被告承担。

【案件焦点】

寄件人明确交寄贵重物品，因快递公司业务员的疏忽而未办理“保价”运输造成的损失应由谁承担。

【法院裁判要旨】

广东省梅州市梅县区人民法院经审理认为：被告顺丰公司新城分公司是一家内资分公司，经营范围：国内快递。

原告林某升于2019年3月24日在微拍堂网站胡恒古瓷堂店竞拍到4套瓷器，价值共10552元。其中，第一套为一对两只瓷器，价值为3888元；第二套为一对两只瓷器，价值为2888元；第三套为一只瓷器，价值为1888元；第四套为一只瓷器，价值为1888元。原告林某升于2019年3月25日向第三方支付了10552元。原告林某升收到4套瓷器之后，发现货不对板要求退货。

2019年3月30日，原告林某升通过顺丰速运全国统一服务热线电话95338与顺丰速运总部取得联系，电话要求顺丰速运为其办理运输业务。后来，顺丰速运总部将该业务转派给被告顺丰公司新城分公司。被告顺丰公司新城分公司则派业务员罗某新揽收该业务，罗某新驾驶小汽车到原告林某升处收取需托运的物件（前述4套瓷器）。在此过程中，原告林某升要求罗某新为其办理保价，罗某新亦告知林某升要办理保价。因当时罗某新没有带业务单证，未能当场办理快递托运业务，而是将4套瓷器运回顺丰公司新城分公司，并加了林某升的微信，告知林某升快递有关费用将在微信推送，到时直接用微信支付即可。涉案4套瓷器运回顺丰公司新城分公司之后，罗某新为林某升办理了托运快递业务，费用是220元（运费200元、包装服务20元），但是疏忽了为涉案4套瓷器购买保价。原告林某升亦没有发现涉案4套瓷器没有购买保价。

上述物件到达卖家胡恒古瓷堂后，卖家胡恒古瓷堂只签收了其中的二套（价值1888元各一套）。卖家对其中二套（一套价值为3888元，另一套价值为2888元）拒收，理由是该二套瓷器中各有一只瓷器损坏。对上述破损物件，顺丰公司新城分公司认可是在运输过程中损坏的，但不同意按损失6776元金额来进行赔偿。后来，经过协商，被告顺丰公司新城分公司赔偿了原告林某升616元（44元/件×2件×7倍）。

原告林某升认为被告顺丰公司新城分公司不能只赔偿616元，而要求被告顺丰公司新城分公司再赔偿6160元。被告顺丰公司新城分公司则认为，林某升没有办理保价保险，只能按运费的7倍赔偿。由于双方未能达成一致意见，原告林某升于2019年6月6日诉至法院，提出上述诉请与事实理由。被告顺丰公司新城分公司则作出以上答辩意见。

法院认为，本案是一起因货物运输引发的纠纷。原告林某升与被告顺丰公司新城分公司通过委托，双方之间形成了货物运输合同关系，原告林某升是托运人，被告顺丰公司新城分公司是承运人。该货物运输合同是双方自愿所签订的，不违反法律、行政法规强制性规定，合同合法有效，具有法律约束力，法院予以确认，故双方均应按约定履行。

本案中，托运人林某升向承运人顺丰公司新城分公司足额支付了运费220元，因此承运人就有义务将托运人委托的货物即4套瓷器安全运输到约定的地点。但在运输过程中，顺丰公司新城分公司将其中的两套瓷器（一套价值为3888元，另一套价值为2888元）中各一只瓷器损坏，造成托运人林某升损失了6776元，因此，承运人顺丰公司新城分公司应该对托运人林某升的损失予以赔偿。但是，由于托运人林某升本应该在快递业务过程中及时查看是否办理保价，然而林某升没有查看是否办理保价，因此其应承担一定责任。故顺丰公司新城分公司应赔偿 5420.8 元给林某升。由于顺丰公司新城分公司已经支付 616 元给林某升，应予以扣减。被告顺丰公司新城分公司仍应赔偿 4804.8 元给原告林某升。

被告顺丰公司新城分公司认为原告林某升由于未办理货物保价，货物损毁的赔偿额只能为 616 元（44 元/件 ×2 件 ×7 倍）的主张，缺乏事实根据和法律依据，本院不予采纳。在本案快递业务中，是罗某新疏忽为涉案 4 套瓷器办理保价，从而造成损失，因此该责任应该由顺丰公司新城分公司承担。在诉讼过程中，顺丰公司新城分公司主张是林某升不同意办理保价，但未能提供证据予以证实其主张，应承担举证不能的不利后果。

案经调解无效。法院依照《中华人民共和国合同法》第四十四条、第六十条、第二百八十八条、第二百九十条、第三百一十二条，《中华人民共和国民事诉讼法》第六十四条之规定，判决如下：

一、被告顺丰公司新城分公司应于本判决生效后十日内，赔偿原告林某升 4804.8 元；

二、驳回原告林某升的其他诉讼请求。

【法官后语】

所谓保价，是指由寄件人声明货物价值，并支付相应比例的保价费用。保价旨在赋予托运人一种选择权，即在承运人赔偿责任限额与保价之间进行选择的权利。具体来说，如果托运人要求承运人承担超额责任赔偿时，托运人除按规定缴纳运费外，还应按照其声明人价值的一定百分比缴纳保值附加费。因此，保值附加费构成了实际运费的一部分，它是缴纳基础运费以后额外支付的附加费，其好处是得排除适用承运人的赔偿责任限额制度。由此观之，保价运输就是承运人与托运人之间基于私权自治原则就承运人赔偿责任限额做出的商业安排。保价运输是指运输企业与托运人共同确定的以托运声明货物价值为基础的一种特殊运输方式，保价就是托运人向承运人声明其托运货物的实际价值。凡按保价运输的货物，托运人除缴纳运输费用外，还要按照规定缴纳一定的保价费。“保价条款”一般约定为：“保价货物发生损失的，快递公司按照损失与保价金额的比例承担赔偿责任。未保价货物发生损失的，则按照快递运费的 3 至 5 倍予以赔偿。”“保价条款”属于快递公司为重复使用而事先拟定，并未与对方协商的格式条款。由于快递业具有一定的经营风险，实践中，快递公司为了减少风险，普遍采用保价条款规避责任。而该条款又单方面减轻了快递公司的责任，限制了寄件人的权利，在合同履行过程中容易产生对寄件人不公平的问题。承运人对托运人的赔偿以其声明价值为限，按照货物损失的实际价值或货物在上点交付时的实际利益赔偿。为防止道德风险，承运人一般要求托运人按照不超过货物的实际价值或货物在目的地点交付时的实际利益填写声明价值进行赔偿。

快递服务合同并不属于合同法分则明确规定的合同种类，属于无名合同。根据《中华人民共和国合同法》第一百二十四条的规定，适用本法总则的规定，并可以参照本法分则或者其他法律最相类似的规定。从寄件人与快递公司约定的权利义务来看，快递服务合同与货物运输合同最相类似。该法第三百一十二条规定，货物的毁损、灭失的赔偿额，当事人有约定的，按照其约定，没有约定或者约定不明确的，依照本法第六十一条的规定仍不能确定的，按照交付或者应当交付时货物到达地的市场价格计算。因此，快递服务合同货物损失的赔偿标准可以参照运输合同的相关规定。在诉讼中，快递公司在货物毁损或丢失后，常常以对方未办理保价为由，主张货物价值无法证明，或者以自己无法预见货物丢失的损失作为抗辩理由。本案中，被告顺丰公司新城分公司辩称原告证明快件托寄物价值的证据不充分，且双方已经达成一致意见赔偿616元，不应当再就此件进行赔偿。然而，这种抗辩理由难以成立。理由是：可预见损失不仅包括违约方在订立合同时已经预见到的损失，而且包括其在订立合同时所应当预见的损失。也就是说，如果违约一方对其能引起的损失有预见的注意义务，并且其有能力预见，而没有预见，那么就不应当认为损失的发生超过了其合理的预期，其应当对该损失进行赔偿。根据快递市场管理办法，“快递服务国家标准”等有关规定，快递企业应当建立并来格执行收寄验视制度，快递企业的工作人员应当当场验视内件，当面封装。并且，快递业务人员在取件时有义务询问货物的性质和各类，并要求寄件人完整填写单据。本案中，因被告顺丰公司新城分公司业务员罗某新疏忽，没有为涉案4套瓷器办理保价，从而造成损失，因此该责任应该由顺丰公司新城分公司承担。在诉讼过程中，顺丰公司新城分公司主张是林某升不同意办理保价，但未能提供证据予以证实其主张，应承担举证不能的不利后果。

编写人：广东省梅州市梅县区人民法院　陈淑惠

十、保管、仓储合同

38

第三人侵权时保管合同中责任人及其责任限度的确定

——闪某诉福利医院、军地公司保管合同案

【案件基本信息】

1. 裁判书字号

北京市海淀区人民法院（2019）京0108民初7462号民事判决书

2. 案由：保管合同纠纷

3. 当事人

原告：闪某

被告：福利医院、军地公司

【基本案情】

闪某为车辆所有权人。军地公司为福利医院停车场的实际经营管理方。根据停车场监控录像显示，2016年11月11日凌晨3时20分左右，三名男子进入停车场对闪某车辆实施扎轮胎、泼油漆等破坏行为，造成闪某车辆受损，后该三名男子于3时24分左右离开停车场，此后不久，有停车场员工到现场查看。根据闪某提供的发票可知，其支出车辆维修费11780元。

庭审中，闪某自认未与军地公司或福利医院签订相关合同，但其主张与军地公司、福利医院形成保管合同关系，并提交加盖停车场收费人员人名章的收据一张。军地公司认可提供人名章的人员为其公司职员，与福利医院无关。军地公司、福利医院均否认其与闪某存在保管合同关系。

【案件焦点】

1. 闪某与福利医院、军地公司之间保管合同关系是否成立；2. 福利医院、军地公司是否应对闪某车辆维修费用承担赔偿责任。

【法院裁判要旨】

北京市海淀区人民法院经审理认为：关于闪某与福利医院、军地公司之间保管合同关系是否成立，法院认定闪某与军地公司之间存在保管合同关系，与福利医院之间不存在合同关系。原因在于：第一，军地公司虽主张并未收到闪某交纳的费用，其与闪某未就车辆停放形成合同关系，但军地公司经营的停车场事实上允许了闪某车辆的停放，且军地公司亦认可其公司收费员向闪某收取了停车费，该收费行为应属职务行为，故军地公司与闪某之间形成了事实上的合同关系，军地公司对闪某停放车辆负有良善的保管和注意义务；第二，闪某将涉案车辆停放在停车场，并按月交纳费用，符合保管合同履行的特征，故闪某依据保管合同主张权利并无不当；第三，闪某并未提交证据证明其支付的费用由福利医院收取，亦未提交其他证据证明与福利医院存在合同关系，涉案停车场亦由军地公司实际经营，故福利医院与闪某之间不存在合同关系。

关于福利医院、军地公司是否应对闪某车辆维修费用承担赔偿责任的问题，第一，福利医院与闪某之间不存在合同关系，其亦未对闪某车辆实施侵权行为，故闪某基于合同关系要求其对车辆维修费用承担赔偿责任的诉讼请求缺乏事实和法律依据；第二，军地公司作为停车场的经营人，对停放在停车场内的车辆负有良善的保管和注意义务，根据闪某提交的事发当晚监控录像显示，事发时间为凌晨3点20分左右，三名不明身份人员对其车辆进行了毁损，该行为持续过程不过三四分钟，停车场工作人员虽未在该三人进入停车场时立即发现并进行拦截，但考虑到事发地点系开放式停车场，人员进出较为容易，如要求停车场工作人员在凌晨3点能够立即发现蓄意实施毁损车辆行为的人员并予以制止和拦截，显然超出了常人的注意义务，而事件发生后，停车场工作人员立即到现场查看，并在发现车辆受损后报警，其已经尽到了保管人的义务，军地公司就本案所涉合同并不存在违约或瑕疵履行的行为，闪某的车辆受损系由于案外人蓄意实施侵权行为导致，其应向实际侵权人主张赔偿责任，故本院对闪某主张军地公司承担赔偿责任的诉讼请求依法不予支持。

北京市海淀区人民法院依照《中华人民共和国合同法》第八条、《最高人民法院关于民事诉讼证据的若干规定》第二条之规定，作出如下判决：

驳回原告闪某的全部诉讼请求。

【法官后语】

根据《中华人民共和国合同法》第一百二十二条规定，因当事人一方的违约行为，侵害对方人身、财产权益的，受损害方有权选择依照本法要求其承担违约责任或者依法按照其他法律要求其承担侵权责任。该规定明确规定了在违约责任和侵权责任竞合的情况下，受害人可以根据自己的情况选择行使何种请求权。本案中，闪某认为第三人损害其车辆的行为归责于被告方未充分履行合同义务，故其选择违约责任之诉。

在明确当事人诉讼种类的情况下，要考量的问题为合同成立的条件，以及合同纠纷中涉及第三人侵权时，如何界定合同义务相对方及其责任限度。

本案中，关于保管合同是否成立，双方存在异议，那么，则需要考虑根据合同成立的标准来看本案中保管合同是否成立。首先，根据《中华人民共和国合同法》第三百六十五条之规定，保管合同是保管人保管寄存人交付的保管物，并返还该物的合同。保管合同属于实践性非要式合同，以保管物交付为成立要件，不要求采取特殊形式，因此，一般来讲保管人应当给付保管凭证，但这并非保管合同成立的形式要件。其次，本案中双方未签订书面保管合同，故需要根据具体事实判断双方之间是否存在事实上的保管合同关系，因此，当事人之间是否进行了有偿的寄放和保管尤为关键。就停放事实来看，军地公司经营的停车场事实上允许了闪某车辆的停放，就停车费交纳事实来看，虽然军地公司主张未收到闪某交纳的费用，但其认可其公司职员谢姓收费员和李某某向闪某收取了停车费，因此，应认定其员工的收费行为属于职务行为，军地公司与闪某之间形成了事实上的合同关系。

在保管合同关系已经成立的情况下，需要思考第三个层次的问题，即合同纠纷中涉及第三人侵权时，如何界定合同义务相对方及其责任限度。

首先，关于合同义务相对方问题，就合同而言，应该遵循合同相对性原则，即合同效力仅在缔约的当事人之间发生。本案中，福利医院未收取保管费用，非保管合同相对方，其自然不用承担责任。因此，如需就第三人造成的损害承担违约责任，则相对方应为军地公司。其次，关于合同相对方责任限度认定问题。在第三人侵权的情况下如何界定义务相对方的责任限度问题，应遵循权利义务相对应原则，将责任限定在合理范围内，如果过分扩大义务方的责任范围，则有失公平。关于“合理限度”，目前并未达成共识，但就司法实践来看应着重看保管人是否尽到“理性”保管人应尽职责，即结合具体事故发生情况来看其是否做到了事前预防、事中制止和事后补救。就本案而言，停车场地为开放场所，事故发生时间为凌晨三点，案发地设有监控，在事故发生后短时间内军地公司人员赶到现场并及时报警，同时积极配合相关调查，提供监控视频，其已经尽到一个“理性从业者”应尽的义务。综上，综合考虑到以上各种因素，法院作出上述裁决。

编写人：北京市海淀区人民法院　姚人琳

39

合同当事人享有的不安抗辩权不能突破合同相对性

——李某敦、陈某燕诉代代为本公司仓储合同案

【案件基本信息】

1. 裁判书字号

四川省绵阳市三台县人民法院（2019）川0722民初3981号民事判决书

2. 案由：仓储合同纠纷

3. 当事人

原告：李某敦、陈某燕

被告：代代为本公司

第三人：三台农商银行花园支行

【基本案情】

2018年6月27日，原告李某敦、陈某燕与第三人三台农商银行花园支行签订

《个人借款合同》一份，约定由第三人向原告提供借款60万元，借款额度支用有效期自2018年6月27日起至2019年6月26日止，同日，原告与第三方签订《动产质押合同》，约定原告将存放于被告代代为本公司A08号仓库内的麦冬19200公斤作为质押物，为该借款提供质押担保，同日李某敦、陈某燕（出质人，甲方）与三台农商银行花园支行（质权人，乙方）和代代为本公司（仓储人，丙方）签订《仓储监管合作协议》（2018年三花协字第012号）一份。2019年6月27日，李某敦分两次偿还借款本息600714元，2019年6月28日，第三人与李某敦等到被告仓库开锁提货15012公斤，剩余4188公斤仍存放于代代为本公司仓库库房，2019年7月5日，第三人作为质权人向被告代代为本公司开具编号为：2019三花协字第006号－001号的提货通知书，载明：根据编号为2019三花协字第006号《仓储监管合作协议》的约定，经审查，本社（行）同意李某敦前来办理下列货物的提货、出库手续。请贵公司予以审核并办理以下货物的提货、出仓和出库手续为盼。李某敦遂持该通知书到被告处提货遭拒，根据代代为本公司抗辩的理由主要原因是按三台农商银行花园支行要求，李某敦另一笔贷款尚未到期，其提供的麦冬价格下跌，必须补仓，且提货要求三台农商银行花园支行必须派员到场，双方共同开锁后方能提取麦冬。

另查明：1. 李某敦另一笔贷款质押麦冬存放于代代为本公司6号仓库，经三方确认质押物权值确认书显示，麦冬为20.8吨，单价为5.5万元/吨，确认价值为114.4万元。

2. 2019年7月5日三台农商银行花园支行给代代为本公司出具质押财产最低价值通知书，确定该宗质押物品价值为92.37万元。

3. 2019年10月15日三台农商银行花园支行给代代为本公司出具质押财产最低价值通知书，确定该宗质押物品价值为70.28万元。

【案件焦点】

1. 三台农商银行花园支行是否在本案的案涉合同中享有不安抗辩权；2. 代代为本公司是否应当承担违约及赔偿责任。

【法院裁判要旨】

四川省绵阳市三台县人民法院经审理认为：原告因在三台农商银行花园支行贷

款，将麦冬19200公斤作为质押物担保债务的履行，出质给三台农商银行花园支行，原告方和代代为本公司以及三台农商银行花园支行三方签订了《仓储监管合作协议》，作为三方权利义务分担的依据和基础，依据《创储监管合作协议》中约定的“法律关系”以及事实核实的情况，代代为本公司为三台农商银行花园支行的代理人，代理该行接受、占有、保管和监管质押财产，代代为本公司监管涉案质押财产的行为来自三台农商银行花园支行的委托授权，并非单纯意义上的仓储保管，其收放保管的行为须经质权人的许可同意方能实施。因此原告方履行完义务后到代代为本公司处提取麦冬不成并非代代为本公司的原因所致，代代为本公司并不存在违约行为，因此原告方请求代代为本公司承担违约以及赔偿责任的请求，法院依法不予支持。综合本案的实际情况，原告方已就质押物所担保的债务履行完毕偿还义务，三台农商银行花园支行给本院出具的情况说明称，李某敦另一笔贷款提供的质押物存在价格下跌，李某敦需要补仓，但根据合同相对性，不能以另一合同履行过程中的权利义务纠纷来排斥本案所涉及的合同履行，因此代代为本公司应当为原告方办理剩余麦冬的提货事宜，鉴于代代为本公司不能单独履行该提货行为，三台农商银行花园支行应负有协助原告方办理提货的相关义务。综上，四川省绵阳市三台县人民法院依照《中华人民共和国担保法》第七十一条，《中华人民共和国物权法》第二百一十九条，《中华人民共和国合同法》第三百九十九条以及《中华人民共和国民事诉讼法》第五十六条、第一百四十二条、第一百六十条之规定，作出如下判决：

一、由被告代代为本公司于本判决生效之日起五日内返还原告李某敦、陈某燕麦冬4188公斤；

二、由第三人三台农商银行花园支行协助李某敦、陈某燕在代代为本公司办理提取麦冬4188公斤事宜；

三、驳回李某敦、陈某燕的其他诉讼请求。

【法官后语】

不安抗辩权人在对方当事人没有履行也未能提供履行担保时，可以解除合同，此为不安抗辩权人的解除权。不安抗辩权对合同的类型有特殊的要求，其只能存在于合同各方均负有权利和义务的合同中即双务有偿合同。不安抗辩权的行使主要是为了保证合同能够如约发展，最终目的仍然是希望合同可以得到履行或者解除，因此不安抗辩权产生的效力具有暂时性且基于合同关系产生。综上，不安抗辩权是指在有先后履行顺序的双务合同中，应先履行义务的一方有确切证据证明对方当事人有难以给付之虞时，在对方当事人未履行合同义务或者合同履行提供担保之前，有暂时中止履行合同的权利。

合同相对性是指合同主要在特定的合同当事人之间发生，只有合同当事人一方能基于合同向有合同关系的另一方提出请求或提起诉讼，而不能向与其无合同关系的第三人提出合同上的请求，也不能擅自为第三人设定义务。合同相对性原则是市场经济发展的产物，因在经济发展的情况下，双方进行交易都处于不确定的状态，无法预知自己的行为以及对方的行为是否需要他人及自己承担责任。合同相对性属于经常使用但又无法律条文直接使用该术语，为了使合同相对性原则具有通俗易懂性、可接受性、理解性，法律法规均通过可描述性的文字来传达此规则的内涵。

通过上述对双务合同中的不安抗辩权及合同相对性的阐述，我们知道合同中先于履行的一方有权在其权利可能得不到保障的情况下使用不安抗辩权，使合同暂时性中止履行。或者在合同不可能履行的情况下，享有不安抗辩权的当事人可以行使解除权，解除合同。但在这个前提下，不安抗辩权并不能突破合同的相对性，其的发生一定存在于某一双务有偿合同中，不可能因为在 A 合同中享有不安抗辩权，却在 B 合同中行使。

在本案中代代为本公司与三台农商银行花园支行及原告方签订的三方合同并不是简单的仓储合同，其应当属于委托合同。委托合同是委托人和受托人约定，由受托人处理委托人办理事务的合同。本案中尽管三方合同系代代为本公司与三台农商银行花园支行及原告签订，委托事项是属于保管、储存麦冬，但是合同中也约定了由代代为本公司代理三台农商银行花园支行接受、占有、保管、监管质押财产并依据为原告办理提货手续。对合同主文分析，该三方合同应当属于委托合同，委托方系三台农商银行花园支行，受托方系代代为本公司。因此在原告拿提货单提货不成时，代代为本公司也不应当承担违约责任，因为其在本案的行为属于代理三台农商银行花园支行处理事务的行为。代代为本公司的合同相对方是三台农商银行花园支行，而非原告，因此代代为本公司不对原告承担违约责任。

编写人：四川省绵阳市三台县人民法院　魏佳虹

40

另案中的“自认”不具有免除对方当事人举证责任的效力

——郑某福诉廖某秉、廖某芹保管合同案

【案件基本信息】

1. 裁判书字号

广西壮族自治区北海市中级人民法院（2019）桂05民终1165号民事判决书

2. 案由：保管合同纠纷

3. 当事人

原告（上诉人）：郑某福

被告（被上诉人）：廖某秉、廖某芹

【基本案情】

郑某福与廖某秉系邻居及表亲关系，廖某秉与廖某芹系父女关系。1996年2月26日，郑某福与案外人陈某辉发生交通事故，其间，廖某秉向郑某福立下“现金托管收据”一份，该据载明了具体的保管内容，双方及见证人庞某文签字予以确认。后经北海市铁山港区人民法院（2000）铁民初字第66号民事判决，郑某福应赔偿他人5324元，并经北海市中级人民法院（2004）北民终字第170号民事判决维持原判。2013年10月14日，廖某秉、廖某芹以郑某福向公安机关举报致廖某秉、廖某芹被公安机关传唤调查，侵犯其名誉权为由向法院提起民事诉讼。廖某秉、廖某芹在该案民事起诉状中表述“……想起郑某福……潜逃前交8万元给我廖某秉为其保管，为他看家……”该案因廖某秉、廖某芹未到庭参加诉讼，北海市铁山港区人民法院于2013年12月9日依法作出（2013）铁民初字第302号民事裁定按撤诉处理。2014年10月20日，郑某福以廖某秉、廖某芹在向北海市铁山港区人民法院起诉郑某福侵犯廖某秉、廖某芹名誉权的民事起诉状中“……想起郑某福……潜逃前交8万元给我廖某秉为其保管”的表述及《托管收据》为依据提起诉

讼，要求廖某秉、廖某芹返还代保管款 8 万元。

【案件焦点】

1. 廖某秉在（2013）铁民初字第 302 号的中民事起诉状曾替郑某福保管 8 万元现金的陈述是否符合我国法律规定的“自认”制度；2. 如何正确理解我国法律规定的“自认”制度的逻辑关系；3. 郑某福提交的与保管事实有直接关系的《托管收据》是否具有高度盖然性。

【法院裁判要旨】

广西壮族自治区北海市铁山港区人民法院经审理认为：郑某福认为廖某秉、廖某芹在（2013）铁民初字第 302 号案件的民事起诉状称“在他（郑某福）发生重大交通事故后，潜逃前交 8 万元给我廖某秉为其保管”系廖某秉、廖某芹的自认行为，不管托管收据是否采信，廖某秉、廖某芹的自认均能证实廖某秉收到原告 8 万元现金的事实。根据《最高人民法院关于适用〈中华人民共和国民事诉讼法〉的解释》第九十二条第一款的规定，法律上的自认必须是在民事诉讼过程中作出，即在诉讼开始后和诉讼结束前作出，（2013）铁民初字第 302 号民事起诉状形成于 2013 年 10 月 14 日；本案原审立案即诉讼开始时间是 2014 年 10 月 20 日；法律上的自认对象为对方当事人所主张的事实，故法律上的自认必须有对方当事人所主张事实在先，而后有自认当事人的自认；而原告所称本案的自认，廖某秉、廖某芹自认在前，原告主张在后，顺序上存在颠倒；故廖某秉、廖某芹的“自认”不属于上述法律规定的自认行为，不能免除原告对其所主张事实的举证责任。廖某秉、廖某芹在本案诉讼过程中一直否认在（2013）铁民初字第 302 号民事起诉状中陈述的替郑某福保管 8 万元的事实，结合原告提交的与保管事实有直接关系的《托管收据》被证明不具真实性、合法性，不具证据效力。故（2013）铁民初字第 302 号民事起诉状所陈述的事实无其他证据佐证，不能证明原告所主张保管事实的发生。综上，广西壮族自治区北海市铁山港区人民法院依照《中华人民共和国民事诉讼法》第六十四条、第七十五条，《最高人民法院关于适用〈中华人民共和国民事诉讼法〉的解释》第九十条、第九十二条、第一百零四条、第一百零五条，《最高人民法院关于民事诉讼证据的若干规定》第二条、第八条、第十条、第六十四条的规定，作出如下判决：

驳回原告郑某福的诉讼请求。

郑某福不服一审判决，提出上诉。

广西壮族自治区北海市中级人民法院经审理认为：首先，在两被上诉人对案涉《托管收据》的真实性、合法性、关联性均提出异议的情形下，上诉人须对该证据的三性完成举证义务。通过司法鉴定，上诉人提交的《托管收据》的证据复印件内手书字迹部分不是复印于其本次向一审法院提交的证据《托管收据》原件，上诉人就其起诉的待证事实所依据的重要证据《托管收据》的真实性、合法性仍未完成举证义务，不能成为合法有效证据被采信。其次，（2013）铁民初字第302号案件系名誉权纠纷，与本案保管合同不是同一法律关系，上诉人主张在后，顺序上存在颠倒，不属于上述法律规定的自认行为。广西壮族自治区北海市中级人民法院依照《中华人民共和国民事诉讼法》第一百七十条第一款第一项的规定，作出如下判决：

驳回上诉，维持原判。

【法官后语】

我国现行法律《最高人民法院关于适用〈中华人民共和国民事诉讼法〉的解释》第九十二条第一款规定了自认制度，从该条款可以得知，我国法律规定的“自认”仅限于在诉讼过程中，即诉讼中的自认，而这里的“诉讼过程中”，是指审理前的准备程序和开庭审理程序。诉讼中的自认具有免除对方当事人举证责任和约束法院、当事人的效力。本案中，廖某秉在（2013）铁民初字第302号案件的民事起诉状称“在他（郑某福）发生重大交通事故后，潜逃前交8万元给我廖某秉为其保管”系另案中的自认，亦廖某秉在（2013）铁民初字第302号案件的民事起诉状的自认系诉讼外自认。诉讼外的自认，是指在诉讼过程之外所作的自认，也称为审判外的自认或裁判外的自认。廖某秉在（2013）铁民初字第302号案件的自认行为，系发生在（2013）铁民初字第302号案件中，属于另案中的“自认”，此“自认”不是在本案的诉讼过程中产生的，故被告在（2013）铁民初字第302号案件的民事起诉状的“自认”系诉讼外自认。我国是大陆法系国家，诉讼外自认不具有诉讼上自认的效力，即诉讼外自认的事实不得作为免证事实，而只能被容许作为证明案件事实的证据加以使用，我国现行法律也未对诉讼外的自认作出规定，因此廖某秉在（2013）铁民初字第302号案件的民事起诉状的“自认”不产生免除郑某福在本案举证责任的效力。

廖某秉在（2013）铁民初字第302号案件民事起诉状的陈述其保管郑某福8万元的事实也不符合自认规则的逻辑关系。法律上的自认对象为对方当事人所主张的事实，故法律上的自认必须有对方当事人所主张事实在先，而后有自认当事人的自认。而郑某福所称本案的“自认”，当事人廖某秉的“自认”在前，郑某福主张在另案的民事起诉状中陈述廖某秉保管郑某福8万元的事实系“自认”，该“自认”在后，顺序上存在颠倒，法理逻辑关系混乱。

在大陆法系民事诉讼中，虽然诉讼外自认的事实不得作为免证事实，但是可以与其他证据一样依照法定的证据调查程序进行质证和判断，即诉讼外的自认可以作为证据材料。（2013）铁民初字第302号案件的民事起诉状系间接证据，不能单独证明本案中廖某秉自认行为的事实，且郑某福提交的与保管事实有直接关系的《托管收据》不具真实性、合法性，此据不具证据效力。另经审查并结合郑某福在本案中提交的所有证据，也不能达到郑某福主张廖某秉承认其代替郑某福保管现金8万元的事实的高度盖然性，该待证事实不存在具有高度可能性。因此（2013）铁民初字第302号民事起诉状不能证明郑某福所主张保管事实的发生。

编写人：广西壮族自治区北海市铁山港区人民法院　张宏强

41

酒店消费者免费停车遭台风水浸的赔偿认定

——梁某诉利苑酒家、莱佛士物业保管合同案

【案件基本信息】

1. 裁判书字号

广东省广州市越秀区人民法院（2018）粤0104民初26408号民事判决书

2. 案由：保管合同纠纷

3. 当事人

原告（被上诉人）：梁某

被告（上诉人）：利苑酒家

被告：莱佛士物业

【基本案情】

2018年6月8日，梁某开车到利苑酒家就餐消费，按利苑酒家指示将车辆停放在某广场地下停车场中的指定专用车位，该地下停车场是由莱佛士物业进行管理服务。利苑酒家向梁某发放《利苑酒家专用车位泊车证》及《利苑酒家泊车卡》，其中载明了该车位是提供给利苑酒家消费满200元以上的客户免费使用；如非消费视为违约，需收50元/小时违约金等内容。当天16时许，由于台风天气影响，该地下停车库出现雨水倒灌，导致停放在内的部分车辆（包括梁某的车辆）被水淹。事发后，梁某委托广州市安衡价格事务所有限公司对涉案车辆进行水浸受损价值评估，评估结论为车辆水浸受损价值为266512元，为此梁某支付评估费9795元。故梁某起诉请求法院判令：（1）两被告共同赔偿原告车辆损失266512元；（2）两被告共同向原告支付车辆受损评估费用9795元。

【案件焦点】

1. 原告是否与酒店或停车场管理人形成保管合同关系；2. 酒店用餐免费停车及台风天气能否成为酒店免责的因素。

【法院裁判要旨】

广东省广州市越秀区人民法院经审理认为：根据《中华人民共和国合同法》第三百七十四条的规定，保管期间，因保管人保管不善造成保管物毁损、灭失的，保管人应当承担损害赔偿责任，但保管是无偿的，保管人证明自己没有重大过失的，不承担损害赔偿责任。本案中，原告在利苑酒家处就餐消费，并按利苑酒家的要求将车辆停放在利苑酒家指定的停车位。从利苑酒家向原告发放的《利苑酒家专用车位泊车证》《利苑酒家泊车卡》可知，原告只有在利苑酒家处消费金额满200元以上的情况下，利苑酒家才向原告提供免费停车服务，足以说明利苑酒家向原告提供的并非完全意义上的免费停车服务，而是将停车费的对价包含在上述200元以上的消费金额中，由此说明双方之间形成了主合同关系即餐饮消费服务合同关系以及基于餐饮消费服务产生的从合同关系即有偿保管合同关系。在涉案车辆保管期间，因利苑酒家保管不善造成原告车辆损坏，利苑酒家应当承担赔偿责任。原告主张涉案车辆水浸受损价值为266512元，虽其提供的评估报告有瑕疵，但不影响评估结论的效力，故法院对原告此主张予以采纳。据此，利苑酒家应向原告赔偿上述水浸受损价值266512元。另原告主张的评估费9795元也应由利苑酒家承担。因原告未能提供证据证明莱佛士物业收取了原告的停车费，也未能提供证据证明其与莱佛士物业之间签订了保管合同或者达成了保管约定，故原告以保管合同诉由要求莱佛士物业承担保管合同责任依据不足，本院不予支持。

广东省广州市越秀区人民法院依照《中华人民共和国合同法》第三百六十五条、第三百六十七条、第三百六十八条、第三百六十九条、第三百七十四条之规定，作出如下判决：

一、被告利苑酒家应于本判决发生法律效力之日起三日内一次性将车辆损失费266512元赔偿给原告梁某；

二、被告利苑酒家应于本判决发生法律效力之日起三日内一次性将评估费9795元赔偿给原告梁某；

三、驳回原告梁某的其他诉讼请求。

判决后，利苑酒家上诉，但并未缴纳上诉费，广东省广州市中级人民法院依照《中华人民共和国民事诉讼法》第一百五十四条第一款第十一项、《最高人民法院关于适用〈中华人民共和国民事诉讼法〉的解释》第三百二十条之规定，作出如下裁定：

本案按上诉人利苑酒家自动撤回上诉处理。一审判决自本裁定送达之日起发生法律效力。

【法官后语】

随着人们的物质生活水平的提高，越来越多的消费者选择自驾车辆前往商场或酒店消费，商场或酒店也为了吸引顾客消费，推出了诸如消费满多少元即可免费停车的服务。那么当这项免费停车的服务发生纠纷时，消费者应如何维权？如果是遇到恶劣天气，谁又应当来承担损失？

1. 消费者免费停车，商场或酒店是否属于车辆的保管人

商场或酒店为消费者提供停车服务，一般是两种形式：第一，抵扣券模式，即

商场或酒店提供停车费的抵扣券，如果超出抵扣券的部分，由消费者向停车场的管理者支付停车费。这种情况下，车辆的保管人是停车场的管理者，商场或酒店只是帮消费者代付部分的停车费。如保管期间发生纠纷，消费者可以直接要求停车场的管理者承担保管责任。第二，专用车位模式，即商场或酒店提供停车卡，一般有专用车位，停车费向商场或酒店结算。这种情况下，车辆的保管人是商场或酒店，商场或酒店再将保管服务委托或承包给停车场的管理者。如果保管期间发生纠纷，消费者应向商场或酒店主张保管责任，商场或酒店承担责任后，若停车场的管理者有过错，再行追偿。

2. 消费者免费停车，商场或酒店提供的保管服务是否是无偿的

根据《中华人民共和国合同法》第三百七十四条的规定，保管期间，因保管人保管不善造成保管物毁损、灭失的，保管人应当承担损害赔偿责任，但保管是无偿的，保管人证明自己没有重大过失的，不承担损害赔偿责任。保管合同是否有偿会影响到归责原则的适用。在专用车位模式中，商场或酒店实际上是与消费者建立了基于消费服务而产生的从合同关系即保管合同关系，是否收取停车费用也经常是与消费金额挂钩，那么由此可以认定这种保管合同并非无偿，而是将相应的保管费隐藏在消费服务合同的消费金额中。因此，可以认定该保管合同仍是一种有偿合同。

3. 台风等恶劣天气能否成为车辆保管合同的抗辩理由

虽然台风等恶劣天气是非人力所产生，但现有的气象预报机制已成熟完善，人们可以通过不同的公开渠道获得预警信息。作为车辆的保管人也应对这类自然灾害有充分的预知，包括对其带来的强降水导致车辆被水浸的风险，并应通知车主注意防范和采取相应的预防措施及救助措施。如保管人并无履行相应的通知义务、预防义务及救助义务，那么对于车辆的损害，保管人应承担全部赔偿责任；如保管人履行了部分义务，则可减轻部分赔偿责任。

本案中，酒店采取的是专用车位模式，且并无履行通知义务，也无进行相应防范，故需要承担全部赔偿责任。酒店承担赔偿责任后，可视停车场的管理者是否有过错，再行决定是否追偿。

编写人：广东省广州市越秀区人民法院　高瑜曼　周鸿明

十一、委托合同

42

委托合同中，行使任意撤销权所应承担的赔偿责任

——超世纪公司诉肖某仪委托合同案

【案件基本信息】

1. 裁判书字号

福建省泉州市安溪县人民法院（2019）闽0524民初36号民事判决书

2. 案由：委托合同纠纷

3. 当事人

原告：超世纪公司

被告：肖某仪

【基本案情】

2015年8月11日，肖某仪（受委托人）与超世纪公司（委托方）签订《事宜》，主要内容为："超世纪铸造厂委托肖某仪全权办理本厂消防设计图纸及消防设计备案、建筑工程竣工验收备案等事项。所需设计费用等合计14万元。分两次支付，首次付款4万元，剩余10万元由取验收备案表后（消防签章认证）后支付。"签订该事宜后，超世纪公司当场支付肖某仪4万元。2015年8月16日，肖某仪收取超世纪公司建设用地规划许可证原件一本。2016年9月5日，肖某仪收到超世纪公司预付费用2万元。2018年7月22日，肖某仪将超世纪公司建设用地规划许可证原件一本退还给超世纪公司。

【案件焦点】

委托合同撤销后，超世纪公司是否应当赔偿肖某仪因委托合同解除所受的损失。

【法院裁判要旨】

福建省泉州市安溪县人民法院经审理认为：第一，案涉《事宜》系双方当事人的真实意思表示，其内容不违反法律、行政法规的效力性禁止性规定，又无导致合同无效的法定情形，应认定为有效。第二，委托合同虽以当事人的信赖为基础，但不能简单地以委托人对委托事务处理结果是否满意来判断合同是否有履行。《事宜》明确约定超世纪公司委托肖某仪全权办理铸造厂消防设计图纸及消防设计备案、建筑工程竣工验收备案等事项，超世纪公司主张肖某仪根本没有为其办理消防设计图纸及消防设计备案等事务。对此，肖某仪予以否认，辩称其有做设计图纸、消防设计备案等委托事项，后因超世纪公司不能提供新建、扩建工程的建设工程规划许可证，所以消防验收图纸一直没有做。法院认为，从肖某仪提供的证据可以看出，肖某仪虽未完成《事宜》所委托的事务，但确实为办理委托事务付出一定的劳作。第三，《中华人民共和国合同法》第四百零五条规定："受托人完成委托事务的，委托人应当向其支付报酬。因不可归责于受托人的事由，委托合同解除或者委托事务不能完成的，委托人应当向受托人支付相应的报酬……"本案中，肖某仪虽提供证据证明其有办理委托事务，但在法院指定的期限内未能提供证据证明其为完成委托事务所垫付的费用及支付的成本，故法院酌情确定其相应报酬为2.5万元。第四，肖某仪未能按《事宜》约定的事项完成委托事务，其收取的委托费用应予返还，扣除其报酬2.5万元，肖某仪应返还超世纪公司3.5万元，并支付资金占用期间的利息。

福建省泉州市安溪县人民法院依照《中华人民共和国合同法》第一百零七条、第三百九十六条、第四百零五条、第四百一十条，《最高人民法院关于适用〈中华人民共和国民事诉讼法〉的解释》第九十条之规定，作出如下判决：

一、肖某仪应于本判决生效之日起十日内返还超世纪公司委托费3.5万元及利息（自2019年1月2日起按年利率6%计算至返还之日止）；

二、驳回超世纪公司的其他诉讼请求。

【法官后语】

本案的主要争议焦点在于：委托合同中，一方当事人行使任意解除权致另一方当事人利益受损时，相对方所能请求的损害赔偿范围。第一种观点认为在委托合同因任意解除权而被解除后，给予合同履行而获得的可得利益亦不复存在，故相对方只能就信赖利益获得赔偿。第二种观点认为解除方的损害赔偿范围可以参考有关违约赔偿责任的相关规定（《中华人民共和国合同法》第一百一十三条）来进行确定，即解除方不仅应当赔偿相对方的信赖利益损失，还应赔偿相对方的可得利益损失。第三种观点认为解除方在承担赔偿信赖利益损失的情况下，还应当根据具体案件来确定是否应当承担可得利益损失，不能简单地否定可得利益损失，也不能全部支持可得利益损失。

笔者同意第三种观点，理由如下：

1. 从委托合同得以建立的信赖关系看，应当保护相对方的信赖利益。委托合同最明显的法律特征在于其系建立在双方当事人相互信任的基础上。当一方当事人对另一方当事人的信赖发生动摇时，不问有无确凿理由，均应允许其随时解除合同。否则，即便勉强维持双方当事人的委托关系，也难以实现委托合同签订的目的。《中华人民共和国合同法》第四百一十条就明确规定："委托人或者受托人可以随时解除委托合同。因解除合同给对方造成损失的，除不可归责于该当事人的事由以外，应当赔偿损失。"但是，在委托合同签订后，委托方或受托方往往会基于双方之间的信赖关系而为委托合同的履行做一定的必要准备。这种准备必然会付出一定的时间或财力成本。因此，要求解除方赔偿相对方的信赖利益损失，具有合理性，也符合委托合同的法律特征。

2. 从无偿委托合同的无偿性看，一般不保护相对方的可得利益。无偿委托合同中，委托人并无一般合同中的对待给付义务。从受托人角度看，委托人解除无偿委托合同一般对受托人影响甚微。从委托人角度看，根据权利义务的平等性，即使受托人解除无偿委托合同对其造成一定的损失，也不应赔偿委托人的可得利益损失。但是，若由受托人随意甚至是恶意解除无偿委托合同，有可能给委托人造成重大损失，这无疑是对委托人的不公平。特别是"解除的时间不利于他方"时，必然导致相对方不能及时处理事物而遭受损失。因此，根据诚实信用原则，若是受托人肆意行使任意解除权，则受托人应当赔偿委托人的可得利益损失。

3. 有偿委托合同的有偿性看，应当考虑相对方的可得利益损失。相较于无偿委托合同，有偿委托合同的双方当事人建立委托合同关系固然是出于对相对方能力和资质的信赖，但更重要的是委托合同的履行可以给自己带来利益。从这一点来说，委托合同与其他有偿合同并无区别。此时，赋予双方当事人任意解除权已是相当的优待。若不能给予相对方充分的赔偿，极有可能导致相对方单方遭受重大损失，这有违公平正义原则。因此，在有偿委托合同中，解除方的赔偿责任不能仅限于信赖利益损失，还应根据相对方可得利益损失认定赔偿数额，在适用损益相抵原则、过失相抵原则等规则。

本案中，原告超世纪公司委托被告肖某仪办理消防验收事宜，并提前支付了部分费用。但因被告肖某仪未能及时办理消防验收事宜，原告超世纪公司要求解除双方之间的委托合同关系。在委托合同解除前，被告肖某仪已经就消防验收事宜做出一定的准备工作，因此，原告超世纪公司应当支付被告肖某仪因准备工作而付出的费用。同时，案涉委托合同的解除使得被告肖某仪无法获得履行合同后可得的报酬。因此，在无法查明双方当事人对委托事项未能成功办理是否存在过的情况下，原告超世纪公司应当酌情支付肖某仪部分报酬。

编写人：福建省泉州市安溪县人民法院　黄月治　苏亚东

43

商事委托中委托人的任意解除权应受到限制

——杨某平等诉聂某委托合同案

【案件基本信息】

1. 裁判书字号

湖南省衡阳市衡阳县人民法院（2019）湘0421民初1245号民事判决书

2. 案由：委托合同纠纷

3. 当事人

原告：杨某平、胡某丰、胡某益、万某军、万某涛、颜某旺

被告：聂某

第三人：衡阳县国土资源局

【基本案情】

原告杨某平、胡某丰、胡某益、万某军、万某涛、颜某旺均属于衡阳县西渡镇青木村火江组村民，六原告共同协商将部分自留地、自留山由案外人刘某元承建。2010年9月16日，原告胡某丰、胡某益、万某军、万某涛、颜某旺（甲方）与案外人刘某元（乙方）签订《合作建房协议书》，约定："一、土地和住房的面积划分：地面宽24米，深30米，总面积720平方米，设计八层，1—2层为门面，3—8层为住房，其中甲方占1层门面6个，每个面积宽3.3米×12米，住房占用5—6层，共6套房给甲方，每套面积不低于120平方米，每套住房及门面，甲方付乙方6万元，如面积超过140平方米，甲方另加1万元给乙方作补面积款。二、付款方式：乙方必须把第一层门面建好，甲方预付乙方2万元一套，共计12万元。主体工程完成后，甲方必须把后4万元交清，共计24万元，不得拖欠。除所有建筑面积外，所剩下的土地由甲、乙双方使用。三、乙方建好房后，必须把水电到户及厕所、厨房、房屋地面及门面必须打好及粉刷等搞好。四、房产证由甲方自己出费用办理。五、建房过程中的责任划分：甲方全权负责当地的周边关系处理，如有影响正常施工给乙方造成损失，由甲方负责赔偿。乙方负责办理政府部门的相关手续（相关手续费由乙方负责，甲方一切不负责）。六、以上条款，双方无条件服从，不得反悔，如有哪方违约，自愿赔偿10万元给对方。"原告方及案外人刘某元均在协议上签字。2011年6月7日，经衡阳县国土资源局执法监察局查处，原告方在未经有权机关批准，未办理用地审批手续的情况下，擅自占用青木村火江组山地兴建商品房，属非法用地违法行为，衡阳县国土资源局对其处以9680元罚款，该罚款由案外人刘某元之妻被告聂某支付。2012年7月4日，案外人刘某元在衡阳县西渡镇青木村火江组所建的综合楼，已建至第八层，因未取得建设工程规划许可证，擅自动工建设，衡阳县建设局向案外人刘某元下达了停止建设决定书，责令其对所建设的项目立即停止建设。2012年10月14日，第三人衡阳县国土资源局（甲方）与衡阳县西渡镇青木村火江组六原告（乙方）签订《征地协议》，该宗涉案土地被国家

征收，土地所有权归属国家。2014年7月18日，第三人衡阳县国土资源局（出让人）与原、被告（受让人）签订《国有土地使用权出让合同》，合同约定：出让人出让给受让人的宗地位于衡阳县西渡镇青木村火江组，宗地总面积991.4平方米，其中出让土地面积为669.9平方米，公共用地321.5平方米。本合同项下出让宗地的用途为商、住、宅用地。出让人同意在2014年7月30日前将出让宗地将交付给受让人。合同还约定土地开发建设与利用、土地使用权转让、出租、抵押、期限届满、不可抗力、违约责任、通知和说明、适用法律及争议解决等事项，第三人衡阳县国土资源局在合同上加盖公章，被告聂某代表其他六原告在合同上签名。2014年12月30日，被告聂某及其他六原告取得衡阳县西渡镇青木村火江组该宗地土地使用权证。2015年6月11日，被告聂某及紫元公司（甲方）与原告杨某平、万某军、万某涛、颜某旺、胡某益、胡某丰（乙方）签订"紫元名城"工程项目合作开发协议之权属补充协议，约定：1. 按照县政府"两违"政策，为办理房产证的需要，甲方同意将乙方六户名字列入房产总证之中，但乙方实际并非该物权的权利人；2. 乙方同意配合甲方办理"紫元名城"整栋房屋登记的一切手续；3. 此补充协议是甲乙双方自愿和真实意思的表示，与原合作开发协议内容不一致的，以本协议为准，双方从签订日起具有法律效力。甲方在协议上加盖了"紫元公司"的公章，聂某在协议上签名，乙方杨某平、万某军、万某涛、颜某旺、胡某益、胡某丰在协议上签名。2015年12月9日，紫元名城竣工，该处不动产权利人登记为紫元公司、聂某、杨某平、胡某丰、胡某益、万某军、万某涛、颜某旺，共有情况为房屋单独所有。2017年7月20日，为将坐落于衡阳县西渡镇青木村火江组紫元名城的部分房屋分别过户登记至原告方名下，原告方与被告聂某签订《不动产登记授权委托书》，委托被告聂某代表原告方办理上述不动产首次登记及转换登记一切手续，领取不动产产权证，委托期限自2017年7月20日至该项目所有手续办结为止。该委托书已经在第三人衡阳县国土资源局备案登记。《不动产登记授权委托书》签订后，因六原告与被告聂某就所涉房屋补偿金额问题发生争议，原告要求解除与被告签订的《不动产登记授权委托书》，案经调解未成。

【案件焦点】

本案是否为委托合同纠纷及原告是否享有任意解除权。

【法院裁判要旨】

湖南省衡阳市衡阳县人民法院经审理认为：本案系委托合同纠纷。委托合同是指受托人为委托人办理委托事务，委托人支付报酬或不支付报酬的合同。本案原、被告的《不动产登记授权委托书》对委托主体、委托事项、委托期限等进行了明确约定，符合合同的形式和实际要件，《不动产登记授权委托书》应视为不动产登记事项委托合同。《中华人民共和国合同法》第八条第一款规定，依法成立的合同，对当事人具有法律约束力。当事人应当按照约定履行自己的义务，不得擅自变更或者解除合同。但《中华人民共和国合同法》第四百一十条规定：委托人或者受托人可以随时解除委托合同。依据该条规定，任何一方合同当事人均有随时解除委托合同的权利。《中华人民共和国合同法》之所以规定委托合同双方当事人均可以行使任意解除权，主要是基于委托合同双方当事人存在人身信赖关系，一旦这种信赖关系破裂，合同便没有存续的必要，应允许当事人行使任意解除权。但是，本案属于商事委托合同，双方是否存在人身信赖关系，并非委托人选择受托人的主要考量因素，更多的是关注受托人聂某的商誉及经营能力。为防止对方行使任意解除权带来的不确定风险，故对解除条件即被告聂某在办理紫元名城所有手续办结为止作出特别约定，以排除任意解除权的适用，是双方当事人对合同履行风险所作出的特殊安排。体现了意思自治原则，且也不损害国家利益、社会公共利益以及第三人的合法利益。同时，如仍允许委托人行使任意解除权，被告聂某即无法为其他购房户办理不动产登记证，将对受托人聂某带来重大损失，解除合同后受托人所能获得的损害赔偿与继续履行合同所能获得的收益不相匹配，这一结果显然有悖公平原则。因此，鉴于商事委托合同的特殊性，当双方当事人对合同解除权的行使作出特别约定，应当认定《中华人民共和国合同法》第四百一十条关于任意解除权的规定已经被排除适用。本案委托人是否能够解除合同，应当依据讼争合同的约定以及《中华人民共和国合同法》第九十四条关于法定解除权的相关规定作出判定，而《中华人民共和国合同法》第九十四条规定的五种解除合同情形均未在本案中出现，故涉案合同法定解除情形亦应予以排除。根据公平原则和诚实信用原则，原告要求解除《不动产登记授权委托书》，法院不予支持。同时，根据合同相对性原则，第三人衡阳县国土资源局并非涉案合同相对方，无协助解除合同之义务，法院对原告要求第三人衡阳县国土资源局协助解除《不动产登记授权委托书》的诉讼请求，亦予以驳回。被告聂某在本案诉讼过程中，向法院提起反诉，要求确认被告聂某与紫元公司为紫元名城的共有权利人，因该请求属于确权纠纷，与本案不属于同一法律关系，故对该反诉请求本院不予审查。第三人衡阳县国土资源局经传票传唤，无正当理由拒不到庭参加诉讼，视为放弃自己的抗辩权利和举证权利，由此造成的不利后果由其自行承担。本案依法应缺席判决。

湖南省衡阳市衡阳县人民法院依照《中华人民共和国合同法》第八条第一款、第九十四条、第四百一十条，《最高人民法院关于民事诉讼证据的若干规定》第二条，《中华人民共和国民事诉讼法》第一百四十四条之规定，作出如下判决：

驳回原告杨某平、胡某丰、胡某益、万某军、万某涛、颜某旺的诉讼请求。

案件宣判后，双方当事人均未在法定期间内上诉，该判决已发生法律效力。

【法官后语】

之所以规定委托人或受托人可以随时解除合同，其原因在于委托合同具有特别的性质，其成立大多建立在对当事人特殊信赖的基础上，而信任关系具有一定的主观性，在一方当事人对相对人的信任有所动摇时，就应不问有无确凿的理由，都允许委托人或受托人随时解除合同。否则，即便勉强维持双方的关系，也可能招致不良后果，影响委托合同订立目的的实现。但是，法律又是公平的，不能仅仅考虑某一方面的价值。当事人的信赖基础固然重要，但是如果在委托合同不仅涉及一方当事人利益的时候，对合同双方的任意解除权依旧不加限制，实际就是在片面保护合同解除方的信赖感，对合同相对人难免过于苛刻。

从委托合同的分类看，委托合同有民事委托和商事委托之分。在商事委托中，双方信任的基础是受托人的商誉及经营能力，有的受托人专为委托事项而成立公司来经营委托事务，有的为完成委托事务要投入大量的人力和物力来开拓市场、联系客户。一旦委托人随时解除合同，受托人就要遭受损失。因此，在商事委托中对合同任意解除权的限制就有必要。理论上对任意解除权有绝对限制（不得解除）和相对限制（支付损害赔偿）之分。

本案属于商事委托合同，双方是否存在人身信赖关系，并非委托人选择受托人的主要考量因素，更多的是关注受托人聂某的商誉及经营能力。为了防止对方行使任意解除权带来的不确定风险，故对解除条件即被告聂某在办理紫元名城所有手续办结为止作出特别约定，以排除任意解除权的适用，是双方当事人对合同履行风险所作出的特殊安排。体现了意思自治原则，且也不损害国家利益、社会公共利益以及第三人的合法利益。同时，如仍允许委托人行使任意解除权，被告聂某即无法为其他购房户办理不动产登记证，将对受托人聂某带来重大损失，解除合同后受托人所能获得的损害赔偿与继续履行合同所能获得的收益不相匹配，这一结果显然有悖公平原则。因此，鉴于商事委托合同的特殊性，当双方当事人对合同解除权的行使作出特别约定，应当认定《中华人民共和国合同法》第四百一十条关于任意解除权的规定已经被排除适用。本案委托人是否能够解除合同，应当依据讼争合同的约定以及《中华人民共和国合同法》第九十四条关于法定解除权的相关规定作出判定，而《中华人民共和国合同法》第九十四条规定的五种解除合同情形均未在本案中出现，故涉案合同法定解除情形亦应予以排除。根据公平原则和诚实信用原则，原告要求解除《不动产登记授权委托书》，法院不予支持。

编写人：湖南省衡阳市衡阳县人民法院　王娟

44

无偿委托合同中，信托产品发行方告知错误受托人不应当向委托人承担责任

——严某香诉于某等委托合同案

【案件基本信息】

1. 裁判书字号

北京市第二中级人民法院（2019）京02民终11239号民事判决书

2. 案由：委托合同纠纷

3. 当事人

原告（被上诉人）：严某香

被告（上诉人）：付某江

被告：于某、美和资产管理中心

【基本案情】

严某香经人介绍与付某江、于某结识。为参与北京电力老年协会的信托理财投资，严某香于2012年9月20日签订了《委托理财协议》，委托付某江替自己将50万元投资款投到“昆仑信托—大庆北国之春项目单一信托产品”，并于当日将50万元通过银行转账支付给付某江。协议约定信托期限为2年，2014年到期。但实际情况是付某江并没有将该投资款投到协议约定的信托产品，而是在2012年年底以付某江一人名义设立“建信信托—大庆美亚贷款单一资金信托计划”，并将资金向美亚公司发放信托贷款。由于付某江违反委托协议的内容，故意欺骗投资人，导致严某香的资金无法按期返还，该损失应由付某江承担赔偿责任。2015年，付某江、于某成立了美和资产管理中心，将投资款放到该中心进行管理，并擅自代表投资人与美亚公司签订《抵债协议》，抵债资产包括该公司名下的93套房产和199个车库，美和资产管理中心应当承担连带责任。

【案件焦点】

1. 严某香与谁之间存在委合同关系；2. 无偿委托合同受托人是否应该就一般过错承担责任。

【法院裁判要旨】

北京市西城区人民法院经审理认为：依法成立的合同，对当事人具有法律约束力。当事人应按照约定履行自己的义务，不得擅自变更或者解除。通过现有证据，可以认定严某香与付某江之间存在合同关系。

《信托理财协议》载明严某香的50万元投资款应通过经办人付某江投向昆仑信托公司发行的“昆仑信托—大庆北国之春项目单一信托产品”，因此，该产品的发行人应为昆仑信托公司。付某江作为经办人，在收取严某香给付的50万元后，应将该款投向昆仑信托公司名下的金融产品，但付某江并未提交充足有效的证据证明其已将该50万元投向了昆仑信托公司，亦未举证证明其汇付给建信信托公司的1.5亿元中包含该50万元，且其将该50万元汇付给建信信托公司经过了严某香的认可。

虽然严某香在2017年7月31日的《授权书》上签字，表示已知晓2017年7月31日公布的告知书的内容，同意委托张某廉等11人解决“北国之春”房地产开发项目的资产处置和办理还款事宜，但是付某江未提供证据证明上述2017年7月31日公布的告知书的具体内容，即不能证明严某香已通过该告知书明确知晓其投资的50万元系用于建信信托公司名下的金融产品而非昆仑信托公司。严某香称其于2017年才知道不存在昆仑信托“北国之春”项目，不认可付某江将其50万元投资款投向建信信托公司，因此，不能通过上述委托行为即认定严某香默认了付某江将50万元投资款投向变更后的发行主体即建信信托公司的行为，亦不能认定严某香放弃了另行追索的权利。付某江称严某香的起诉已超过诉讼时效，没有事实及法律依据，法院不予采信。

诉讼中，付某江称在建信信托大庆美亚项目中沿用了昆仑信托公司的协议格式模板，由于签订《信托理财协议》当天时间仓促，因此没有及时更换模板，未来得及将发行人更正为建信信托公司，对此付某江并未提交证据加以证明，法院不予采信。

付某江一直占有严某香给付的50万元，该占有并无法律依据。付某江应将50万元返还给严某香，并支付占用期间的利息。

对于付某江已支付给严某香的五笔共计142381.16元的具体性质，双方均未提交证据予以证实，法院认定为利息，从付某江应给付严某香的利息总额中予以扣除。

严某香不认可其与建信信托公司存在法律关系，因此，为解决善后事宜而成立的美和资产管理中心与严某香无关，其要求该中心承担连带责任，没有事实及法律依据，法院不予支持。

严某香要求于某承担连带责任，但现无证据显示于某与严某香之间有法律关系，因此，对其该主张法院不予支持。

北京市西城区人民法院依照《中华人民共和国合同法》第六条、第八条、第一百零七条的规定，作出如下判决：

一、本判决生效之日起十五日内，付某江返还严某香50万元；

二、本判决生效之日起十五日内，付某江给付严某香以50万元为基数的，自2012年9月21日起至实际给付之日止的利息（按中国人民银行同期贷款利率计算，给付时，从付某江应付利息总额中扣除142381.16元)；

三、驳回严某香的其他诉讼请求。

付某江不服原审判决，提起上诉。

北京市第二中级人民法院经审理认为：一审庭审中，严某香主张其与付某江存在委托合同关系，委托付某江将钱转到昆仑信托公司指定的账户，投资昆仑信托公司管理的大庆“北国之春”项目；付某江认可其与严某香之间是信托理财合同关系，且涉案《信托理财协议》载明，严某香投资“昆仑信托—大庆北国之春项目单一信托产品”，经办人为付某江，严某香亦将投资款50万元转入付某江账户，基于上述事实，法院认定严某香与付某江之间存在委托合同关系。现严某香以付某江未将50万元投入《信托理财协议》约定的“昆仑信托—大庆北国之春项目单一信托产品”构成违约为由，要求付某江返还投资款及赔偿相应利息损失。《中华人民共和国合同法》第四百零六条第一款规定，有偿的委托合同，因受托人的过错给委托人造成损失的，委托人可以要求赔偿损失。无偿的委托合同，因受托人的故意或重大过失给委托人造成损失的，应当赔偿损失。本案中，付某江称其未收取任何报酬，涉案《信托理财协议》亦未约定付某江收取报酬，且严某香未主张付某江收取了报酬，故双方之间的委托合同属于无偿委托合同。依据上述法律规定，严某香可以要求付某江赔偿损失的必要条件之一为付某江存在故意或重大过失。法院注意到本案存在以下情形：一是涉案《信托理财协议》载明产品名称为“昆仑信托—大庆北国之春项目单一信托产品”，发行人为昆仑信托有限责任公司，上述事项属于付某江在投资信托产品之前告知严某香信托产品的基本情况，并非实际投资信托产品之后的告知，据此难以认定付某江故意隐瞒真实的发行人。二是根据查明的事实，尽管付某江未将严某香的投资款转到涉案《信托理财协议》载明的发行人昆仑信托有限责任公司账户，但付某江确将严某香的款项转到建信信托公司账户，将该款实际投资到大庆“北国之春”项目，付某江实际投资的项目与其告知严某香的项目仅是发行人不同，但发行人均系依法设立的信托公司，项目实际融资方均是大庆美亚房地产开发有限公司。付某江实际投资的项目与其事先告知严某香的项目仅是发行人不同，严某香无法收回投资款及收益，在发行人均系依法设立的信托公司的情形下，仅据此不足以认定付某江承担赔偿责任。三是严某香在本案中未提交证据证明其在本案起诉之前曾就发行人事宜向付某江提出过异议，且其在涉案信托产品到期后，在《授权书》上签字，表示已知晓2017年7月31日公布的告知书的内容，同意委托张某廉等11人解决“北国之春”房地产开发项目的资产处置和办理还款事宜。尽管严某香称其在签字时仍不知晓涉案信托产品的发行人为建信信托公司，但上述行为至少能表明其不在意发行人是哪家公司，否则其上述行为难以令人理解。基于上述分析，法院难以认定付某江在办理无偿委托事项中存在故意或重大过失，亦难以认定付某江事先告知严某香的项目发行人与其实际投资的项目发行人不一致足以影响严某香作出是否投资的决定，故严某香主张付某江赔偿其损失，缺乏依据，法院不予支持。

综上，付某江的上诉请求成立，应予支持；一审判决认定事实清楚，但适用法律有误。依照《中华人民共和国合同法》第四百零六条，《中华人民共和国民事诉讼法》第一百七十条第一款第二项之规定，作出如下判决：

一、撤销北京市西城区人民法院（2018）京0102民初29889号民事判决；

二、驳回严某香的全部诉讼请求。

【法官后语】

委托合同以受托人有无报酬为标准分为有偿委托合同和无偿委托合同，受托人有报酬的委托合同叫作有偿委托合同，反之则为无偿委托合同。区分无偿委托合同和有偿委托合同的意义在于受托人在办理委托人委托的事务时所负的注意义务有所不同。

《中华人民共和国合同法》第四百零六条第一款规定：“有偿的委托合同，因受托人的过错给委托人造成损失的，委托人可以要求赔偿损失。无偿的委托合同，因受托人的故意或重大过失给委托人造成损失的，委托人可以要求赔偿损失。”因此，无偿合同与有偿合同中受托人在处理委托事务时所负的注意义务在程度上有所不同。有偿合同受托人只要有过错并给受托人造成损失，就应当承担赔偿责任，而无偿合同中受托人如果仅有一般过失则并不承担赔偿责任，但在故意和重大过失的情况下，就要对损害承担赔偿责任。对于受托人是否存在故意或者重大过失，需要委托人承担举证责任。

本案中，严某香委托付某江进行投资，并没有约定付某江的报酬，而实际上严某香也未支付付某江报酬，严某香与付某江之间存在无偿委托合同关系。严某香需要对付某江在办理委托事务时存在故意或者重大过失承担举证责任。

严某香认为涉案《信托理财协议》载明产品名称为“昆仑信托—大庆北国之春项目单一信托产品”，发行人为昆仑信托公司，而付某江实际将资金转给了建信信托有限责任公司，属于根本违反了委托合同的约定，故要求付某江赔偿损失。二审法院经过审理，认为大庆北国之春项目单一信托产品虽然实际上不是昆仑信托公司发行，但大庆北国之春项目单一信托产品是真实存在的，付某江实际投资的项目与其告知严某香的项目仅是发行人不同，但发行人均系依法设立的信托公司，项目实际融资方是美亚公司，且严某香其在涉案信托产品到期后，同意委托张某廉等11人解决“北国之春”房地产开发项目的资产处置和办理还款事宜，表明其不在意发行人是哪家公司，故无法认定付某江在办理无偿委托事项中存在故意或重大过失，进而也无法认定付某江的责任。

编写人：北京市西城区人民法院　马斌

十二、物业服务合同

45

业主委员会自治物业管理中决议生效的要件

——怡家园小区业主委员会诉邱某金物业服务合同案

【案件基本信息】

1. 裁判书字号

福建省厦门市集美区人民法院（2019）闽0211民初6253号民事判决书

2. 案由：物业服务合同纠纷

3. 当事人

原告：怡家园小区业主委员会

被告：邱某金

【基本案情】

被告邱某金系厦门市集美区永丰里怡家园小区的业主，其房屋建筑面积为29.9平方米。原告怡家园小区业主委员会于2015年12月18日选举成立，自2015年12月起自行管理怡家园小区。原告怡家园小区业主委员会第一次会议决定怡家园小区的服务费延续前期开发公司合同约定，收费标准为："1. 卫生费：住宅房屋每月每平方米0.5元；2. 公共维修金：每月每平方米0.2元；3. 卫生费由业主或物业使用人交纳；4. 公共维修金由业主交纳；5. 缴纳期限：每年3月10号之前交清当年的费用。"

2017年6月12日，被告邱某金向原告怡家园小区业主委员会交纳2017年1月至2017年12月的卫生费179元、公共维修金72元，2016年7月至12月的路灯绿化水电公摊17元。现被告邱某金欠缴2018年1月1日至2018年12月31日的卫生费、公共维修金及水电公摊费用。

【案件焦点】

1. 业主委员会自治物业管理中以业主大会或业主委员会会议形式作出的决议对业主生效的要件。

【法院裁判要旨】

福建省厦门市集美区人民法院经审理认为：本案系物业服务合同纠纷。根据《中华人民共和国物权法》第七十八条第一款的规定，业主大会或者业主委员会的决定，对业主具有约束力。同时第八十一条第一款规定，业主可以自行管理建筑物及其附属设施，也可以委托物业服务企业或者其他管理人管理。本案中，怡家园小区实行业主自治，由业主委员会自行管理怡家园小区，并经业主委员会会议决定卫生费为住宅房屋每月每平方米0.5元，公共维修金为每月每平方米0.2元的收费标准。可见，小区已依法订立自我管理规约，全体业主或物业使用人都应当依照管理规约的规定行使权利、履行义务。被告邱某金作为业主，应当依照管理规约行使权利并履行义务。被告邱某金辩称原告怡家园小区业主委员会的成立违反相关法律规定，日常管理服务中存在收费混乱等诸多问题，并且他人已代其交纳了300元的费用。被告邱某金的上述抗辩意见缺乏事实依据，法院不予采信。因此，原告怡家园小区业主委员会主张被告邱某金应支付2018年1月1日至12月31日的卫生费179元和公维金72元的诉讼请求，于法有据，法院予以支持。原告怡家园小区业主委员会主张被告邱某金支付2018年度水电公摊费36元，法院认为水电公摊费用系小区管理服务中必然产生的支出，结合被告邱某金上一年度的缴费情况，符合情理，法院予以支持。关于原告怡家园小区业主委员会主张的滞纳金实为违约金，被告邱某金逾期未缴交相关费用，已构成违约，应向原告怡家园小区业主委员会支付相应的逾期付款损失。公告中并未约定滞纳金的具体标准，原告怡家园小区业主委员会主张按日千分之三的标准计收缺乏依据，法院酌情调整为以欠缴总额287元为基数，自2019年3月11日起按年利率4%计算至实际付款之日止，对于原告怡家园小区业主委员会超出部分的主张，法院不予支持。

福建省厦门市集美区人民法院根据《中华人民共和国物权法》第七十八条第

一款、第八十一条第一款，《中华人民共和国合同法》第三十六条、第六十条、第一百零七条、第一百一十二条，《最高人民法院关于审理物业服务纠纷案件具体应用法律若干问题的解释》第六条，《中华人民共和国民事诉讼法》第六十四条第一款规定，作出如下判决：

一、被告邱某金应于本判决生效之日起十日内支付原告怡家园小区业主委员会2018年1月1日至12月31日的卫生费179元、公共维修金72元、水电公摊费36元及相应滞纳金（以欠缴总额287元为基数，自2019年3月11日起按年利率4%计至实际付款之日止）；

二、驳回原告怡家园小区业主委员会的其他诉讼请求。

【法官后语】

在日常小区管理中，大部分小区在物业管理中业主、业主委员会、物业服务公司矛盾重重，随着业主权利意识的增强及物业公司服务过程问题及矛盾的深化，业主委员会作为小区业主自治组织，逐步承担起自治管理、服务的职责，不少小区已经或正在尝试由业主委员会作为物业日常管理、服务者的自治模式，一方面，可以避免三方权利义务主体的权利义务纠葛；另一方面，可以落实业主自治的权利落实，对于此类模式的物业自治管理，相关法律及司法解释亦对此作出相应的规定，以期赋予业主自治的法律依据和法律规范。本案是一起典型的业主委员会自治管理小区而引发的催缴管理费用的纠纷，本案的争议焦点为：业主委员会自治物业管理中以业主大会或业主委员会会议形式作出的决议对业主生效的要件。可以借本案对业主委员会自治管理小区中存在的该问题做一个统一的认识。

业主大会作为业主行使自治权利的方式，虽能较大化实现业主自治，但其组织形式和决议形式的人员、周期调动的难度大，因此，我国相关法律亦规定业主可通过业主大会制定相应的小区业主管理公约，并设立业主委员会，将日常管理事项或者其他大项决定事宜授权由业主委员会行使，《中华人民共和国民法典》第二百八十条沿袭了《中华人民共和国物权法》第七十八条亦对业主大会、业主委员会决定的效力作出明确的规定，业主大会或者业主委员会的决定，对业主具有约束力。《物业管理条例》第十二条第四款亦规定业主大会或者业主委员会的决定，对业主具有约束力。本案中，被告辩称原告怡家园小区业主委员会的成立违反相关法律规定，日常管理服务中存在收费混乱等诸多问题，并以此为由拒绝缴纳物业费用。本案原告系经相关行政部门备案登记成立的业主委员会，被告邱某金未能举证证明原告主体资格不适格，故其抗辩理由不予采纳。另外，被告主张原告以决议形式规定物业收费标准没有效力，根据《中华人民共和国物权法》第七十八条第一款的规定，业主大会或者业主委员会的决定，对业主具有约束力。同时第八十一条第一款规定，业主可以自行管理建筑物及其附属设施，也可以委托物业服务企业或者其他管理人管理。本案中，怡家园小区实行业主自治，由业主委员会自行管理怡家园小区，并经业主委员会会议决定卫生费的收费标准为住宅房屋每月每平方米0.5元，公共维修金的收费标准为每月每平方米0.2元，上述事实已说明小区已依法订立自我管理规约，全体业主或物业使用人都应当依照管理规约的规定行使权利、履行义务。被告邱某金以原告主体资格有瑕疵，收费标准有问题为由提出抗辩，但均未能提出相应证据予以举证，故本案中不予采纳。

编写人：福建省厦门市集美区人民法院　黄月兰

46

业主房屋存在质量问题能否成为其拒交物业管理费用的合理抗辩理由

——明享公司禄劝分公司诉赵某物业服务合同案

【案件基本信息】

1. 裁判书字号

云南省禄劝彝族苗族自治县人民法院（2019）云0128民初2167号民事判决书

2. 案由：物业服务合同纠纷

3. 当事人

原告：明享公司禄劝分公司

被告：赵某

【基本案情】

2011 年 11 月 16 日，明享公司禄劝分公司与被告赵某签订《禄劝阳光尚居管理规约及物业服务协议》，约定明享公司禄劝分公司为阳光尚居小区提供物业服务，对小区建筑及公共服务设施的使用管理、日常维护、巡视检查；园林绿地的管理维修；环境卫生的管理服务；公共秩序的维护；入住管理；物业装饰装修施工监督管理；车辆行驶、停放的秩序维护及场地的日常维护；明享公司禄劝分公司向业主和物业使用人收取物业服务费、垃圾清运费、电梯运行费、生活用水二次加压及清洗水池费；被告住宅楼物业服务费的收费标准为每月每平方米 0.7 元、垃圾清运费每月 6 元、生活用水二次加压费每月 5 元、电梯运行费每月 20 元；物业服务费逾期按每日 3‰收取违约金。合同签订后，明享公司禄劝分公司为阳光尚居小区提供了物业服务。被告系禄劝阳光尚居小区 B 区住户，住房面积为 150.53 平方米。被告自 2018 年 1 月 1 日起至今的物业服务费未交纳。

【案件焦点】

被告所居住房屋存在墙面崩壳、漏水的质量问题成否成为被告拒交物业服务费的合理抗辩事由。

【法院裁判要旨】

云南省禄劝彝族苗族自治县人民法院经审理认为：原、被告签订的《禄劝阳光尚居管理规约及物业服务协议》是双方在平等、自愿的前提下签订的，并不违反法律、法规的强制性规定，是合法有效的合同，对被告具有约束力。现原告已按管理规约及物业服务协议的约定，提供了约定的管理服务，被告就应按约定，履行缴纳物业服务费，配合物业管理的义务。庭审中，被告确认上述期间的物业服务费尚未交纳，认可原告主张的具体金额。因此，原告要求被告支付物业服务费 3272 元有合同依据和事实依据，法院予以支持。关于原告主张的违约金 1267 元，因原、被告间并未约定交纳物业服务费的期限，被告可随时交纳，原告也可随时主张。故原告主张的违约金，法院不予支持。关于被告提出的所住房屋存在墙面崩壳、漏水的质量问题，造成该住户人身财产受到严重损害，经被告多次找原告反映至今未给合理说法，故拒交物管费的抗辩理由。根据《物业管理条例》第二条规定：“本条例所称物业管理，是指业主通过选聘物业服务企业，由业主和物业服务企业按照物业服务合同约定，对房屋及配套的设施设备和相关场地进行维修、养护、管理，维护物业管理区域内的环境卫生和相关秩序的活动。”据此规定，原告的职责主要是对公共配套设施和相关场地进行维修、养护、管理。就本案具体事实而言，被告称所居住房屋存在墙面崩壳、漏水的质量问题，属另一法律关系，不宜在本案进行评判；且物业服务企业系对整个物业服务区域提供长期持续的环境卫生、安保、公共设施维护维修等服务工作，并非针对某一个特定业主或物业使用人，物业服务企业不能因为部分业主或物业使用人不支付物业服务费而停止物业服务。由于物业服务针对物业服务区域内的全体业主或物业使用人，物业服务和特定业主支付物业服务费之间并非对待给付关系，某一具体时间、事件的具体物业服务瑕疵不能当然成为业主或物业使用人拒交物业服务费的合法抗辩事由，故法院对被告的抗辩理由不予支持。

云南省禄劝彝族苗族自治县人民法院依照《中华人民共和国合同法》第八条、第六十条、第一百零七条，《中华人民共和国民事诉讼法》第六十四条，《物业管理条例》第二条之规定，作出如下判决：

一、赵某于本判决生效之日起十五日内给付明享公司禄劝分公司自2018年1月1日起至2019年12月31日止的物业服务费3272元；

二、驳回明享公司禄劝分公司的其余诉讼请求。

【法官后语】

物业服务收费，是物业企业按照物业服务合同约定，对房屋及配套设施和相关场地进行维修、养护、管理、维护相关区域内的环境卫生和秩序，向业主所收取的费用。物业管理服务收费是物管的重要支撑点，是直接关系业主、使用人和物业公司利益的敏感问题。但国内物业服务收费规范仍存在诸多尚待完善之处，即物业收费政府调控机制不完善，包括物业服务收费政府指导价制度的不完善和物业服务市场调节价制度的不完善；物业管理收费主体严重错位；物业收费的监督机制不到位等。因物业管理服务市场存在“市场失灵”和“社会成本”，需要政府这只“看得见的手”来予以干预。

在实际生活中，大多时候业主处于弱势地位，在物业管理服务合同纠纷案件中，由于行业规范性不足，开发商与物业管理公司是何种关系、如何组建业主委员会、物业管理如何收费等，基本无章可循。实践中，业主与物业管理公司签订的合同条款不完善，双方的责、权、利不清楚，不仅容易发生纠纷，且出现纠纷后业主常常处于不利一方。在本案中，被告无法举证证实其损失的产生系物业不当所致而无法成为其合理的抗辩理由。如何举证证实物业公司物业管理不当是实际审判中的一大难题。

对于业主拒交物业服务费纠纷的法律解决机制，在审判中必须要区别情况处理，若物业企业服务质量不符合约定致使业主拒绝交费，业主行为属于合理抗辩，此时应据物业企业服务质量状况，驳回其要求业主交费之请求或者适当减少业主应交服务费。若开发商未履行完整开发义务致使业主以拒交物业服务费抗辩，应要求开发商继续履行开发义务；若开发商无法继续履行开发义务，应对相关业主给予相应政府救济。

编写人：云南省昆明市禄劝彝族苗族自治县人民法院　韩笑

47

物业服务瑕疵业主能否拒交物业费

——银杏物业公司诉朱某物业服务合同案

【案件基本信息】

1. 裁判书字号

湖北省宜昌市远安县人民法院（2019）鄂0525民初1079号民事判决书

2. 案由：物业服务合同纠纷

3. 当事人

原告：银杏物业公司

被告：朱某

【基本案情】

2013年3月12日原告银杏物业公司登记设立，同年3月26日远征公司与原告银杏物业公司签订《物业管理服务协议》，约定由原告银杏物业公司进行前期物业管理服务，住宅物业管理服务费0.45元/月/平方米。此后原告银杏物业公司在银杏华庭小区进行物业管理服务。后因与银杏华庭小区业主矛盾重重，原告银杏物业公司于2019年3月30日退出银杏华庭小区。被告朱某于2012年9月26日与远征公司签订《商品房买卖合同》，购买银杏华庭小区×栋×单元××室房屋，合同约定了物业服务费用项目及价格，其中物业费暂定0.45元/月/平方米，垃圾处置费60元/年。房屋实际面积116.32平方米。购房后被告朱某母亲交纳了截至2015年12月30日的物业费。自2016年1月起，被告朱某以小区到处张贴有小广告、消防设备不完整、可视门损坏、绿化无人管理等为由，认为原告银杏物业公司未尽到物业管理责任，未再交纳物业费。截至2019年3月30日，被告朱某共欠物业费2236元（其中2016年，116.32平方米×0.45元/平方米/月×12月+60元=688元；2017年，116.32平方米×0.45元/平方米/月×12月+60元=688元；2018年，116.32平方米×0.45元/平方米/月×12月+60元=688元；2019年，116.32平方米×0.45元/平方米/月×3月+15元=172元），经原告银杏物业公司多次催收未果，故提起诉讼，要求被告支付物业费、违约金共计3083.24元，其中，物业费2236元，违约金847.24元。

【案件焦点】

1. 原告银杏物业公司是否具有收取物业费的资格；2. 被告朱某是否应当支付物业费；3. 本案是否超过诉讼时效。

【法院裁判要旨】

湖北省宜昌市远安县人民法院经审理认为：第一，原告银杏物业公司是否具有收取物业费的资格。《最高人民法院关于审理物业服务纠纷案件具体应用法律若干问题的解释》第一条规定，建设单位依法与物业服务企业签订的前期物业服务合同，以及业主委员会与业主大会依法选聘的物业服务企业签订的物业服务合同，对业主具有约束力。业主以其并非合同当事人为由提出抗辩的，人民法院不予支持。原告银杏物业公司是依法成立的物业服务企业，与建设单位远征公司签订了《物业管理服务协议》，并按照协议对银杏华庭小区进行物业管理服务，双方之间的前期物业合同对全体业主均产生效力，其有权依据合同约定向业主收取物业费。

第二，被告朱某是否应当支付物业费。根据银杏物业公司与远征公司签订的

《物业管理服务协议》以及远征公司与被告朱某签订的《商品房买卖合同》的约定，原告银杏物业公司作为物业服务企业，已经提供了合同约定的物业服务，虽然在提供物业服务的过程中存在一定不足和瑕疵，但并未构成根本违约，不能成为被告朱某拒付物业费的理由，被告朱某应当及时支付物业管理费。被告朱某认为原告银杏物业公司在某些方面未尽到管理和维护义务，可以请求其承担继续履行、采取补救措施的违约责任。关于违约金，原告银杏物业公司主张的标准日万分之五过高，依法应予调整，其在庭审中同意按照银行同期贷款利率计算，该计算标准合情合理，法院予以采纳。

第三，本案是否超过诉讼时效。被告朱某自 2016 年起未再交纳物业费，按照惯常理解，业主应在服务年度内及时交纳物业费，即被告朱某应在 2016 年 12 月 30 日以前缴清当年物业费，故 2016 年的物业费诉讼时效应自 2016 年 12 月 30 日起算，至今并未超过 3 年的诉讼时效，且原告银杏物业公司亦多次通过张贴公告等方式进行了催收，故对被告朱某该抗辩意见，法院不予采纳。

综上，湖北省宜昌市安远县人民法院依照《中华人民共和国合同法》第六十条、第一百零七条，《最高人民法院关于审理物业服务纠纷案件具体应用法律若干问题的解释》第一条之规定，作出如下判决：

一、被告朱某欠原告银杏物业公司物业费 2236 元，并支付违约金 122 元；

二、驳回原告银杏物业公司的其他诉讼请求。

【法官后语】

一个生活幸福的小区是需要物业和广大业主共同努力才能建成的。大多数人花光所有积蓄甚至负债购房，旨在为自己谋求一个更好的生活环境。物业服务企业在小区存在的意义就是为所有业主提供公共服务，来维护好小区的日常秩序，营造好的环境，但不可忽视的是，物业服务企业亦是一个企业，摆脱不了企业的盈利目的。因此，交纳物业费与提高服务质量是相辅相成的，物业服务质量提高了，业主才能高高兴兴地交纳物业费，反过来，业主及时交纳物业费，物业服务企业才有充足的资金来雇员、购买服务等以高质量地完成物业服务。

然而在现实生活中，很多业主却认为物业不作为而拒交物业费。物业与业主之间成立物业服务合同关系，物业提供服务，业主支付物业费。按照合同有关法律的一般精神，物业一方根本违约时，作为合同另一方的业主是可以拒交物业费的。什么叫作根本违约，也就是物业未履行合同义务达到一定的程度，严重不履职的行为。物业服务一般包括公共卫生、绿化维护、治安管理等，只有在物业完全不提供服务，或提供服务严重不达标的情况下，业主才能拒交物业费。本案中，业主认为小区有时候出现垃圾未及时清理、小区有贴小广告等现象而拒付物业费，不能视为物业根本违约，而作为其拒交物业费的理由。物业已经为小区业主提供了物业服务，而小区业主亦享受了该服务，虽然服务质量不尽人意，但是不能完全否定物业的付出，业主亦应当支付物业费，同时可以采取其他的方式来督促物业提高服务质量。

在此，要提醒广大业主，物业服务企业不履行或者不完全履行物业服务合同约定的或者法律、法规规定以及相关行业规范确定的维修、养护、管理和维护义务，业主可以请求物业服务企业承担继续履行、采取补救措施或者赔偿损失等违约责任。但是不能以消极地拒绝缴纳物业费来对抗，这样既无合法依据也非明智之举，甚至还要承担相应的违约责任，得不偿失。

编写人：湖北省宜昌市远安县人民法院　杨舒

48

物业公司服务是否达到合同约定标准的举证责任分配与裁判尺度

——嘉越公司诉苏某物业服务合同案

【案件基本信息】

1. 裁判书字号

天津市蓟州区人民法院（2019）津0119民初5491号民事判决书

2. 案由：物业服务合同纠纷

3. 当事人

原告：嘉越公司

被告：苏某

【基本案情】

在2009年10月26日，嘉越公司与华利得公司签订了《天津市住宅前期物业服务合同》，约定嘉越公司为该公司开发的乐园公寓二期提供前期物业管理服务；合同期限自2009年10月26日始，至本物业首次业主大会确定物业管理服务企业，并签订《物业管理服务合同》之日止，至今未签订新的物业服务合同。合同签订后，嘉越公司如约为乐园公寓二期提供物业管理服务。嘉越公司所提供的物业管理服务，在一些方面存在瑕疵。苏某是乐园公寓二期××号房屋业主，苏某接受了嘉越公司提供的物业管理服务，却未如约向嘉越公司交纳物业费，拖欠了嘉越公司2017年11月至2019年3月的物业费1746.5元。嘉越公司向苏某催要过物业费，苏某未予给付，故嘉越公司提起本案诉讼。苏某以嘉越公司不作为，未如约为业主提供物业管理服务，不同意交纳物业费。为证明其主张，苏某提交了照片24张和视频一段。问题包括：卫生做得不达标；绿化管理有问题；公共设施方面没进行及时修理；保安晚上睡觉；电梯间、小区里贴满广告、电视屏播放广告等是以营利为目的；将绿地改为停车位收费。

【案件焦点】

1. 苏某提交的嘉越公司服务不符合约定标准的证据是否充分；2. 关于用小区内收取的广告位费用置换公共设施是否合法。

【法院裁判要旨】

天津市蓟州区人民法院经审理认为：物业管理服务是综合性事务，项目多，范围广，个别之处存在瑕疵在所难免。物业管理服务是面向整个小区，时间上具有连续性，不能以小区个别区域和某一时间段的物业管理服务存在瑕疵而否认整体的物业管理服务水平。苏某身为小区业主，本该协助物业公司改进服务，提高水平，却以拒交物业费的方式对抗原告提供的物业管理服务中存在的瑕疵，不仅不利于小区物业的健康发展，如果扩散开来，还可能导致恶性循环，最终影响包括被告自己在内的小区全体业主的正常生活秩序。

嘉越公司在小区内设广告位，与广告公司签订以物抵租赁费的广告合同。法律规定，物业公司可以利用公共部位从事经营活动，物业服务企业代表业主大会收取的相关收益，主要用于补充专项维修资金、改善共用设施设备，也可以按照业主大会的决定使用。嘉越公司在开发商没有在电梯内安装摄像头，小区内座椅严重老化，而且没有相关经费使用的客观情况下，利用电梯内公共部位和小区座椅等设广告牌，是以物折抵广告费用的变通方式，系对小区进行的经营管理，但此行为未经业主大会或相关业主同意，程序上存在瑕疵。虽然没有经过业主大会或相关业主同意，但考虑主观上也是为了给小区增购公共设施，以变通的方式对小区进行的经营管理，且电梯内广告投入时业主大会还未成立。苏某以嘉越公司提供的物业管理服务中存在瑕疵为由拒交物业费不能成立，法院不予支持。嘉越公司请求苏某给付物业费1745.9元，低于朱某杰实际拖欠的数额1746.5元，属于嘉越公司对其权利进行处分，法院照准。

嘉越公司提供的物业管理服务存在瑕疵，故对其要求苏某支付违约金的诉讼请求，法院不予支持。天津市蓟州区人民法院依照《中华人民共和国合同法》第一百零九条、《最高人民法院关于审理物业服务纠纷案件具体应用法律若干问题的解释》第六条、《天津市物业管理条例》第五十条之规定，作出如下判决：

一、苏某给付嘉越公司自2017年11月1日起至2019年3月31日止的物业费1745.9元，于判决生效后七日内付清；

二、驳回嘉越公司其他诉讼请求。

【法官后语】

城市化进程加快，但居民对物业服务范围并不十分清楚，且有偿服务意识不强，加之物业服务合同中也很难对服务标准作出明确约定，服务水平也因为业主个人感受差异而很难统一。导致矛盾增加，物业诉讼案件高速增长。

1. 分情况适用“过错推定”原则

业主以物业企业管理与服务存在瑕疵为由拒交物业服务费的抗辩理由。对于业主仅提供局部的照片作为证据，不具有连续性，不能达到证明目的。法院综合考虑业主在诉讼中取证存在诸多困难，其无法对物业公司的服务情况查阅相关资料，所举证据种类单一、随意性大、证明力不强。由于业主缺乏法律知识，法官有必要充分行使释明权，指导其举证和参加诉讼。物业服务地区差异较大，服务项目广，不适合普遍适用“过错推定”原则。但对于物业服务完善地区，法院应对物业公司适用“过错推定”原则，物业公司应对基础职能先行举证，提交关于日常清洁记录、巡逻记录、门口安保登记、车辆管理记录、政府考核评价、绿化养护、公共维护及违建告知等证据，未提交的部分承担举证不能的法律责任。

2. 法院谨慎使用物业费的自由裁量权，鼓励业主自治

现阶段社区、居委会对小区管理权能有限，业主委员会履职又缺乏制度保障，多数小区主要依靠物业公司进行治理和维护。但物业公司作为企业，并没有行政管理的职能，造成多数小区物业服务介于管理与服务之间，很难达到平衡。法院在这方面应当谨慎行使自由裁量权。一方面，综合考虑小区的客观条件，当地物业服务整体水平、服务瑕疵的影响程度，以鼓励小区自治为主，对于物业公司主动为公共利益的作为，不能拘泥于程序条件，要积极鼓励。另一方面，小区物业纠纷涉及业主较多，容易形成群体性事件，法院不应擅自在个案中免除或者降低物业费标准，势必影响物业公司的服务和运行。对于物业公司服务明显服务不达标的，法院应积极判决，纠正违法行为。

3. 业主应正确行使权利

物业管理服务是综合性事务，项目多，范围广，个别之处存在瑕疵在所难免。物业管理服务面向整个小区，时间上具有连续性，不能以小区个别区域和某一时间段的物业管理服务存在瑕疵而否认整体的物业管理服务水平。业主应提高自治意识，积极通过业主委员会对小区进行管理，充分发挥业委会的自治作用。在对物业公司提供服务存在异议时，应及时通过业委会向物业公司提出意见、建议，尽量通过协商方式解决问题，必要时可提议召开业主大会解聘现有物业公司，重新选聘新的物业公司。业主不宜采取拒交物业费的方式解决问题，此举不仅不利于小区物业的健康发展，如果扩散开来，还可能导致恶性循环，最终影响包括被告自己在内的小区全体业主的正常生活秩序；物业公司在收到业主的投诉和建议后，也应积极、及时地为业主解决问题，不断改进与完善物业服务，以获取业主的认可，通过业主和物业公司之间良好的沟通交流和双方的共同努力，才能形成物业服务的良性循环，建立美好舒适的小区环境。

编写人：天津市蓟州区人民法院　艾世尧

十三、中介合同

49

购房参团费能否认定为居间服务报酬

——贾某诉房红包公司等居间合同案

【案件基本信息】

1. 裁判书字号

北京市第三中级人民法院（2019）京03民终11576号民事判决书

2. 案由：居间合同纠纷

3. 当事人

原告（上诉人）：贾某

被告（被上诉人）：房红包公司、荣盛公司、意家公司

【基本案情】

2017年3月22日、3月29日，贾某分别将1万元、112914元转至房红包公司账户，作为贾某购买荣盛公司开发的荣盛未来城××号房的定金、首付、公共维修基金、运营保证金、参团费。同年9月7日，商盛公司出具收据，收据载明收到贾某交来未来城××号房的运营保证金27899元。2018年1月12日，荣盛公司出具收据，收据载明收到贾某交来未来城××号房的定金首期52437元。同月20日，房红包公司出具收据，收据载明收到贾某交来××号房的参团费4万元。同年5月4日，在唐山市丰南区人民法院的主持下当事人自愿达成协议：贾某与荣盛公司解除双方关于荣盛未来城××号房屋买卖合同关系，荣盛公司返还贾某购房款47193

元，余款5244元不再返还，商盛公司退还贾某因购房而支付的运营保证金27899元，荣盛公司唐山分公司在贾某办理完撤约后3日内与贾某共同到丰南住建局办理公共维修基金2578元退费手续。关于该4万元“参团费”，贾某认为：该费用并不包括在其支付的购房款中，贾某的全部看房、选房、购房，均是在荣盛公司的销售人员的指引下进行的，从未接触过房红包公司、意家公司的任何人员，也从未与房红包公司、意家公司签订任何协议，不存在事实和法律上的关系，房红包公司、意家公司收取贾某的4万元已经构成了法律上的不当得利，应当退还。房红包公司认为：参团费系居间服务费，贾某通过刘某华的渠道找到房红包公司，刘某华正是房红包公司的下属销售渠道；房红包收取的费用中，大部分的资金也由房红包公司转到了刘某华账户，贾某实际享受到了购房优惠；贾某与荣盛公司签约表明贾某已成功购房，房红包公司的居间服务义务已经履行完毕，贾某因个人原因导致房屋买卖合同解除，否认房红包公司在其购房时期提供的居间服务的全部劳动成果，有违诚信和公平原则。庭审中，荣盛公司表示原告是房红包公司推荐给意家公司，意家公司又推荐给荣盛公司的团购客户，已经享受了团购优惠。

【案件焦点】

房红包公司与贾某之间是否形成居间合同法律关系，以及房红包公司收取的“参团费”是否属于居间服务报酬。

【法院裁判要旨】

北京市密云区人民法院经审理认为：根据《中华人民共和国民事诉讼法》的规定，当事人有答辩并对对方当事人提交的证据进行质证的权利，本案被告意家公司经法院依法传唤，无正当理由拒不出庭应诉，视为其放弃了答辩和质证的权利。庭审中，贾某陈述其从未接触过房红包公司、意家公司的任何人员，但在购买商铺时确将十余万元购房款等款项直接支付给房红包公司。这显然不符合常理。另外，荣盛公司在庭审中表示贾某是房红包公司推荐给意家公司，意家公司又推荐给荣盛公司的团购客户，已经享受了团购优惠。因此可以认定贾某通过房红包公司购买了荣盛未来城房屋，并已经享受了购房优惠。房红包公司在贾某购房的过程中提供了服务，收取了团购费，并非没有事实依据，故贾某向房红包公司主张团购费系不当得利并要求退款之诉讼请求，没有事实和法律依据，法院不予支持。该笔4万元团购费，收款人系房红包公司，贾某主张荣盛公司、意家公司返还承担连带责任，于法无据，法院亦不予支持。

北京市密云区人民法院依照《中华人民共和国民事诉讼法》第六十四条第一款之规定，作出如下判决：

驳回原告贾某的诉讼请求。

贾某不服原审判决，提起上诉。

北京市第三中级人民法院经审理认为：第一，关于房红包公司与贾某之间是否形成居间合同法律关系。《最高人民法院关于适用〈中华人民共和国民事诉讼法〉的解释》第九十条规定，当事人对自己提出的诉讼请求所依据的事实或者反驳对方诉讼请求所依据的事实，应当提供证据加以证明，但法律另有规定的除外。在作出判决前，当事人未能提供证据或者证据不足以证明其事实主张的，由负有举证证明责任的当事人承担不利的后果。房红包公司虽主张为贾某房屋买卖提供了居间服务，并促成了贾某与荣盛公司签订房屋买卖合同，但其未提供书面的居间合同或双方达成口头合同的证据，也未能提供证据证明其为贾某实际提供了居间信息服务，故在无其他证据予以佐证的情况下，不能认定双方形成居间合同法律关系。

第二，关于房红包公司收取的“参团费”性质是否属于居间费。根据庭审各方的陈述，房红包公司收取贾某参团费 4 万元实际是为了贾某在购房过程中能够享受购房优惠，该费用的性质与普通的居间报酬有别，并非仅为提供团购折扣信息的报酬，房红包公司所负的义务也不应仅是在订立房屋买卖合同时使买受方按照优惠价格购买商品房，还应使买受方能够通过合同的履行实际享受到减免房屋价款的优惠，否则买受方支付参团费的目的无法实现。鉴于贾某与荣盛公司之间的房屋买卖合同关系已解除，贾某实际未能享受到购房优惠，故房红包公司应将参团费退还给贾某。一审法院对此事实认定有误，法院予以更正。但贾某主张要求支付参团费利息的请求，缺乏法律依据，法院不予支持。

贾某上诉主张荣盛公司与房红包公司存在销售代理关系，两公司共同隐瞒了房屋系违法售后包租的事实，故荣盛公司作为被代理人应承担连带返还责任，对此未举证证明，荣盛公司亦不予认可，而且房红包公司庭审陈述收取的参团费 4 万元一部分支付给其下属渠道销售商刘某华，剩余款项归房红包公司所有，荣盛公司并未实际收取该费用，故荣盛公司不应承担连带返还责任，法院对贾某该项主张不予支持。贾某主张意家公司应承担返还责任，缺乏事实及法律依据，法院亦不予支持。综上所述，贾某的上诉请求部分成立。一审判决认定事实错误，法院依法予以纠正。

北京市第三中级人民法院依照《中华人民共和国合同法》第九十四条、第九十七条、第四百二十四条，《中华人民共和国民事诉讼法》第一百七十条第一款第二项之规定，作出如下判决：

一、撤销北京市密云区人民法院（2019）京0118民初367号民事判决；

二、房红包公司于本判决生效后十日内返还贾某参团费4万元；

三、驳回贾某的其他诉讼请求。

【法官后语】

本案的主要争议焦点是房红包公司收取的“参团费”性质是否属于居间服务报酬。参团费应当如何认定？能否认定为居间合同服务报酬呢？这需要对居间合同的构成要件及合同双方的权利义务进行分析。

《中华人民共和国合同法》第四百二十四条规定：“居间合同是居间人向委托人报告订立合同的机会或者提供订立合同的媒介服务，委托人支付报酬的合同。”居间合同具有以下特征：

1. 合同标的不是法律行为，而是介绍订约的劳务，即居间人向委托人报告订立合同的机会或者提供订立合同的媒介服务。

2. 居间人在委托人与第三人订立的合同中既非当事人，亦非任何一方的代理人，而是中间媒介人。居间人对委托人与第三人之间的合同没有介入权。居间人只负责向委托人报告订立合同的机会或者为委托人与第三人订约居中斡旋，传达双方意思，起牵线搭桥的作用，对合同没有实质的介入权。

3. 居间合同是双务、有偿、诺成合同。居间人只有在居间产生有效结果时才可请求报酬给付。双方当事人约定居间人的报酬，居间人的报酬标准，国家有限制规定的，当事人约定的报酬额不能超过国家规定的最高标准。居间合同报酬的给付义务有两种情况：一是报告居间，因居间人仅为委托人报告订约机会，并不与委托人的相对人发生关系，所以报告居间仅由委托人承担给付义务；二是媒介居间，因为交易双方当事人都因为居间人的媒介而得益，所以，除另有约定外，由双方当事人平均负担居间人的报酬。居间人行使报酬请求权采取报酬后付，即以合同因其报告或媒介成立而为限。合同未成立的，不得请求报酬；合同虽成立但无效时，居间人也不能请求报酬。此外，居间人还享有费用偿还请求权。居间人所需费用，通常包括在报酬内，居间活动的费用一般由居间人负担，非经特别约定，居间人不得请求偿还费用。但当事人在居间合同中约定由委托人承担费用的，居间人对其已付的费用有偿还请求权。

从以上对居间服务合同特征及当事人的权利义务的分析来看，参团费不应当属于居间服务报酬。居间服务报酬是居间人向委托人报告订立合同的机会或者提供订立合同的媒介服务而获取的佣金。而购房者支付参团费的目的不在于获取合同订立的机会或者享受与合同订立相关的媒介服务，其主要目的在于要享受到合同订立之后的支付价款优惠服务。这是两种不同性质的服务。本案中，贾某向房红包公司支付的4万元参团费，实际上是为了在购房过程中享受购房优惠，故该费用的性质与居间报酬不同。因此，当贾某与荣盛公司之间的房屋买卖合同解除，贾某实际未能享受到购房优惠时，房红包公司应当将参团费退还给贾某。

编写人：北京市密云区人民法院　徐秀丽

50

房屋买卖居间合同中居间人分成定金罚则赔偿条款的效力认定

——佳惠中介服务部诉王某峰、严某居间合同案

【案件基本信息】

1. 裁判书字号

江苏省南通市崇川区人民法院（2019）苏0602民初2003号民事判决书

2. 案由：居间合同纠纷

3. 当事人

原告：佳惠中介服务部

被告：王某峰、严某

【基本案情】

2018年5月16日，案外人（甲方）邱某、曾某强与被告（乙方）王某峰、严某及原告（丙方）佳惠中介服务部签订一份房地产买卖合同，由案外人邱某、曾某强将其所有的坐落于南通市崇川区瑞丰花园××室房屋及××号车库出卖给两被告，房屋建筑面积为124.2平方米，车库面积为10.08平方米，成交总价为150万元。合同签订时，乙方支付5万元作为购房定金。合同第四条约定，甲、乙双方在本合同签订之日，乙方支付1.2万元给丙方作为佣金。合同第八条约定，在本协议履行过程中，由于甲、乙双方或单方面原因导致上述房产产权不能正常过户或买卖未能成交，则违约方承担责任，丙方收取的佣金不再退还。合同第九条第一项约定违约责任，甲方违约，双倍赔偿定金（含定金），其中80%归乙方，20%归丙方。此外，合同及补充条款还就面积差异处理、过户手续办理、争议解决方式、贷款等事项进行了约定。在上述合同履行过程中，买卖双方均未向原告支付任何中介费。

诉讼中，原告提交一份被告（买方）与案外人曾某强（卖方）签订的协议，协议中载明被告放弃购买案外人名下房屋，案外人赔偿被告壹拾万元（含购房定金），证明因案外人邱某、曾某强的违约，赔偿给两被告10万元的事实。被告王某峰确认了协议的真实性，称其已与案外人达成协议，且案外人也已依据合同履行付款义务。

【案件焦点】

原、被告双方在房屋买卖合同中关于居间人分成定金罚则赔偿之约定是否有效。

【法院裁判要旨】

江苏省南通市崇川区人民法院经审理认为：原、被告与案外人邱某、曾某强三方签订的房地产买卖合同约定了原告作为中介方所享有的相应权利，且三方未另外签订居间合同，故该合同实际上是集居间服务与买卖一体的三方合同，内容未违反法律、法规等强制性规定，应为有效。双方当事人应当全面履行合同约定的义务。

原告主张按照合同第九条约定，卖方违约，双倍赔偿定金（含定金），其中80%归被告方，20%归原告方。现案外人（卖方）违约，并已赔偿10万元给被告方（买方），其应取得其中20%（2万元）。被告抗辩原房地产买卖合同关于卖方违约后赔偿金20%给中介的条款无效。法院认为，该条款属于房屋买卖合同中的一部分，不属于居间合同的范畴。根据合同相对性原则，房地产买卖中一方违约，另一方享有追究其违约责任并要求赔偿的权利，中介方作为居间方，不享有追究房屋买卖合同中卖方违约责任的权利。案涉合同系由中介方提供的格式合同，该条款的约定客观上加重了作为守约方买方的责任，应属无效。故对原告要求被告按照合同第九条约定给付2万元的主张，法院难以支持。

考察三方签订的房地产买卖合同，原、被告之间构成居间合同关系。居间合同是居间人向委托人报告订立合同的机会或者提供订立合同的媒介服务，委托人支付报酬的合同。本案中，原告佳惠中介服务部最终促成被告与案外人签订房地产买卖合同，已履行自身的居间义务，居间合同的目的已经成就，被告理应支付报酬。被告抗辩原告作为中介并没有最后促成合同的履行，除签订了房地产买卖合同外，并未提供实质上的中介服务，被告无须支付中介佣金，于法无据，法院亦难采信。但房屋买卖的居间行为除促成买卖双方签订合同外，还应包括后续办理银行按揭贷款、房屋过户交接、税费缴纳等一系列事项。故中介服务费应与上述中介服务内容相对应，鉴于案涉买卖合同未实际履行完毕，法院依据公平原则以及权利义务相一致原则，酌定将中介费调整为1万元。另被告严某经法院合法传唤，无正当理由拒不到庭，视为对相关诉讼权利的放弃，法院可就查明的事实依法作出判决。

江苏省南通市崇川区人民法院依照《中华人民共和国合同法》第六十条、第四百二十四条、第四百二十六条，《中华人民共和国民事诉讼法》第一百四十四条之规定，作出如下判决：

一、被告王某峰、严某自本判决生效之日起十日内给付原告佳惠中介服务部1万元；

二、驳回原告佳惠中介服务部的其他诉讼请求。

【法官后语】

1. 法律并不禁止居间人预设违约条款来制约房屋买卖双方的失信行为

房屋买卖居间过程中，居间方通常会面临两种权利风险，一是“跳单”现象的产生，二是买卖双方违约带来的法律风险。在第一种情况下，为保护自身的合法权益，防止“跳单”行为的产生，居间方通常会设立禁止“跳单”格式条款并约定相应的违约金赔偿。该类条款设立目的在于防止买卖双方利用中介公司提供的房源信息却有意“跳过”中介方购买房屋，从而使中介公司无法得到应得的佣金。该类条款既未免除居间人义务，亦未加重当事人责任。因此，该类条款虽为格式条款，但并不必然无效，当事人应受其约束。

在第二种情况下，居间人在房屋买卖居间合同中约定，若买卖双方中一方违约，致使房屋买卖合同不能正常履行，违约方不仅需赔偿守约方损失或违约金，亦需向居间方承担违约责任。在此类条款中，守约方因违约方的单方撕毁合同条款而蒙受损失，可依据合同约定向违约方主张违约金或赔偿损失，而此违约行为也必然会导致居间服务合同中权利实现障碍，居间方服务时限的增加，居间成本的提升，更增添许多不可预知的风险，故违约方除需向守约方承担买卖合同违约责任外，亦需向居间方承担相应违约责任，两种违约责任的赔偿范围不存在竞合。但另一方面，若居间方预设违约条款中约定的违约金过分高于损失时，法院亦可依申请予以调整。此外，根据权利义务一致性原则，若居间方无法完全履行合同约定的如协助过户等附随义务，委托人亦可根据合同实际履行情况，请求法院调整中介费。诸如本案中，佳惠中介服务部原定居间报酬 1.2 万元，但因为委托人毁约致使办理银行按揭贷款、过户房屋、税费缴纳等附随义务未履行，法院酌定调整中介费为 1 万元，符合公平原则。

2. 居间人分成定金罚则赔偿之约定因侵害守约方合法权益而无效

如前文所述，法律虽保护居间方制定违约条款维护自身权利，但也禁止居间方权利滥用，损害买卖双方合法权益的行为。定金罚则作为《中华人民共和国担保法》中一项法定权利，是指当事人可以约定一方向对方给付定金作为债权的担保，结合《中华人民共和国合同法》的相关规定，债务人履行债务后，定金应当抵作价款或回收。给付定金的一方不履行约定的债务的，无权要求返还定金；收取定金的一方不履行约定的债务的，应当双倍返还定金。在房屋买卖居间合同中，若居间方合理运用定金罚则，既能保证交易的流畅性，提高交易的成功率，又起到了警示和惩戒违约方的作用。但倘若居间方滥用法律赋予的权利，通过预设违约条款之便利，将定金罚则中本应属于买方应享有的法定赔偿中，分出一部分归居间方自身享有，在本质上侵害了守约方的固有法定权益，理应受到法律的规制。譬如本案中，居间方约定，“若卖方违约，双倍赔偿定金，其中80%归买方，20%归居间方”。此条款的设立符合格式条款特征，第一，该条款具备格式条款预设性与定型化特征。此条款是预先制定出来，合同相对人不直接参与合同的制定，且此条款具有稳定性与不变性，买卖双方只能表示完全的接受或者拒绝，并没有选择修改或变更合同内容的权利；第二，此条款效力应属无效，因为《中华人民共和国合同法》第四十条规定，提供格式条款的一方免除责任、加重对方责任、排除对方主要权利的，该条款无效。上述条款直接排除了作为合同守约方依据定金罚则求偿的权利，加重了守约方义务。退一步而言，根据合同相对性，居间人并不是买卖合同的当事人，亦不受定金条款的约束，即使居间人具有移转或者占有定金的基础，亦是根据居间人与买受人的代理关系或居间人与出让人的保管合同关系，居间人并无定金处置的权利，则也无分成定金罚则赔偿的权利。

另外，值得注意的是，合同当事人有权在法律规定的范围内处分自己的民事权利和诉讼权利，这是《中华人民共和国合同法》中意思自治原则的体现，故当事人明确放弃自身合法权益的条款应属有效。例如，若居间方与买卖双方在合同订立时，通过磋商自行约定补充条款，允许居间方分成定金罚则，该条款效力应属有效。

编写人：江苏省南通市崇川区人民法院　范纪强　黄晨阳

51

无书面合同情形下居间合同主体的认定

——嘉松公司诉新八公司、罗某吉居间合同案

【案件基本信息】

1. 裁判书字号

湖北省武汉市中级人民法院（2019）鄂01民终12459号民事判决书

2. 案由：居间合同纠纷

3. 当事人

原告（被上诉人）：嘉松公司

被告（上诉人）：新八公司

被告：罗某吉

第三人：艾特公司

【基本案情】

被告罗某吉为被告新八公司的项目经理。新八公司作为委托人，曾多次与原告嘉松公司签订居间合同，由原告嘉松公司为新八公司在承接建筑工程中提供居间服务。2013年2月7日、2014年1月29日，罗某吉先后两次向原告嘉松公司的法定代表人曹某惠汇款7万元、4.5万元。2012年4月19日，艾特公司与新八公司签订《湖北省建筑工程施工合同》及《建筑施工合同补充协议》，艾特公司为发包方，新八公司为承包方，新八公司加盖公司印章，罗某吉签字。2012年8月21日，艾特公司与新八公司签订《水电施工合同》，新八公司没有盖章，仅有罗某吉签字。2013年7月15日，艾特公司与新八公司签订《公租房外墙及屋面施工补充合同》，新八公司没有盖章，仅有罗某吉签字。

2015年7月2日，原告嘉松公司制作《回款说明》一份，上面写明："罗某吉就艾特纸业项目应支付嘉松公司27万元（前期费用2万元、信息管理费27万元），

2012年9月至2014年1月已支付了19.5万元，还剩10万元未支付给嘉松公司。2012年9月3日支付3万元、2012年11月28日支付3万元、2013年2月7日支付7万元、2013年9月10日支付2万元、2014年1月29日支付4.5万元，合计19.5万元”。被告罗某吉在该《回款说明》落款处写明“欠7.5万元。2015年7月2日罗”。在2017年8月17日的庭审中，原告代理人嘉松公司的尹某询问罗某吉，“回款证明里的签名罗是不是你签的”？罗某吉表示，“不知道。我就一句话，不知道”。原告嘉松公司诉讼请求为判令：（1）两被告支付拖欠的信息管理费6.5万元；（2）两被告支付原告6.5万元的利息损失7800元（按中国人民银行同期贷款利率自2015年7月2日起计算至2017年7月24日起诉之日止）。

【案件焦点】

案涉居间合同是否成立、主体如何认定。

【法院裁判要旨】

湖北省武汉市洪山区人民法院经审理认为：原告嘉松公司与被告新八公司成立居间合同，新八公司应当按照合同约定支付居间报酬。理由如下：第一，罗某吉在2017年8月17日原一审庭审中，对回款说明中的签字是否为本人所签，没有作明确否定，也没有提出鉴定申请。2019年9月3日开庭时，罗某吉虽然否定是其签名，但并未提出鉴定申请。根据民事证据规则，法院认定回款说明中的签字为罗某吉本人所签。第二，罗某吉先后两次向原告嘉松公司的法定代表人曹某惠汇款，汇款的时间与金额与汇款说明一致。证明罗某吉作为新八公司的项目经理，认可嘉松公司就艾特纸业项目所做的工作并且支付报酬。第三，第三人艾特公司在一审开庭时认可原告嘉松公司为促成新八公司承接施工合同所做的工作，明确表示“第三人的项目开始后由原告带着被告新八公司的员工到第三人处商谈项目事宜”。第四，从签订的《湖北省建筑工程施工合同》及《建筑施工合同补充协议》来看，施工方为新八公司，罗某吉作为个人，不可能具备签订建筑施工合同的资质。《水电施工合同》《公租房外墙及屋面施工补充合同》，新八公司没有盖章，仅有罗某吉签字。这也与罗某吉为新八公司的项目经理身份相符合。罗某吉与新八公司在签订建筑施工合同上利益具有一致性，但只能由新八公司作为建筑施工人订立合同。在居间合同中，新八公司应是委托人。综上，各方虽未能提供书面居间合同，但现有证据能够说明原告嘉松公司有居间行为，罗某吉也曾支付过报酬，通过嘉松公司的居间行为，新八公司最终与艾特公司订立了建筑施工合同。因此，新八公司与嘉松公司的居间合同成立。

关于差欠的居间报酬数额及利息如何计算。被告罗某吉在回款说明中确认差欠原告7.5万元居间报酬，原告嘉松公司在庭审中亦自认，罗某吉在回款说明出具后于2016年2月6日又向原告支付了信息管理费1万元，结合前述事实，可以认定被告新八公司仍拖欠原告居间报酬6.5万元未付。原告主张被告以6.5万元为本金按年利率6%，支付自2015年7月2日（回款说明出具之日）起至2017年7月24日（起诉之日）止的利息7800元，法院予以支持。

湖北省武汉市洪山区人民法院依照《中华人民共和国合同法》第六十条、第一百零七条、第四百二十四条、第四百二十六条，《中华人民共和国民事诉讼法》第一百五十二条之规定，作出如下判决：

一、被告新八公司于本判决生效之日起十日内向原告嘉松公司支付居间报酬6.5万元；

二、被告新八公司于本判决生效之日起十日内向原告嘉松公司支付利息7800元。

被告新八公司不服一审判决，提起上诉。

湖北省武汉市中级人民法院经审理认为：根据审理查明事实，认定新八公司与嘉松公司的居间合同成立，新八公司应向嘉松公司支付剩余的居间报酬及利息。依照《中华人民共和国民事诉讼法》第一百七十条第一款第一项的规定，作出如下判决：

驳回上诉，维持原判。

【法官后语】

本案的难点在于居间合同是否成立以及合同主体的界定。就居间合同是否成立的问题，从案件查明的事实分析，可以确认存在居间业务的约定，且实际存在居间行为，当事人之间的分歧点在于居间合同主体的认定。上述问题的解决涉及的核心问题为表见代理的法律适用。在司法实践中，由于认定表见代理的考虑因素较多，适用标准不统一，不同地区、不同法官之间的分歧较大，给类似案件的处理带来较多困惑。

从法律规范意义上分析，表见代理的基本法律依据为《中华人民共和国民法总则》第一百七十二条，该条规定：“行为人没有代理权、超越代理权或者代理权终止后，仍然实施代理行为，相对人有理由相信行为人有代理权的，代理行为有效。”自2020年11月1日起施行的《中华人民共和国民法典》则完全沿袭了该条规定，据此可知，表见代理的构成要件应包括行为人无权代理和相对人有理由相信行为人有代理权两个方面，而适用的难点集中体现在代理权外观存在的司法认定标准。结合司法实务现有经验，在认定代理权利外观时，涉及的考量因素主要有：(1) 书面合同中有无被代理人名称。(2) 行为人的身份、职务是否与被代理人有关联，如行为人是被代理人的工作人员，其担任职务级别和与从事业务关联度越强，或者与被代理人之间的其他身份联系越密切，对表见代理的证明力就越强。(3) 被代理人对行为人是否存在可合理推断的授权关系。如行为人原有代理权已被终止但被代理人未对外告知等情形。(4) 合同等对外文件材料上是否加盖与被代理人有关的、可正常对外使用的有效印章，如合同上加盖了按常理可对外授权使用的被代理人项目部真实印章。(5) 合同关系的建立方式是否与双方以往的交易方式相符，如以往交易长期由某部门负责人实际操作进行，且被代理人从无异议并正常结算认可的，此次有争议交易也采相同方式的，可参考以往交易行为判断。(6) 合同订立过程、交易环境和周围情势等是否与被代理人有关，如行为人签约前曾陪同合同相对人参观考察被代理人的施工现场，签约地在被代理人营业地或办公场所等因素可作为考量因素。(7) 被代理人是否存在能够使人相信其参与合同履行的行为，如被代理人实际支付过合同价款，被代理人与合同相对人就履约问题进行过交涉等。(8) 标的物的用途、交付方式与交付地点等是否与被代理人有关，被代理人是否取得履行合同的利益，如合同标的物交付至被代理人营业场所或负责管领的其他场所，标的物被应用于被代理人本身或者直接从事的业务所需等可作为认定考量依据。

在具体案件的处理中，判断是否存在代理权外观，往往要综合考量上述多项因素之间可能存在的相互加强或冲突情形。如果存在多项支持认定表见代理的因素，予以认定自不必多说。但如果存在彼此冲突的因素，则需要结合案件具有情况，进行利益权衡，结合日常生活经验法则，选择关联性更强的因素作为认定依据。就本案而言，基于被告罗某吉的项目经理职务，居间行为所涉及工程项目确为被告新八公司实际施工建设，以及之前双方交易记录和交易习惯等多项因素，依法认定居间合同的主体为原告嘉松公司和被告新八公司，新八公司应依约支付拖欠的信息咨询费及其利息。

编写人：湖北省武汉市洪山区人民法院　冉超

十四、合伙合同

52

公平原则在合伙协议案件中的适用

——高某里、张某娟诉王甲平、童某葵合伙协议案

【案件基本信息】

1. 裁判书字号

新疆生产建设兵团第八师中级人民法院（2019）兵08民终621号民事判决书

2. 案由：合伙协议纠纷

3. 当事人

原告（被上诉人）：高某里、张某娟

被告（上诉人）：王甲平、童某葵

【基本案情】

童某葵为石河子市西域果香干果商行业主，其与王甲平共同经营该商行。2017年10月9日，王甲平、童某葵和高某里、张某娟签订合伙协议，约定：王甲平、童某葵以店内货物、吐鲁番的冷库及库房内的存货等作价70万元，占比78%，高某里、张某娟投资现金197435元，占比22%，合伙期从2017年10月9日起至2022年10月8日止；王甲平为合伙负责人，负责对外开展业务、订立合同，进行日常管理，出售产品、购进货物，通报每月销售情况和支出、发货、库存等各项数据，支付合伙债务；童某葵为营运负责人，负责货物的种类引进、供应商的选择，品牌策划、定位、招商；高某里、张某娟作为其他合伙人，有权参与合伙事业的管

理经营，听取合伙负责人的报告，检查账册及经营情况，共同决定重大事项。双方合伙至2018年1月中旬，因合伙账目、购置车辆等事产生矛盾，高某里、张某娟提出退伙，就退还投资款的金额和时间，双方无法协商一致。2018年2月26日，张某娟和童某葵均在店，接待顾客时，张某娟所报货物价格低于童某葵所报价格，双方矛盾升级，张某娟提出其占20%的比例，有权卖货，童某葵称工商营业执照上是童某葵，负责人是王甲平，张某娟没有经营权。次日，王甲平、童某葵更换店铺门锁，不让高某里、张某娟入店。2018年3月6日，高某里、张某娟到店后，双方发生言语争执，高某里、张某娟提出其占20%的比例，王甲平、童某葵没有权利独自经营，王甲平、童某葵称王甲平、童某葵占80%，执照也是王甲平、童某葵的名字，高某里、张某娟闹事，王甲平、童某葵已经将高某里、张某娟除名，高某里、张某娟再来就报警。2018年5月2日，高某里、张某娟诉至石河子市人民法院。

为查明本案事实，石河子市人民法院于2018年9月5日给案外人王乙平作谈话笔录一份。王乙平陈述如下：高某里、张某娟与王甲平、童某葵均为王乙平以前的同事；2018年1、2月（具体时间记不清），高某里、张某娟与王甲平、童某葵发生矛盾，无法继续合伙，王乙平给双方协调，但双方就退还钱的金额和时间没能协商一致，后高某里、张某娟与王甲平、童某葵将账本（共七本）原件交给王乙平保管；2018年2月初，高某里、张某娟到王乙平家将全部账目进行了拍照；2018年3月7日，王甲平、童某葵到王乙平家将全部账目原件拿走，王乙平让王甲平、童某葵出具了账目由其拿走的收据。王乙平提供2018年3月7日其拍摄的七本账本及王甲平、童某葵出具的收据的照片一张。

在案件审理过程中，经高某里、张某娟申请，石河子市人民法院委托公信天辰会计师事务所对高某里、张某娟与王甲平、童某葵合伙期间的账目进行审计。公信天辰会计师事务所审核认为因无财务管理制度、账目材料不全，无法进行会计审计鉴定程序，终止鉴定。

【案件焦点】

在合伙账目无法审计的情况下，能否支持原告要求被告退还合伙投资款的请求。

【法院裁判要旨】

新疆维吾尔自治区石河子市人民法院经审理认为：本案为合伙协议纠纷，高某里、张某娟提出的解除合伙协议的请求，实质为终止合伙关系即退伙的请求。本案中，高某里、张某娟于2018年1月中旬与王甲平、童某葵发生矛盾后，高某里、张某娟就已提出退伙，双方矛盾升级后，从2018年2月27日之后，高某里、张某娟事实上也再未参与合伙事务，加之王甲平、童某葵也同意双方散伙，故对高某里、张某娟的该项诉讼请求，法院予以支持。

对于高某里、张某娟提出的退还合伙投资款197435元的诉讼请求，根据庭审查明的事实，高某里、张某娟在合伙时确支付被告197435元作为投资，至高某里、张某娟实际未参与合伙事务时，双方合伙未满5个月，现合伙期间的账目无法进行会计审计，王甲平、童某葵主张亏损无证据证实，王甲平、童某葵作为负责人，并未按照合伙协议约定确定每月销售情况和支出、发货、库存等各项数据，且在法院释明后，以账目丢失为由仅提交合伙期间的部分账本，王甲平、童某葵应退还高某里、张某娟投资款，对高某里、张某娟的该项诉讼请求，法院予以支持。对于高某里、张某娟提出的支付盈利4万元的诉讼请求，因高某里、张某娟无证据证实合伙期间经营状况为盈利，对高某里、张某娟的该项诉讼请求，法院不予支持。

新疆维吾尔自治区石河子市人民法院依照《中华人民共和国民法通则》第三十条，《最高人民法院关于贯彻执行〈中华人民共和国民法通则〉若干问题的意见》第五十四条，《中华人民共和国民事诉讼法》第六十四条第一款之规定，作出如下判决：

一、解除高某里、张某娟与王甲平、童某葵的合伙关系；

二、王甲平、童某葵于本判决生效之日起五日内退还高某里、张某娟投资款197435元；

三、驳回高某里、张某娟的其他诉讼请求。

王甲平、童某葵不服一审判决，提出上诉。

新疆生产建设兵团第八师中级人民法院经审理认为：双方合伙仅4个多月，王甲平、童某葵便换锁不让高某里、张某娟进店经营，已丧失相互信任的基础，事实上无法继续合伙，且王甲平、童某葵在一审中亦同意散伙，一审判决解除双方合伙关系并无不当；四合伙人在合伙后并未设立公共账目，王甲平也未按约通报每月销售、盈亏情况，合伙账目不全，造成合伙期间盈亏无法查实，且双方仅合伙经营4个多月，一审基于公平原则判决王甲平、童某葵返还高某里、张某娟投资款亦无不当。

新疆生产建设兵团第八师中级人民法院依照《中华人民共和国民事诉讼法》第一百七十条第一款第一项之规定，作出如下判决：

驳回上诉，维持原判。

【法官后语】

对于合伙协议纠纷案件，因并非合伙企业，仅依据几个自然人的协议约定进行合伙经营，往往没有正规的财务制度和财务人员，也没有设立独立的账户，从而导致在合伙协议纠纷案件的处理中经常会出现账目无法审计、无法确定合伙期间盈亏的情况。在上述情况下，通常会依照证据规则，因原告一方无法举证证实其主张，驳回原告一方的诉讼请求。

本案即存在账目无法审计、无法确定合伙期间盈亏的情况。但根据庭审查明，高某里、张某娟在给付王甲平、童某葵197435元合伙投资款后，双方仅合伙4个多月就发生矛盾，且王甲平、童某葵还以占比80%为由称将高某里、张某娟除名，并更换店铺门锁，致高某里、张某娟从此之后再未参与合伙经营。此外，根据双方陈述和双方认可的日常经营账目，在矛盾发生前，双方合伙经营状况未见明显异常，故若简单适用上述处理方式，则高某里、张某娟的合伙投资款无法索回，明显失当。因此，在本案中可以适用公平原则作为判断标准。

公平原则是民法的基本原则，要求民事主体从事民事活动时秉持公平理念，公正、平允、合理的确定各方权利、义务，并依法承担相应责任。具体到本案，王甲平、童某葵作为合伙协议约定的负责人，应当按照合伙协议约定确定每月销售情况和支出、发货、库存等各项数据，但二人并未按约履行。按此协议约定来分析，在证实合伙期间盈亏的举证责任上，王甲平、童某葵的举证责任明显大于高某里、张某娟的举证责任，但在本案审理过程中，二人并未提交证据证实合伙期间存在亏损，且经法院释明后，二人还以账目丢失为由仅提交合伙期间的部分账本，因此，合伙账目无法审计的主要责任应当由王甲平、童某葵承担，在既无法确定合伙期间存在盈利又无法确定合伙期间存在亏损的情况下，法院适用公平原则，裁判由王甲平、童某葵退还高某里、张某娟投资款。王甲平、童某葵上诉后，二审法院经审理，亦认为基于公平原则作出上述判决并无不当，予以维持。

公平原则在本案的适用，达到公正、平允的法律效果和社会效果。但需要注意的是，公平原则不得随意适用，应当结合个案的具体情况谨慎适用，方能达到真正的公平。

编写人：新疆维吾尔自治区石河子市人民法院　王佳

53

合伙企业中契约精神与意思自治的冲突

——李某宽、孙某武诉赵某敏、益新公司合伙协议案

【案件基本信息】

1. 裁判书字号

河北省唐山市滦南县人民法院（2019）冀0224民初2018号民事判决书

2. 案由：合伙协议纠纷

3. 当事人

原告：李某宽、孙某武

被告：赵某敏、益新公司

【基本案情】

2001年4月29日，被告赵某敏作为投资人成立了个人独资企业益新饲料厂。2010年至2011年，原告李某宽、孙某武各向益新饲料厂投资150万元，益新饲料厂于2011年6月12日分别向二原告出具了益新饲料厂股金入股证明。2014年6月5日益新饲料厂注销，并于2016年10月11日核准成立了益新公司（自然人独资），营业期限自2014年6月5日至2044年6月4日。庭审中，原告李某宽称益新公司成立后有参与公司经营，原告孙某武称未参与益新公司的经营。

【案件焦点】

原告主张返还入股款是否有法律依据。

【法院裁判要旨】

河北省唐山市滦南县人民法院经审理认为：原、被告对二原告各向益新饲料厂投资150万元的事实均无异议，应认定二原告与被告赵某敏之间存在合伙关系，本案双方争议的焦点在于二原告主张返还入股款是否有法律依据。二原告在入伙时，双方并未就盈余分配、退伙、合伙终止等事项订立书面协议，合伙后实际进行了多年经营，在无证据证明对合伙财产进行过清算的情况下，无法认定现有合伙财产情况及各自应分得份额，故二原告要求二被告返还入股资金的诉讼请求，理据不足，法院不予支持。

河北省唐山市滦南县人民法院依照《中华人民共和国民法通则》第三十二条的规定，作出如下判决：

驳回原告李某宽、孙某武的诉讼请求。

【法官后语】

本案中，原告要求二被告返还入股资金属于在合伙企业存续期间退伙。《中华人民共和国合伙企业法》第四十五条规定："合伙协议约定合伙期限的，在合伙企业存续期间，有下列情形之一的，合伙人可以退伙：（一）合伙协议约定的退伙事由出现；（二）经全体合伙人一致同意；（三）发生合伙人难以继续参加合伙的事由；（四）其他合伙人严重违反合伙协议约定的义务。"第四十八条规定："合伙人有下列情形之一的，当然退伙：（一）作为合伙人的自然人死亡或者被依法宣告死亡；（二）个人丧失偿债能力；（三）作为合伙人的法人或者其他组织依法被吊销营业执照、责令关闭、撤销，或者被宣告破产；（四）法律规定或者合伙协议约定合伙人必须具有相关资格而丧失该资格；（五）合伙人在合伙企业中的全部财产份额被人民法院强制执行。合伙人被依法认定为无民事行为能力人或者限制民事行为能力人的，经其他合伙人一致同意，可以依法转为有限合伙人，普通合伙企业依法转为有限合伙企业。其他合伙人未能一致同意的，该无民事行为能力或者限制民事行为能力的合伙人退伙。退伙事由实际发生之日为退伙生效日。"

本案中，各合伙人在入伙时，并未就盈余分配、退伙、合伙终止等事项订立书面协议，合伙后实际进行了多年经营，在无证据证明对合伙财产进行过清算的情况下，无法认定现有合伙财产情况及各自应分得份额，故二原告要求二被告返还入股资金的诉讼请求，理据不足，法院不予支持。

契约精神是一个合同法的概念，合同各方当事人签订合同后，应当严格按照合同履行，也是诚实信用原则的体现。针对合伙企业来说，各合伙人之间基于合伙关系组成了合伙企业，合伙人在合伙协议中并未约定合伙人退伙或者有约定但约定条件未成就的情况下，要求退还入股金的行为本身有违诚实守信的契约精神。本案中，当事人未约定退伙条件，在合伙协议履行过程中，合伙人要求退伙也是当事人意思自治的体现。在商业活动和日常的经济生活中，这种矛盾存在着动态平衡。在审判实务中，如何对待合伙人的意思自治与合伙人契约精神之间的冲突就成为我们首先要解决的问题。

合伙企业基于其非法人组织的特殊地位，不能简单地将其按照公司法人来对待。合伙企业属于典型的人合公司，各合伙人在合伙企业存续期间，因未约定退伙而要求退伙的情形十分普遍，在司法实践中，这种案例更是屡见不鲜。针对这种情况，目前学理界有两个观点，一种观点认为：合伙企业的核心基础是合伙人具有相应权利，合伙人达到意思一致。基于合伙企业的人合性质，当合伙企业中的合伙人不能享有相应的权利或与其他合伙人不能形成一致意思时，可以退伙并返还相应的入股或者设备。若有尚未处理的债权债务，可由双方协商解决，协商不成，可另案处理。

另一种观点认为：在审理合伙企业退伙纠纷中，只有合伙协议约定的合伙期限届满，合伙协议约定的退伙事由出现，其他合伙人就应当严格准守合伙协议，与该退伙人进行结算，经过结算后才能最终确定各方的投资情况、企业经营盈亏、企业财产状况，以及各自所享有的权利、应承担的义务等情况，因此，在未约定退伙或退伙协议约定的条件不成就的情况下，人民法院不应当主动审查企业是否符合结算条件或对企业进行结算，因此，合伙企业未经过结算的，合伙人要求确认其退伙有效或请求人民法院直接判令其他合伙人返还入伙出资的于法无据，应驳回其诉请。

大陆法系中对合伙有民事合伙和商事合伙的区分，民事合较强调合伙人之间的权利义务关系，将合伙等同视为当事人之间的合同关系；而商事合伙更加注重合伙人之间的集合性，将合伙视为合伙人之间基于合伙合同而成立的享有某种特定权利和承担相应义务的组织体。虽然我国立法模式下，未将民商事分立，进而未区分民商事合伙，但是我国于2017年颁布的《中华人民共和国民法总则》明确了非法人组织的概念，非法人组织包括个人独资企业、合伙企业、不具有法人资格的专业服务机构等。由此我们可以看出，在我国，对于合伙企业来说，无论是从立法目的看还是在法律体系中，都将合伙企业看作组织体，也就是类似大陆法系中的商事合伙。

第一种观点，就是将合伙企业认定为了民事合伙关系，而非商事合伙关系，只关注了合伙人之间的合同关系，没有将合伙企业放到非法人组织的独特地位上考量。人民法院在审理合伙合同纠纷中，直接判令其他合伙人退还入股金或出资，将未清算的债权债务另案处理的方式，并未能从根本上解决合伙企业人合属性本身的问题，合伙人退伙是其意思自治的表示应当得到保护，同时，合伙人对合伙企业的债务承担无限连带责任还是合伙企业人是由合属性决定的。对合伙企业享有债权的债权人主张请求权一样应当得到法律的保护。将未处理的债权债务搁置，无形中也增加了当事人的诉累。

笔者比较赞同第二种观点，合伙企业存在的基础是合伙人共同出资。就合伙人设立合伙企业的目的看，是为获得经济利益和企业发展。在市场经济环境下的当代社会，企业经营生产本身受市场供需关系和经济环境的影响较大，企业发展或存续与否都应当是企业自身决定。人民法院在审理合伙企业纠纷中，应当适当考量诚实信用原则和当事人的意思自治原则。为维持企业的正常发展和稳定，在未达到合伙人约定的退伙条件或法定条件下，合伙人向人民法院提起诉讼要求判令其他合伙人或合伙企业退还出资时，人民法院不宜主动审查企业是否符合清算的条件，对企业进行清算或者直接搁置合伙企业的债权债务，不经清算直接判令合伙企业或其他合伙人退还出资，故法院驳回了原告的诉讼请求。

编写人：河北省唐山市滦南县人民法院　张崇

十五、其　他

54

服务合同中违反安全保障义务的违约责任认定

——林某雪诉欧庭酒店、中国平安财保奉节支公司服务合同案

【案件基本信息】

1. 裁判书字号

重庆市第二中级人民法院（2019）渝02民终2948号民事判决书

2. 案由：服务合同纠纷

3. 当事人

原告（被上诉人）：林某雪

被告（上诉人）：欧庭酒店

被告：中国平安财保奉节支公司

【基本案情】

林某雪登记入住位于奉节县城的欧庭酒店，2017年9月30日早上近8时许，林某雪在入住房间的卫生间摔倒受伤，当日入住重庆市奉节县人民医院，于2017年10月2日在全麻下行胸12椎压缩性骨折经皮椎弓根螺钉复位内固定术，治疗10天后出院。出院诊断：胸12椎体压缩性骨折；盆腔积液。事故发生后，欧庭酒店垫付了医疗费39283元、重新鉴定费2050元；林某雪支付医疗费5488元。2019年1月3日，经重庆市法医学会司法鉴定所鉴定，林某雪为十级伤残，后续医疗费1.5万元，护理时限为伤后90日，误工时效为伤后180日、营养时限为伤后90日。

庭审后，欧庭酒店书面申请重新鉴定，经重庆市法庭科学司法鉴定所鉴定，林某雪胸12椎体骨折属十级伤残；林某雪后续医疗费需1.2万元。另查明，林某雪在渝中区购有私人住宅，在主城区办有营业执照，取名库磐公司，从事加工销售服装、销售日用百货、五金、建筑材料等，系该公司法定代表人。重庆市公安局户籍复印件显示，林某雪名下抚养一女，名张某薇；另有一子张某皓，林某雪与张某民于1999年办理结婚登记。其父林某顶，现年70周岁，名下有4个子女并负责赡养。

【案件焦点】

1. 林某雪与欧庭酒店之间是否成立服务合同法律关系；2. 欧庭酒店是否应就林某雪的损失承担违约责任。

【法院裁判要旨】

重庆市奉节县人民法院经审理认为：林某雪与欧庭酒店之间服务合同依法成立并生效。林某雪入住欧庭酒店，欧庭酒店在经营过程中应当充分履行安全保障义务，在合理限度内确保入住客人的人身安全，虽然酒店在卫生间的玻璃门上张贴有小心地滑的提示，但客观上还是造成林某雪摔倒受伤，无确实充分的证据证明欧庭酒店在本次事故中充分履行了安全保障义务。林某雪称其在入住房间的卫生间摔倒受伤，但林某雪作为一个具有完全民事行为能力的人，且系在入住后的次日早上近8时许在卫生间摔倒受伤，林某雪其在私密封闭的房间内住宿，本人负有必要的谨慎注意义务和安全防护意识，林某雪应对其损失承担次要责任，一审法院综合全案情况，认定由林某雪自行承担10%的责任，欧庭酒店承担90%的责任。本案系服务合同纠纷，根据合同法则和合同原理，对精神损害抚慰金不予支持；根据合同相对性原则，中国平安财保奉节支公司在本案中不承担责任，欧庭酒店可根据保险合同纠纷，另案向保险公司主张权利。

重庆市奉节县人民法院依照《中华人民共和国消费者权益保护法》第十一条、第十八条，《中华人民共和国侵权责任法》第二条、第十五条第六项、第十六条、第二十六条、第三十七条第一款，《最高人民法院关于审理人身损害赔偿案件适用法律若干问题的解释》第六条第一款、第十七条第一款、第二款、第十九条、第二十条、第二十一款、第二十二条、第二十二条、第二十三条、第二十四条、第二十五条、第二十八条，《中华人民共和国民事诉讼法》第六十四条之规定，作出如下判决：

一、欧庭酒店在判决生效后十日内赔偿林某雪各项费用共计132713元；

二、驳回林某雪的其他诉讼请求。

欧庭酒店以尽到安全保障义务为由提起上诉。

重庆市第二中级人民法院经审理认为：林某雪以服务合同纠纷为由要求欧庭公司承担违约责任。本案为服务合同纠纷，根据《中华人民共和国消费者权益保护法》第七条之规定，提供服务一方应当负有审慎的安全保障义务。林某雪受伤地点系欧庭酒店房间内浴室，欧庭酒店在一审中举示的酒店房间内部照片显示，卫生间浴室玻璃门张贴有中英文双语“小心地滑”字样的安全警示语，其张贴载体为全透明玻璃隔断，其颜色呈金底黑字，较为醒目。同时，卫生间已作干湿分区，作为浴室部分的地面附着防滑地砖，浴室亦配有玻璃门以防止淋浴时喷水外溅，酒店内亦配有防滑拖鞋，综合以上现场照片，二审法院认为，欧庭酒店已经尽到安全审慎义务，林某雪要求欧庭酒店承担违约责任，仍应当就欧庭酒店存在违约行为提供证据证明。综合林某雪在一审中提交的证据，仅能证明林某雪在欧庭酒店内受伤、报警、送医、受伤程度、治疗费用、身份状况及其抚养人与赡养人的信息等，并无其他证据证明欧庭酒店在提供服务过程中存在违约行为或者存在安全隐患，故对于林某雪要求欧庭酒店因违约承担其人身损害赔偿的诉讼请求不予支持。欧庭酒店因林某雪受伤送医垫付的医疗费39283元，欧庭酒店在一审中并未提出返还，在二审时提出返还属于在二审中增加的请求，二审法院不予审理，欧庭酒店可另案起诉。

重庆市第二中级人民法院依照《中华人民共和国民事诉讼法》第六十四条、第一百七十条第一款第二项的规定，作出判决如下：

一、撤销重庆市奉节县人民法院（2019）渝0236民初1468号民事判决；

二、驳回林某雪的诉讼请求。

【法官后语】

第一，当违约责任与侵权责任竞合时，当事人可择一主张权利，人民法院应根据当事人的诉讼请求，在举证责任分配、赔偿范围承担等方面作出不同认定。就举证责任而言，根据《中华人民共和国侵权责任法》的规定，公共场所安全管理人未尽到安全保障义务的侵权责任归责原则适用过错责任原则，即当消费者在宾馆受到损害，则应当就宾馆实施了加害行为、宾馆存在过错、加害行为与过错间存在因果关系、消费者实际受到损失等构成要件承担举证责任，否则应承担举证不能的不利后果。而违约责任中，消费者仅需证明其与宾馆间服务合同成立且有效、宾馆未完全履行合同义务、消费者实际受到损失即可，而无须就宾馆存在过错承担举证责任。就赔偿范围而言，无论是侵权损害赔偿还是违约损害赔偿，均应遵循填平原则，但侵权损害赔偿的范围大于违约损害赔偿，除财产上的损失外，还包括非财产损失，如精神损害赔偿等，而违约损害赔偿一般而言仅包括财产损失，且受到合同约定的限制。

第二，服务合同为非要式合同，安全保证义务是服务合同的附随义务。根据交易习惯，消费者办理入住手续时即与宾馆达成了住宿服务的合意，成立服务合同法律关系；消费者与宾馆通常仅就宾馆提供的服务内容、设施设备、消费者支付对价等进行协商，并不会就宾馆应承担保护消费者人身、财产安全等义务另行、单独达成合意，而人身和财产安全是人的基本权利，也是合同目的实现的基础，因此，宾馆作为相对封闭和独立的空间，其经营者自当在提供服务过程中，承担保障入住其中的消费者的人身、财产安全不受侵害的义务。这也符合《中华人民共和国消费者权益保护法》第七条及《中华人民共和国合同法》第六十条之规定，即作为公共场所管理人，应当在合理范围内履行安全保障义务。

法律设定安全保障义务目的是促使义务人采取一切必要和适当措施保护他人免受不当危险侵害，但该义务并非意味着受害人自身可免除照顾自己、注意自身财产和人身安全义务。因此，在适用安全保障义务更应当严格审查义务人是否履行了“安全保障义务的内容”以及义务人履行义务的“合理范围”。现行法律并未对“安全保障义务的内容”及其“合理范围”进行确定规范，通说认为，宾馆等经营活动开展者的安全保障义务内容应遵循审慎标准即善良管理人的标准，主要包括：(1) 防范义务，即提供安全的环境以规避可能发生的风险；(2) 提示义务，即对可能存在的安全隐患进行充分的警示、提示，并说明防范危险的方法；(3) 救助义务，即在危险发生后及时救治，避免损失扩大化；“合理范围”则需要综合考量义务人的实际行为是否符合法律、法规以及所在特定行业规范的要求，是否符合善良从业者的一般标准及社会公众的合理期待等。

本案中，林某雪主张欧庭酒店违反合同义务，但举示证据仅能证明其在欧庭酒店滑倒受伤及受到财产损失，而未就欧庭酒店存在违约行为提交相关证据，二审法院根据合同纠纷举证责任分配一般原则，认定林某雪承担举证不能的不利后果。同时，二审法院根据欧庭酒店提交酒店内照片等证据，并结合宾馆从业者通常所采用的防滑措施、林某雪系完全民事行为能力人、损害发生时间为入住后第二天早上、宾馆客房具有私密性等特点，其已在合理范围内尽到安全保障义务，综合认定欧庭酒店已采取的防滑措施并未低于其所收取住宿费用的标准，欧庭酒店无法提供更多、更高级别的防护措施，其已履行了服务合同中安全保障的附随义务，进而驳回林某雪诉讼请求。

第三，本案除对违约责任与侵权责任的再次厘清外，本案还具有重要的现实意义。首先，在社会生活中，损失和伤害的产生固然令人同情，但却不能将损害结果转嫁由无过错方承担，否则会挑战社会基本公平正义理念；其次，公共场所管理人的安全保障义务是有边界的，裁判者不能为了平息事态，而一味加重管理人义务和责任，让受害人忽视了照顾自己、注意自身财产和人身安全的义务，成为社会的巨婴；最后，无论是自然人还是法人，都是平等市场交易主体，应受到法律的平等保护，即使法律需要对作为相对弱势的消费者进行保护，也应当以善良管理人的标准审慎地对商品或服务提供者予以同等保护，保证社会生活和商业活动顺利开展。因此，本判决根据原告方的诉讼请求，严格适用证据规则分配举证责任，避免以各打五十大板式的判决助长“会哭的孩子有奶吃”的错误社会价值，从而发挥司法对社会的正向引导作用，也成为保护司法保障企业、营造良好营商环境的典范。

编写人：重庆市第二中级人民法院　行璐

55

辅助生殖医疗服务合同关系成立后丧偶妇女有权要求继续履行

——郭某诉 H 市妇幼保健院医疗服务合同案

【案件基本信息】

1. 裁判书字号

江苏省淮安市清江浦区人民法院（2020）苏 0812 民初 738 号民事判决书

2. 案由：医疗服务合同纠纷

3. 当事人

原告：郭某

被告：H 市妇幼保健院

【基本案情】

原告郭某与陈某系夫妻关系，双方于 2015 年 6 月 17 日结婚。2019 年 11 月 5 日，郭某夫妇因婚后不育到 H 市妇幼保健院请求诊治，后双方签订了《体外受精胚胎移植知情同意书》等系列文件，郭某夫妇支付了相关费用并授权 H 市妇幼保健院使用囊胚培养技术培养胚胎。在诊治过程中，原告郭某取卵 18 枚，正常受精 14 枚，冷冻 9 枚。胚胎移植前，陈某受伤经抢救无效后死亡。后原告郭某多次要求被告继续履行胚胎移植手术，被告以原告的要求不符合胚胎移植法律规定为由予以拒绝。

另查，陈某的母亲谢某于 1998 年 11 月 14 日去世。陈某的父亲在本案审理过程中到庭明确其同意原告郭某继续实施胚胎移植手术，并自愿承担由此所产生的一切法律后果。

【案件焦点】

辅助生殖医疗服务合同关系成立后、胚胎移植前，合同相对方的男方当事人死亡，女方是否有权要求继续实施胚胎移植手术。

【法院裁判要旨】

江苏省淮安市清江浦区人民法院经审理认为：原告郭某与丈夫陈某为解决不孕问题、达成生儿育女目的，到被告H市妇幼保健院处就医，郭某夫妻通过签订由被告H市妇幼保健院提供的《体外受精胚胎移植知情同意书》等系列文件，双方形成医疗服务合同关系，该合同系当事人真实意思表示，且不违反法律规定，合法有效，双方当事人均应当按照合同约定履行各自的义务。同意书签订后，被告H市妇幼保健院在原告郭某夫妻配合下，已经成功培育受精卵14枚，冷冻9枚，胚胎移植手术继续实施在技术上不存在障碍。陈某在合同履行过程中意外死亡，因其无子女，且其母亲谢某于1998年11月14日去世，故陈某的法定继承人仅为其父和原告郭某。陈某之父同意并要求继续实施胚胎移植手术，且自愿承担相应的法律后果，故胚胎移植手术继续实施亦不存在法律上的障碍。

人类辅助生殖技术的应用应当在医疗机构中进行，以医疗为目的，并符合国家计划生育政策、伦理原则和有关法律规定。禁止以任何形式买卖配子、合子、胚胎。医疗机构和医务人员不得实施任何形式的代孕技术。本案中，原、被告双方签订了《体外受精胚胎移植知情同意书》，以利用医疗辅助手段从而实现原告郭某受孕的目的。该同意书所产生的后果虽然涉及人身权、人格权以及继承法等法律以及社会伦理等问题，但系原告郭某夫妻的自愿选择。陈某签署并履行同意书的行为，表明其生前一直积极为实施胚胎移植进行准备，继续实施胚胎移植术与陈某意愿相符。

综上，被告H市妇幼保健院继续实施胚胎移植术不仅是对生者的慰藉，符合公众普遍认同的传统观念和人之常情，同时也不违反法律规定。原告郭某要求被告H市妇幼保健院继续实施胚胎移植手术，符合法律规定，法院予以支持。依照《中华人民共和国合同法》第五条、第六条、第七条，《中华人民共和国民事诉讼法》第一百四十二条之规定，作出如下判决：

被告H市妇幼保健院在本判决生效后五日内继续为原告郭某实施胚胎移植医疗服务。

宣判后，双方当事人均未上诉，判决已发生法律效力。

【法官后语】

本案被告H市妇幼保健院已经成功培育冷冻胚胎9枚，胚胎移植手术继续实施在技术上不存在障碍。合同继续履行主要涉及以下四个方面的问题：

1. 合同继续履行是否违反死者遗愿

根据《人类辅助生殖技术规范》第二条关于实施技术人员的行为准则的规定，辅助生殖技术必须严格遵守知情同意、知情选择的自愿原则。本案郭某丈夫在术前死亡，无法签署胚胎解冻和手术同意书。但是郭某及其丈夫与医院订立医疗服务合同的目的是生育子女，虽然丈夫死亡，但是在本次医疗服务合同中多次签署多项知情同意书，并进行培育和冷冻胚胎的事实，均表明郭某丈夫明确要求通过人类辅助生殖技术生育子女的意愿，因此，继续实施胚胎移植手术并未违反郭某丈夫生前意愿。

2. 合同继续履行是否侵犯他人权利

合同继续履行后，如原告正常分娩，所出生的孩子便取得了民法上自然人的民事权利，其所享有的继承权会影响男方亲属的相关利益。本案中，陈某的母亲谢某早于陈某去世，故陈某的法定继承人仅为其父和郭某，陈某之父明确表示同意继续实施胚胎移植手术，且自愿承担相应的法律后果，故胚胎移植手术继续实施亦不存在继承法上的障碍。因此，涉案合同能够继续履行。

3. 合同继续履行是否违反国家的相关法律规定

根据《人类辅助生殖技术规范》第十三条中关于实施技术人员的行为准则的规定，禁止给不符合国家人口和计划生育法规和条例规定的夫妇和单身妇女实施人类辅助生殖技术。单身分为未婚、丧偶和离异，本案郭某丧偶处于单身状态，如果因此认为郭某属于上述规范中的“单身妇女”，则剥夺了丧偶女性的生育权利。这9枚冷冻胚胎是郭某丈夫延续后代的唯一希望，承载着哀思寄托、精神慰藉等人格利益，且郭某是在非单身状态下取得的冷冻胚胎，不应该将此种情况归属于规范中的“单身妇女”的范畴。现郭某以生育为目的继续实施胚胎移植不违背社会公益原则，也未违反法律规定。

4. 合同继续履行是否符合保护后代原则

《实施人类辅助生殖技术的伦理原则》明确规定，实施人类辅助生殖技术必须符合保护后代的原则。医院伦理委员会认为郭某丈夫已经去世，孩子一出生就没有父亲，在单亲环境下成长可能会对其生理、心理、性格等方面产生影响。但是孩子出生于单亲家庭存在性格上的缺陷只是一种推测，很多单亲家庭的子女与其他孩子并无差异，不能就此断言孩子会因此遭受严重的生理、心理损害。而且辅助生育出生的后代享有同等的法律权利和义务，原告郭某进行胚胎移植术已经获得其丈夫的父亲的同意和全家人的支持，不能以物质条件或者经济承受能力作为质疑生育权的理由，目前也并无证据存在医学、亲权或其他不利于后代的情况。我国相关法律规定，也没有把单身作为否决收养孩子的条件，而是认为只要满足一定的法律条件，单身也是可以收养孩子的。同理，在不违反公序良俗和法律的情况下，丧偶女性生育子女并无不妥。

编写人：江苏省淮安市清江浦区人民法院　张树维　朱惠娟

56

“人工刷量”行为不应得到支持和鼓励

——钱某诉华多公司网络悬赏广告案

【案件基本信息】

1. 裁判书字号

广州互联网法院（2019）粤0192民初789号民事判决书

2. 案由：网络悬赏广告纠纷

3. 当事人

原告：钱某

被告：华多公司

【基本案情】

“YY极速版”是由华多公司运营的一款手机应用软件（App），主要内容是网络直播、网络视频等。2018年4月起，华多公司在该软件客户端的界面公示“邀请好友立赚”活动，即用户邀请一位好友下载该App并进行符合一定规则的使用后，邀请者和被邀请者均可获得一定金额（该金额不定期变动，如7元、5.5元等）的现金。具体的邀请方式包括，用户将包含其自己“邀请码”的链接或二维码通过微信、朋友圈、QQ、短信、面对面扫码等方式发送给他人，他人点击该链接、二维码下载该App并注册为用户后，邀请者和被邀请者即可获得一定红包奖励（如1元、1.5元、3元等），此后被邀请者通过该App观看直播1天、2天、3天（每天至少观看5分钟）后，邀请者可获得相应的更多红包奖励（如每天1元、2元等）。该奖励会存入邀请和被邀请用户在该App中的“我的零钱”中，“我的零钱”可以“提现”即兑换为现金支付到用户的支付宝账户，但“提现”前须经华多公司审核。华多公司在“提现”页面公示了一份“说明”，内容包括“若平台检测到账号进行刷量等违规、违法操作，会进行冻结处理。被冻结账号无法进行提现操作”。钱某对该“说明”的真实性没有异议。

钱某使用其名下的手机号码注册并绑定了YY账号，使用该账号邀请了9404个新账号注册，其账号中的“我的零钱”余额达到了30678.57元。钱某在诉讼中陈述，其长期服务于网络推广行业，有上百个覆盖全国社群、高校的群资源和任务制下载平台资源，这些群、平台内的成员均是专门为了通过下载APP获得邀请者的奖励而进群或参与平台任务。钱某邀请新用户的主要方式为，将邀请链接、二维码和下载注册的教学视频、文档等发到客户资源群和上述平台内，或者将邀请二维码打印出来贴在朋友的实体店铺内，该链接、二维码可以被多次转发，如果完成下载、注册、使用任务，钱某会给对方一定金额的红包（如每次1元等），即将自己因邀请新用户获得的红包分一部分给被邀请者，或者委托店铺经营者给被邀请者一些小礼物。

2018年12月，钱某在进行提现操作时，该软件显示其提现申请未能通过。经钱某向华多公司的客服人员咨询，客服人员回复称其因进行了违规操作，故收益无效，且被冻结兑换/提现操作。钱某认为其并未违规、主张华多公司侵犯其财产权而诉至法院成讼。

另查明，华多公司与永安公司于2018年8月14日签订了合作协议，约定由永安公司为华多公司提供“TII－Karma业务风险感知情报平台”产品及服务，用于感知业务风险（恶意注册、虚假养号等）、鉴别恶意手机号码、识别恶意IP等。诉讼中，华多公司提交了永安公司于2019年2月26日出具的《情况说明》及附件，内容包括认定8个YY账号注册时使用的手机号为“猫池”手机号码等。庭审中，钱某认可该8个YY号的注册用户是其邀请的，但否认其知情或参与任何数据造假或黑产活动，认为这可能是被邀请者的行为，“猫池”手机号码数据未必实时更新，且该8个号码在其邀请的客户总数中比例很小。

再查明，钱某另向本院提起（2019）粤0192民初790号案诉讼，要求华多公司向其支付YY账号内应予提现的金额12344.7元。经该案审理查明，钱某使用其名下的手机号码注册并绑定了YY账号，使用该账号邀请了2922个新账号注册，该账号中的“我的零钱”余额达到了12344.7元。

诉讼中，华多公司陈述，正常用户仅能拉新5人至6人，1万余名被邀请人已超出正常人的社交能力范围，且钱某邀请的大部分用户仅满足获得红包的条件即不再使用，这是一种经营行为，不符合其开展活动的初衷。钱某确认华多公司陈述的普通用户拉新数量，确认其拉新数量确实远高于普通用户，但认为其属于具有推广能力和资源的推广人员，其运用自身资源为华多公司拉新并无不当。

【案件焦点】

1. 钱某的行为是否属于“刷量”操作；2. 钱某的行为是否符合华多公司“邀请好友立赚”活动的规则；3. 钱某是否有权要求华多公司支付“拉新”报酬。

【法院裁判要旨】

广州互联网法院经审理认为：华多公司开展“邀请好友立赚”活动，用户按活动规则“邀请好友”后，即可获得一定的现金，该活动在法律上应当定性为网络悬赏广告。钱某因无法从“我的零钱”中提现，以华多公司侵权为由向本院起诉，因该争议本质上属网络悬赏广告的履行问题，故本案不是网络侵权纠纷，而是网络悬赏广告纠纷。第一，钱某的行为是否属于“刷量”操作。钱某组建或参与专为获得邀请者的奖励而组建的众多微信群，采用另行给被邀请者金钱等物质奖励的方式邀请了近万名涉案App新用户。上述微信群成员注册成为新用户的目的是获取相应的奖励，而非真正使用涉案App。华多公司通过专业公司监测到钱某邀请的新用户中，有的使用“猫池”手机号注册涉案App，对于此类通过技术手段伪造手机号、伪造新用户的行为属于“刷量”操作，双方均无异议。对于被邀请用户使用真实手机号码的情形，表面上看，钱某为涉案App邀请了大量新用户，但这些用户属专门赚取网络红包等利益的群体，通常不能形成真正意义上的用户，钱某邀请其注册涉案App的目的是刷高“拉新”的数量，以从华多公司获取更多的红包奖励。华多公司认为钱某的行为属“刷量”操作，符合本案事实，法院予以采纳。

第二，钱某的行为是否符合华多公司“邀请好友立赚”活动的规则。钱某主张，其为涉案App邀请了大量新用户，华多公司应按“邀请好友立赚”活动规则支付奖励，华多公司则认为，钱某的“刷量”行为，不符合活动规则。双方产生分歧的主要原因，是对通过“刷量”邀请的新用户是否属于上述活动中要求邀请的“好友”有不同理解。

《中华人民共和国合同法》第一百二十五条第一款规定：“当事人对合同条款的理解有争议的，应当按照合同所使用的词句、合同的有关条款、合同的目的、交易习惯以及诚实信用原则，确定该条款的真实意思。”“好友”属社交概念，“邀请好友”应当理解为邀请好朋友或邀请与邀请人有一定社交联系的人，在电子商务交易习惯中，常被商家用作挖掘用户社交资源发展新用户的营销手段，本案“邀请好友立赚”活动亦不例外。华多公司开展该活动的目的是挖掘用户的社交资源，吸引更多的用户使用“YY极速版”App，以提供更多的消费，进而增加营收。也就是说，华多公司将用户的好友作为可能使用涉案App的群体予以开发。但钱某通过“刷量”邀请的“好友”，属于专门以赚取商家营销活动奖励为目的的群体，其注册并完成可获得红包的使用行为后一般不会再继续使用相关App，将之纳入“邀请好友立赚”中的“好友”范围，显然不符合华多公司的真实意思表示，这在华多公司提现页面关于对刷量操作将冻结提现的说明中也得到印证。因此，钱某通过“刷量”邀请的所谓“好友”，不应当认定为属于“邀请好友立赚”活动中“好友”的范围，否则，就会违背“邀请好友立赚”活动的目的。当事人应当善意、合理地理解合同条款。钱某应当清楚地意识到上述活动中“好友”的含义、范围以及“刷量”操作的不良影响，如果把通过“刷量”邀请来的所谓“好友”认定为符合活动规则的“好友”，则有违诚实信用原则。由上可见，钱某的行为不符合华多公司“邀请好友立赚”活动的规则。

第三，钱某是否有权要求华多公司支付“拉新”报酬。本案所涉“邀请好友立赚”属悬赏活动，根据《最高人民法院关于适用〈中华人民共和国合同法〉若干问题的解释（二）》第三条关于“悬赏人以公开方式声明对完成一定行为的人支付报酬，完成特定行为的人请求悬赏人支付报酬的，人民法院依法予以支持”的规定，钱某只有在完成活动规则要求的“邀请好友”这一特定行为后才能要求支付报酬。因钱某“刷量”不符合活动规则，故其没有完成上述特定行为，其请求华多公司向其支付报酬，法院不予支持。尽管钱某的 App 账户“我的零钱”显示了奖励金额，但在没有提现前，该奖励金额仍属华多公司的财产，其有权禁止提现。

综上所述，钱某的“刷量”行为看似完成了华多公司悬赏广告活动中的特定行为，但实际上是采用欺骗方法制造完成特定行为的假象，进而利用悬赏活动牟利，违反了诚实信用原则。“刷量”行为扰乱了电子商务活动的正常秩序、损害了互联网企业的合法权益，不应得到支持和鼓励。钱某的诉讼请求，于法无据，法院予以驳回。广州互联网法院依照《中华人民共和国合同法》第五条、第六条、第一百二十五条第一款及《最高人民法院关于适用〈中华人民共和国合同法〉若干问题的解释（二）》第三条的规定，作出如下判决：

驳回原告钱某的全部诉讼请求。

【法官后语】

在互联网经济中，用户和流量是各家互联网企业竞相争取的对象。在扩大用户量的过程中，一些互联网企业采用发放现金红包的方式对邀请好友注册的用户进行奖励，此类悬赏活动在一定程度上达到了提高用户量的目的，但同时也让“羊毛党”嗅到了“商机”。

在互联网语境下，“羊毛党”是指关注与热衷于“薅羊毛”的群体，即专门选择互联网企业的营销活动，以低成本甚至零成本换取高额奖励的人。他们最初从对互联网优惠活动的关注和操作中零星获利，其后逐渐向组织化、集群化发展，参与人员日益庞大，操作方法日渐多样，发展出了完整、成熟的产业利益链，其中不少与网络黑、灰产存在关联，对互联网企业的影响明显，成为互联网经济中不可忽视的一类群体。对于这类群体的行为，社会上有不少人认为属于合理利用规则、并无不当；互联网企业则对其态度复杂。此类行为合法、合规与否，很有讨论和澄清的必要。

“技术刷量”和“人工刷量”是“羊毛党”们提高用户量、流量等通常采用的两种手段。对于“技术刷量”即利用计算机软、硬件如“Xposed”工具、“猫池”设备等伪造用户信息的方法，因所得数据明显虚假，且可能涉嫌刑事犯罪，此类行为不符合互联网企业的悬赏目的和活动规则，通常没有争议。但是，对于“人工刷量”即用户采用额外的金钱、物质等利诱手段聚集大量专待领取奖励和额外奖励的人群，以他们完成特定任务为条件支付奖励的操作手段是否符合活动规则的问题，其答案并非一目了然。有的“羊毛党”成员被互联网企业拒绝支付悬赏费用后坚持要求企业兑现承诺，甚至诉至法院，本案即是其中一例。

本案中，钱某组建或参与了数百个专为获得邀请者的奖励而组建的微信群，其采用在这些微信群中发放任务、向完成任务者支付额外奖励的方法邀请了数千倍于普通用户邀请量的“新用户”。本案判决首先明确利用技术手段邀请的虚假“新用户”应予排除，然后从此种操作方法带来的其他“新用户”的行为目的、特征和钱某的主观意图方面，得出此种操作方式属于“刷量”操作的结论，进而从华多公司此次活动的名称“邀请好友立赚”和“刷量冻结提现”的规则出发，分析华多公司发布悬赏广告的目的和“好友”的含义，论述钱某的“刷量”操作不符合活动规则，认为钱某没有完成悬赏广告要求的特定行为，故判定其无权要求华多公司支付奖励金额。

本案判决对“人工刷量”明确表明了态度，即该类操作不符合悬赏目的，实际上是采用欺骗方法制造完成特定行为的假象，进而利用悬赏活动牟利，违反了诚实信用原则。此种行为扰乱了电子商务活动的正常秩序、损害了互联网企业和其他用户的合法权益，且容易滋生和助长犯罪行为，不应得到支持和鼓励。

用户量、流量不必然等于商业价值，而用户的商业价值才是互联网企业真正关心和追求的。要防治“羊毛党”对互联网企业合法权益的损害，需要从多方面入手。首先，互联网企业在开展此类旨在增加用户量、流量的悬赏活动时，要制定更加合理、有针对性的规则，设定必要的限制如单个用户邀请好友数量的上限、每次“提现”金额的上限，明确发放报酬前企业的审核权和对“刷量”用户的惩戒规则等，并依法公示，提高“羊毛党”“薅羊毛”的成本；其次，互联网企业应积极加大技术投入，提高识别和防范黑、灰产用户和相应行为的能力；再次，互联网企业应加强与工信部门、电信运营商的合作，积极配合公安、司法部门，强化数据共享和联动，加大对“羊毛党”中涉及刑事犯罪行为的打击力度；最后，互联网企业应注重进行产业升级，利用大数据分析等手段依法进行精准营销，而非依靠原始的“拉人头”数量来获取用户，这样才能减少“羊毛党”不当获利的机会。

编写人：广州互联网法院　曹钰

57

网络直播中“打赏”行为的法律性质

——俞某华诉华多公司等网络服务合同案

【案件基本信息】

1. 裁判书字号

广州互联网法院（2018）粤0192民初3号民事判决书

2. 案由：网络服务合同纠纷

3. 当事人

原告：俞某华

被告：华多公司、王某戎、兴戎公司、刘某琪

【基本案情】

YY直播平台是由华多公司运营的互联网直播平台，俞某华是在该直播平台注册的用户，刘某琪是在该平台频道号为24064的直播间进行直播的直播发布者。

兴戎公司是对直播发布者进行管理、培训、包装的机构，在该直播平台的名称为公会，王某戎是兴戎公司的法定代表人。刘某琪是受兴戎公司管理的直播发布者，上述频道号为24064的直播间是使用YY账号开通的，该YY账号在2017年4月前实名认证的用户是王某戎。

任何浏览该直播平台的人均可观看该频道号为24064的直播间的全部直播内

容。用户在观看直播内容之余，如需与直播发布者进行互动，则需要注册账号。注册账号时需同意《用户注册协议》，注册后，可以用真实货币充值换取虚拟货币“Y币”，用于购买虚拟货币“红钻”或者开通“公爵”“守护”等身份标志（以与一般的用户相区别，用户购买后会有不同的标记）。用户在观看直播过程中不需要为观看支付对价，而是在其对直播发布者的直播内容感到满意或者赞赏的情况下，可以自愿用“Y币”或“红钻”为直播发布者购买各种虚拟的礼物，即“打赏”，在购买后的短时间内直播间的屏幕会因礼物不同而呈现各种不同的特效。用户“打赏”后，直播发布者可能会对“打赏”者以语言或专门表演方式表示感谢，但该语言或表演是该直播间的所有观众都可以看到、听到的。因用户购买礼物的行为，直播发布者的账号内会增加一定数值的虚拟货币“蓝钻”，“蓝钻”可在YY平台兑换成真实货币（换得的真实货币通常少于用户购买“Y币”时花费的真实货币）。兑换完成后，华多公司会向直播发布者使用的YY账号的实名认证用户绑定的银行账户支付款项。庭审中，兴戎公司与刘某琪陈述，他们对该获得的款项以3:7的比例分成。

VP在该直播平台的含义为频道管理员，拥有协助直播发布者管理某个直播间的权限，确认或取消直播间的VP是该直播间创设者、直播发布者的权限之一，对于谁担任VP及担任VP的期限，没有限制性的规定。

刘某琪用自己的网名“慢热7”、自己的形象和声音在该频道号为24064的直播间直播，进行歌舞等表演。

俞某华自2015年4月开始观看YY直播，在该平台消费约409509.06元。其中，俞某华自2017年2月开始观看刘某琪的直播，并向刘某琪“打赏”一百次以上，每次金额在0.1元至数千元不等，至2017年4月，俞某华在刘某琪的直播间消费共计44294.28元，另开通“公爵”花费1.2万元、开通“守护”花费2997元。刘某琪曾向俞某华返还1万元。

2017年3月19日，俞某华于当天向刘某琪“打赏”了较大金额的礼物，成为当天打赏礼物最多的人，被刘某琪设置为该直播间的VP。俞某华在诉讼中提交了一段视频，显示“慢热7”在直播中说“这里作一个承诺吧，这个VP给他卡上了就永远不能下了，除非你自己脱网，除非你自己脱这个VP外，永远都不能下，从此以后你就要成为我YY直播路上的人生导师，你准备好了吗?”

俞某华在诉讼中另提交了一段视频，显示一名女子称“我们家的规矩就是榜首给VP啊”，但不能证明说话人的身份、说话时间、说话背景等。

2017年4月7日，刘某琪取消了俞某华的VP权限，原因是刘某琪不认可俞某华私下通过微信转账、赠送礼物的行为，双方的价值观产生分歧。后俞某华以刘某琪为被告向黑龙江省哈尔滨市南岗区人民法院提起诉讼，以刘某琪未经其同意擅自撤销其VP为由，提出诉讼请求：（1）因刘某琪合同违约故要求解除合同，并让刘某琪返还礼物，价值61368.6元；（2）判令刘某琪承担本案诉讼费用。黑龙江省哈尔滨市南岗区人民法院于2018年5月2日对该案作出（2018）黑0103民初2019号民事判决，驳回俞某华的诉讼请求。俞某华不服该判决提起上诉，黑龙江省哈尔滨市中级人民法院于2018年9月10日作出（2018）黑01民终5591号民事判决，驳回俞某华的上诉，维持原判。

2018年9月28日，俞某华以华多公司、王某戎、兴戎公司、刘某琪为被告在广州互联网法院起诉，提出诉讼请求：（1）判令原告在被告华多公司的YY直播间24064消费礼物的合同撤销；（2）判令被告华多公司退还原告在YY直播间24064消费款项49291.28元（含24064直播间数据作假四被告共同按50%过错比例退赔、24064直播间VP网络虚拟价值2万元），被告王某戎、被告兴戎公司、被告刘某琪承担连带责任；（3）判令被告华多公司、被告王某戎、被告兴戎公司、被告刘某琪对欺诈原告的行为作出公开的赔礼道歉；（4）判令被告华多公司立即对被告刘某琪过去两年违反平台协议直播的行为在YY平台予以公告，公告中向原告道歉；（5）法院对被告刘某琪违背对消费者承诺的行为、低俗直播的行为和辱骂消费者的行为予以训诫，并责令其具结悔过；（6）本案鉴定费用、证据提取和保全费用由四被告承担；（7）判令被告刘某琪因在微信辱骂原告，侵害原告内心安宁权的行为向原告赔礼道歉，并赔偿原告精神损害抚慰金1元；（8）判令被告刘某琪因违约，赔偿原告拥有YY直播间24064永久VP的信赖利益损失1元；（9）判令四被告侵害原告的消费者知情权，赔偿原告侵权损失1元；（10）本案诉讼费由四被告承担。庭审中，原告明确以网络服务合同纠纷作为本案案由。

【案件焦点】

1. 俞某华提起本案诉讼是否属于重复起诉；2. 俞某华与各被告之间的法律关系。

【法院裁判要旨】

广州互联网法院经审理认为：第一，本案中俞某华的主要诉讼请求是撤销其在24064直播间消费礼物的行为，而俞某华在黑龙江省哈尔滨市南岗区人民法院起诉的主要诉讼请求是解除合同，俞某华在本案与（2018）黑0103民初2019号案中的诉讼请求不同，不是重复起诉。

第二，关于俞某华与华多公司之间的法律关系。华多公司是提供网络直播服务的平台，俞某华通过华多公司提供的YY直播平台观看直播、进行充值和“打赏”，俞某华与华多公司之间成立网络服务合同关系。

关于俞某华与刘某琪之间的法律关系。《中华人民共和国合同法》第一百八十五条规定：“赠与合同是赠与人将自己的财产无偿给予受赠人，受赠人表示接受赠与的合同。”第一百九十条规定：“赠与可以附义务。赠与附义务的，受赠人应当按照约定履行义务。”任何浏览该直播平台的人均可观看该频道号为24064直播间的全部直播内容，刘某琪的直播表演不需要支付对价。俞某华基于观看直播后对刘某琪表演的满意、赞赏，向刘某琪以“打赏”的方式赠与金钱，在“打赏”的同时没有向刘某琪设定义务，是无偿、单务的合同，由此形成的是赠与法律关系。俞某华在诉讼中提交的视频显示一名女子称“我们家的规矩就是榜首给VP啊”，但不能证明说话人的身份、说话时间、说话背景等，不能证明这是刘某琪在俞某华“打赏”前对俞某华发出的要约，应由俞某华承担举证不能的不利后果，法院对该证据不予采信。

《中华人民共和国合同法》第三百九十六条规定：“委托合同是委托人和受托人约定，由受托人处理委托人事务的合同。”VP是一种管理身份，据以行使的是一定的管理权限，刘某琪向俞某华授予VP身份，形成的是委托合同法律关系。

刘某琪向俞某华授予VP身份虽然发生在俞某华向刘某琪赠与礼物之后，但在俞某华赠与之前，刘某琪或俞某华均未向对方发出“赠送礼物换取永久VP”的要约或承诺，俞某华赠与礼物与刘某琪授予VP不是同一合同关系中的对价，而是各自在履行赠与合同和委托合同的义务，两个合同的权利义务之间没有对应的关系。

至于俞某华与兴戎公司、王某戎之间，没有证据表明他们之间存在任何法律关系。

俞某华诉请撤销其在频道号为24064直播间消费的合同。《中华人民共和国合同法》第五十四条规定：“下列合同，当事人一方有权请求人民法院或者仲裁机构变更或者撤销：（一）因重大误解订立的；（二）在订立合同时显失公平的。一方以欺诈、胁迫的手段或者乘人之危，使对方在违背真实意思的情况下订立的合同，受损害方有权请求人民法院或者仲裁机构变更或者撤销。当事人请求变更的，人民法院或者仲裁机构不得撤销。”第一百九十二条规定：“受赠人有下列情形之一的，赠与人可以撤销赠与：（一）严重侵害赠与人或者赠与人的近亲属；（二）对赠与人有扶养义务而不履行；（三）不履行赠与合同约定的义务。赠与人的撤销权，自知道或者应当知道撤销原因之日起一年内行使。”如上所述，俞某华与华多公司之间形成服务合同关系，俞某华与刘某琪之间形成赠与合同关系。在这两个合同关系订立前或订立时，没有证据表明俞某华对该服务合同或赠与合同的内容存在重大误解，或者该合同显失公平，或者华多公司、刘某琪对俞某华进行了欺诈、胁迫或乘人之危，且如上所述，没有证据表明该赠与合同附有义务。由于俞某华向刘某琪赠与礼物与刘某琪向俞某华授予 VP 身份分属不同的法律关系，故俞某华 VP 身份的获得或失去与俞某华向刘某琪赠与礼物的赠与合同没有关系，俞某华不能因其被刘某琪撤销 VP 身份而要求撤销该赠与合同。因此，俞某华诉请撤销其消费礼物的合同缺乏事实和法律依据，法院不予支持。

俞某华称其因刘某琪使用他人账号直播、该直播间观众数据作假而受到欺诈，但刘某琪系用自己的网名“慢热 7”、自己的形象和声音在该直播间直播，俞某华的“打赏”行为显然是基于对刘某琪本人直播表演的评价而不是因其对刘某琪直播账号的实名认证人的认识而作出，直播平台数据显然也不是俞某华“打赏”的主要因素，即俞某华并不是基于这些原因而陷入错误认识，进而作出“打赏”的行为，俞某华称刘某琪因这些行为而构成欺诈，不符合法律规定的欺诈的构成要件，法院不予采纳。

《中华人民共和国合同法》第四百一十条规定：“委托人或者受托人可以随时解除委托合同。因解除合同给对方造成损失的，除不可归责于该当事人的事由以外，应当赔偿损失。”委托关系成立后，委托合同双方均享有任意解除权，可以任意解除。在俞某华与刘某琪之间信任基础已经丧失的情况下，刘某琪取消了俞某华的 VP 身份，解除了委托关系，行使了任意解除权，不受刘某琪对俞某华承诺的“永远不下 VP”的限制。同时，俞某华与刘某琪没有对担任 VP 约定报酬，属于无偿委托关系。解除该委托关系，俞某华没有任何损失，故刘某琪不需向俞某华赔偿损失。

综上所述，对于俞某华基于撤销合同而要求各被告退还消费款项或赔偿损失的诉讼请求，法院亦不予支持。

广州市互联网法院依照《中华人民共和国合同法》第一百八十五条、第三百九十六条、第四百一十条，《中华人民共和国民事诉讼法》第六十四条第一款的规定，作出如下判决：

驳回原告俞某华的全部诉讼请求。

【法官后语】

2016年因有大量直播平台成立而被称为“网络直播元年”。至今，网络直播已经发展成为互联网经济中不可忽视的重要组成部分。据国家版权局网络版权产业研究基地发布的《中国网络版权产业报告（2018）》显示，2017年我国的网络直播用户规模达4.33亿人，产业市场规模已经达到近400亿元。网络直播中，用户的“打赏”是直播平台、直播发布者（俗称“主播”）获得收入的重要途径。“打赏”后，用户要求退回“打赏”款项而诉至法院的案件时有发生。此类案件在审理中，应当首先对“打赏”的法律性质作出明确认定。以往的司法实践较少直接对此作出认定，学术界对此也存在广泛争议，而本案判决对此作出了正面回应，具有典型意义。

通过对案件的审理和对网络直播生态的大量观察，我们得出以下结论：

第一，用户与直播平台之间成立网络服务合同。用户通过直播平台观看直播和进行“打赏”等，直播平台为用户提供相应服务，直播平台通过用户购买和使用虚拟货币收取服务费，两者间形成双务、有偿的服务合同。

第二，用户与直播发布者之间一般成立赠与合同，除非有证据证明直播发布者接受“打赏”前后须履行具体、明确的合同义务。理由如下：

1. 将一般情况下的“打赏”归类为赠与合同符合法律规定。《中华人民共和国合同法》第一百八十五条规定：“赠与合同是赠与人将自己的财产无偿给予受赠人，受赠人表示接受赠与的合同。”在任何浏览直播平台的人均可观看直播间的全部直播内容、不需要为表演支付对价的情况下，用户基于观看直播后对表演的满意、赞赏，以“打赏”的方式向直播发布者赠与金钱，在“打赏”的同时没有向直播发布者设定义务，此时形成的是无偿、单务的合同，符合赠与合同的法律特征。在这一行为中，“满意、赞赏”本身并不必然等于双务合同中的对价，因为赠与往往是出于各种动机和目的，为获得精神上的愉悦、满足而赠与财物也符合赠与行为的通常表现。

2. 当有证据证明直播发布者接受“打赏”前后须履行具体、明确的合同义务时，用户与直播发布者可能成立服务合同或者其他相应的双务合同。有的直播发布者在直播过程中会向用户发出特定的要约，如直播发布者在直播过程中口头表示，当收到用户“打赏”达到特定的数额，其将表演一段特定的舞蹈；有的射击游戏的直播发布者在直播间以字幕公示，“打赏”金额前三名的用户可以“上车”（即有资格作为该直播发布者的队友一起玩该游戏）；还有部分直播平台推出与普通直播不同的服务，即支付一定的费用后可以与直播发布者单独聊天、互动等。在以上情形中，“打赏”或付费用户因与直播发布者之间约定了具体、明确的合同义务，故可以成立相应的服务合同或者其他双务合同。

3. 对“打赏”性质单纯的“服务合同说”存在明显缺陷。有的学者认为直播中的“打赏”应一概认定为履行服务合同，该观点看到了“打赏”行为与直播发布者的行为之间的相互影响、促进，但其不能很好地解释“打赏”行为在一般情况下的自愿性、非对价性和用户的非固定性。一般情况下，在观看同一个直播发布者直播时，用户可以选择“打赏”，也可以不“打赏”，“打赏”的金额不统一、没有固定的标准，甚至可能有巨大的差异，直播发布者接受“打赏”后也没有因此而负有明确的合同义务，即使直播发布者接受“打赏”后对相应用户用言语或者行动表示感谢，也属受赠者的情感表达，在无约定的情况下不应视为合同的对价。另外，观看直播的用户流动性强，把某个直播间的全体用户视为合同一方看待的观点也难以自圆其说。可见，双务、有偿的服务合同特征难以解释和涵括“打赏”行为的特点。如果认定“打赏”用户与直播发布者之间一概成立服务合同，可能会导致部分用户因对直播发布者不满意而动辄要求解除“打赏”合同、退还“打赏”款项或不适当地要求继续履行，在该“服务合同”的对价不明确的情况下，相关主体义务的边界将是难以确定的。因此，不宜将“打赏”用户与直播发布者之间的法律关系一概认定为服务合同关系。

4. 将网络直播中的“打赏”归类为赠与合同不影响符合法定条件时“打赏”款项的退还。赠与行为是一种民事法律行为，可以适用《中华人民共和国民法总则》第一百四十三条和第一百五十七条关于民事法律行为的效力和民事法律行为无效的法律后果的规定，未成年人的直播“打赏”可以循此途径得到处理；赠与合同是《中华人民共和国合同法》规定的有名合同之一，受合同法总则和分则关于合同、赠与合同效力规定的约束；在自身合法权益受到侵害时，用户也可选择依据《中华人民共和国侵权责任法》的有关规定要求追究直播平台、直播发布者的侵权责任。因此，相关主体权利的保护有法可依，相关主体的权利义务并不失衡。

综上所述，用户与直播发布者之间一般成立赠与合同，除非有证据证明直播发布者接受“打赏”前后须履行具体、明确的合同义务。

本案中，俞某华虽然向刘某琪多次“打赏”，但俞某华所举证据不足以证明刘某琪接受“打赏”前后须履行何种合同义务，故根据现有证据仅能认定俞某华向刘某琪的“打赏”均属赠与行为。刘某琪向俞某华授予VP身份虽然发生在俞某华向刘某琪赠与礼物之后，但在俞某华赠与之前，刘某琪或俞某华均未向对方发出“赠送礼物换取永久VP”的要约或承诺，俞某华赠与礼物与刘某琪授予VP不是同一合同关系中的对价，而是各自在履行赠与合同和委托合同的义务，两个合同的权利义务之间没有对应的关系。因此，俞某华VP身份的获得或失去与俞某华向刘某琪赠与礼物的赠与合同没有关系，俞某华不能因其被刘某琪撤销VP身份而要求撤销该赠与合同。

不难发现，大部分直播发布者和平台在用户使用直播平台的过程中会采用各种方式吸引用户“打赏”，“打赏”行为在直播行业发展中起到了十分重要的推动作用，“打赏经济”中也存在不少值得规范之处，如不良内容的过滤、税收制度的相应调整等。作为用户，在使用直播平台的过程中应当保持清醒的头脑，不宜冲动“打赏”，同时也要增强证据意识，特别是在可能与平台、直播发布者之间成立服务合同等双务合同的情况下应注意保留相关证据，避免可能的举证困难。直播平台、直播发布者应采用包括技术、合同在内的各种手段加强管理和自律，尤其是直播平台作为网络直播的组织者和直接监管者，应保持和增强企业的社会责任感，不断加强识别和制止平台内违法行为的能力，在互联网商业模式的创新中不能踩踏法律的红线。有关行政机关等管理部门应持续改进监管，对各类新型网络服务及时予以规范，对各类违法行为及时予以惩戒。

实际上，“打赏”的互动模式不仅存在于网络直播中，也广泛存在于各类互联网应用中。明确“打赏”在一般情况下的赠与合同性质，有利于明确互联网经济中各方的权利义务，平衡各方的利益，鼓励劳动和创新，促进互联网经济健康、有序发展。

编写人：广州互联网法院　曹钰

58

电子商务平台经营者依据平台规则对滥用退货权利消费者采取中断、终止服务措施具有合法性

——吴某岩诉某品会公司网络服务合同案

【案件基本信息】

1. 裁判书字号

广东省广州市中级人民法院（2019）粤 01 民终 19541 号民事判决书

2. 案由：网络服务合同纠纷

3. 当事人

原告（上诉人）：吴某岩

被告（被上诉人）：某品会公司

【基本案情】

某品会公司是网络购物平台“某品会商城”的经营者，吴某岩是“某品会商城”会员、“某品会超级 VIP”会员。

2018 年 4 月 7 日，吴某岩在“某品会商城”举行的“生鲜大卖场”活动中购买了 1852.08 元的商品，下单后订单页显示“订单中的商品在不同库房或属不同商家，故拆分为以下订单分开配送……订单状态：已拆分……”。在商品配送过程中，

吴某岩对“商品拆分为4个订单配送，并由其支付全部快递费用”不满，拒收了其中商品“厄瓜多尔白虾”（订单页显示“生鲜商品不支持七天无理由退货……该订单需承担23元运费”）的快递，并申请办理退货退款手续。

吴某岩于2015年5月1日至2018年4月12日在该商城共购买537件商品，其中退货、拒收共454件，退货、拒收率高达84.54%。

根据“某品会商城”规则，消费者在该平台购物须注册为会员。在用户注册“某品会会员”时，须同意《某品会服务条款》。该条款包含的第15条“用户守则”的第15.8款约定：“您同意在符合法律法规及本条款规定的情况下使用个人账户，某品会有可能在某些情况（包括但不限于您违反有关法律法规规定或本协议和/或其他公开规则，或者您严重违背社会公德、提供虚假注册身份信息、经某品会判定认为存在恶意退货或不合常理的高退货率等情形，或其他损害或经本平台判定认为可能损害某品会利益的不正当行为等）下暂时冻结、永久冻结、修改、删除您的个人账户或者采取其他处理措施。”其中“某品会有可能在某些情况（包括但不限于您违反有关法律法规规定或本协议和/或其他公开规则，或者您严重违背社会公德、提供虚假注册身份信息、经某品会判定认为存在恶意退货或不合常理的高退货率等情形或其他损害或经本平台判定认为可能损害某品会利益的不正当行为等）下暂时冻结、永久冻结、修改、删除您的个人账户或者采取其他处理措施。”的文字内容在条款中是加粗和加下划线的。“某品会超级VIP”是某品会为用户提供的增值服务，吴某岩购买了该服务。“超级VIP”会员享有“无限免邮”和“免费退货”等权利，在相应的“规则说明页”载明“无限免邮”的规则为“超级VIP可获得有效期内无限次购物免邮资格：（1）超级VIP可享受不限次数的免邮特权；（2）免邮特权仅适用于某品会自营商品，第三方商家销售的商品暂不支持。在商品详情页面显示‘某品会发货’即某品会自营商品，显示‘合作商家发货’即第三方商家销售的商品；（3）免邮特权仅适用于金额不为零的订单，免费领商品暂不支持，请以购物车页面显示为准”等。“免费退货”的规则包括“退货免费上门取件仅支持普通商品，特殊商品（易碎品、贵重商品、大件商品等）暂不支持，请以退货页面展示为准”等。

2018年7月18日，某品会公司向吴某岩退回了“超级VIP”服务费，冻结了其某品会账户。

吴某岩认为，其是享受“免费退货”服务的“超级 VIP”会员，其退货率高不违反合同约定，认为某品会公司违约、欺诈而将其作为被告诉至广州互联网法院，提出诉讼请求：(1) 判决某品会公司停止侵害，立即恢复吴某岩注册的某品会账户的完整使用权限，恢复该账户的超级 VIP 等级及所有购买、使用功能；(2) 判决某品会公司立即向吴某岩支付赔偿金 500 元；(3) 判决某品会公司通过书面的形式（登报）向吴某岩进行赔礼道歉；(4) 判决某品会公司支付吴某岩主张权利所产生的合理费用共计 3.08 万元（其中律师费 3 万元，公证费 800 元）；(5) 案件受理费由某品会公司承担。

【案件焦点】

某品会公司是否有权冻结作为用户的吴某岩的账户。

【法院裁判要旨】

广州互联网法院经审理认为：本案为网络服务合同纠纷，某品会公司作为网络购物平台应当依法、依约提供服务，吴某岩作为用户也应遵守合同约定和法律规定，不应滥用自身权利。

吴某岩作为“某品会商城”的会员，虽然购买了“超级 VIP”服务，但从权利的名称和规则看，“超级 VIP”享有的“免费退货”权利只是对部分商品可以由某品会公司免费上门取件，但不等于“无限退货”。吴某岩于 2015 年 5 月 1 日至 2018 年 4 月 12 日在该商城共购买 537 件商品，其中退货、拒收共 454 件，退货、拒收率高达 84.54%，结合日常生活经验判断，此确属不合常理的高退货率。

网络购物的用户虽然依法享有退货的权利，但吴某岩较长时期内如此高的退货率反映其在购物时未能尽到起码的谨慎义务，在行使退货权利时又过于随意，这种做法不合理地增加了企业和社会的成本，有悖于诚实信用原则，是对自身权利的滥用。某品会公司根据用户注册会员时须同意的《某品会服务条款》中“经某品会判定认为存在恶意退货或不合常理的高退货率等情形……某品会有可能……永久冻结……您的个人账户或者采取其他处理措施”的约定，冻结了吴某岩的某品会账户，有合同依据。吴某岩认为此系不合理的格式条款，经审查，该条款虽为格式条款，但并无提供格式条款一方免除其责任、加重对方责任、排除对方主要权利的情形，也无其他违反法律规定的情形，故属于有效条款。某品会公司依此约定行使管理权利，维护该平台的正常交易秩序并无不当。

因本案中没有证据证明某品会公司存在欺诈或者其他违约的情形，某品会公司的行为符合合同约定，故吴某岩起诉要求某品会公司恢复账户权限、支付赔偿金、赔礼道歉、承担合理费用均缺乏依据，法院不予支持。广州互联网法院依照《中华人民共和国合同法》第六条，《中华人民共和国民事诉讼法》第六十四条第一款之规定，作出如下判决：

驳回原告吴某岩的全部诉讼请求。

吴某岩不服一审判决，提起上诉。

广东省广州市中级人民法院经审理认为：根据吴某岩作为用户注册“某品会会员”时确认同意的《某品会服务条款》中第15条第15.8款约定，某品会有权在其判定认为某品会会员存在恶意退货或不合常理的高退货率，或可能损害某品会利益的不正当行为的情况下，暂时冻结、永久冻结、修改、删除会员的个人账户或采取其他处理措施。鉴于吴某岩在2015年5月1日至2018年4月12日在某品会商城购买商品537件，其中退货、拒收454件，退货、拒收率高达84.54%，某品会公司冻结吴某岩的某品会账户，符合前述服务合同的约定，合法合理，并无不当。况且，吴某岩亦未就其异乎寻常的高退货、拒收率举证证明其合理性和正当性，某品会公司主张该高退货、拒收率行为损害其合法利益的理由成立。对于吴某岩向某品会公司基于某品会账户购买的超级VIP服务，某品会公司已作退款处理，并无不当。因此，吴某岩以其未仔细阅读前述服务条款为由，请求恢复其会员账号和超级VIP会员等级，并主张某品会公司予以赔偿和赔礼道歉的理由不充分，不予支持。

原审法院根据双方当事人的诉辩、提交的证据对本案事实进行了认定，并在此基础上依法作出原审判决，合法合理，且理由阐述充分，予以确认。综上所述，原审认定事实清楚，判决并无不当，予以维持。广东省广州市中级人民法院依照《中华人民共和国民事诉讼法》第一百七十条第一款第一项之规定，作出如下判决：

驳回上诉，维持原判。

【法官后语】

近年来，随着互联网技术的迅猛发展，网络购物逐步取代实体门店购物成为人们生活消费的主要方式。2010年网络购物在我国取得了第一次销售高峰。2018年全年实物商品网上零售额70198亿元，比上年增长25.4%，占社会消费品零售总额的比重为18.4%。《中华人民共和国消费者权益保护法》第二十五条对“七天无理由退货规则”的确立，使消费者购物安全得到保障的同时，消费者违反诚实信用原则，滥用退货规则恶意退货现象也层出不穷，造成销售者、电子商务平台经营者合法利益受损。部分电子商务平台通过与消费者签订格式服务条款方式制定平台自治规则，对恶意退货、畸高退货率等滥用权利的用户采取中止、停止服务等限制措施。在司法实务中，因电子商务平台经营者对平台用户采取中止、停止服务措施引发的纠纷尚不多见，对该措施的合法性问题值得探讨。

电子商务平台经营者依据平台规则对滥用权利消费者采取中止、停止服务措施具有合法性，理由如下：

1. 电子商务平台经营者通过用户协议制定平台规则是网络空间治理的重要方式

实践中，多数网络购物平台包括本案的某品会公司、天猫商城、小红书等，通常具备两种经营模式：第一种模式是作为买卖合同的销售者提供自营商品，此时该平台直接参与到买卖交易当中，同时扮演着销售者与平台管理者两种角色，与消费者之间在交易层面成立网络购物合同关系，在平台管理层面成立网络服务合同关系；第二种模式是平台不直接参与到买卖交易中，而是作为独立第三方为平台上的交易双方提供网络经营场所等服务，此时平台内经营者、消费者之间成立网络购物合同关系，平台与平台内经营者、消费者之间均是网络服务合同关系。

无论是上述哪一种模式，电子商务平台作为经营者、管理者，都有权要求在该平台实施法律行为的主体须注册成为用户，并同意与平台签订用户协议。《中华人民共和国电子商务法》第三十二条对电子商务平台经营者制定平台自治规则的权利予以确定。实践中，用户协议一般是由平台提供的格式合同，条款涵盖注册及解除会员关系的途径、在平台内的行为准则、与平台之间、平台内其他用户之间的权利义务关系、个人信息保护、争议解决途径等细则。用户协议作为平台内所有用户均须签订的同一合同，其效力不仅及于平台与用户之间，也及于平台内进行交易的用户之间，成为解决平台内各主体争议的普适规则。换言之，平台通过与用户签订用户协议，获得用户知情同意的方式，实现了整个平台内的管理与自治。用户协议也得以成为平台内的自治规则，在平台内具有普遍约束力，并实际具有了规则的效力和功能，成为网络空间治理的一个重要方式。

当前，电子商务市场的规模正在不断扩大，《中华人民共和国消费者权益保护法》《中华人民共和国合同法》《中华人民共和国电子商务法》等针对电子商务平台治理的法律法规虽在不断健全与完善，但立法的滞后性难以避免，而各大电商平台如本案的某品会公司通过与用户签订协议的方式制定自治规则，使之成为有效的、低成本的平台治理措施。较之法律法规，平台自治规则由于植根于电子商务土壤之中，更能顺应电子商务市场的更新、发展而不断完善，为平台内各主体提供了全新的、高效的、低成本的纠纷解决途径。

因此，应充分尊重平台的自治权，对于平台与用户签订的服务条款，虽然为格式合同，在不违反法律法规的情况下，应该得到切实遵守。平台根据其自治规则对平台内用户作出的管理性措施，依法应予以支持。

2. 对滥用退货权利消费者采取限制措施符合诚实信用原则

诚实信用原则是民法中的“帝王条款”，被作为民法基本原则贯穿民事法律法规始终。我国台湾地区民法学者史尚宽先生认为，诚实信用原则的本质应定位于当事人及其与社会一般公共利益的平衡，是掌握在法官手里的衡平法。《中华人民共和国民法总则》第七条对诚实信用原则做了一般规定：“民事主体从事民事活动，应当遵循诚信原则，秉持诚实，恪守承诺。”在与诚实信用原则关系最为密切的合同法领域，《中华人民共和国合同法》第六条规定：“当事人行使权利、履行义务应当遵循诚实信用原则。”

在电子商务活动中，诚实信用原则一样须得到恪守和尊重。《中华人民共和国消费者权益保护法》虽将“七天无理由退货”确立为网络购物方式下消费者行使“后悔权”的依据，但其并未赋予消费者滥用退货规则的权利。“七天无理由退货”规则是《中华人民共和国消费者权益保护法》为保护在交易一方处于弱势地位的消费者，根据网络购物的特点，对消费者收到不符合购物预期的商品得以以退货的方式予以保障，同时督促网络销售者提升自身商品质量，不在平台上作出虚假承诺或欺诈行为。此规则的出发点依旧是诚实信用原则。对于滥用退货规则，法律法规并未禁止电子商务平台通过制定平台规则的方式予以规制。只要平台规则不违反法律法规，就应该认可平台根据该规则对平台内用户作出的管理性措施。从诚实信用原则的角度来说，允许平台在保障消费者退货权的同时，根据自治规则对用户进行管理，对具有恶意退货、畸高退货率等情形被列入“诚信评价体系黑名单”的消费者进行限制性措施，也有利于实现消费者与电子商务平台之间的利益平衡。

本案中吴某岩作为消费者，虽是《中华人民共和国消费者权益保护法》等法律法规的保护对象，但不代表其可以滥用自身权利，其享有的“VIP会员”无限免邮、免费退货权利亦并不等同于无限退货权。其在“某品会商城”购物期间，退货、拒收率高达84.54%，结合日常生活经验判断，此确属不合常理的高退货率。根据其在加入“某品会商城”时与某品会公司的用户协议，某品会公司有理由判定其存在恶意退货或不合常理的高退货率等情形，从而对其个人账户采取冻结等中断、终止服务措施。

3. 电子商务平台在用户协议中约定修改、中断、终止服务的格式条款并非当然无效

格式条款是当事人为了重复使用而预先拟定，并在订立合同时未与对方协商的条款。电子商务平台经营者与用户签订的平台自治规则虽然是电子商务平台单方提供的格式合同，但并非当然无效。《中华人民共和国合同法》第三十九条第一款规定：“采用格式条款订立合同的，提供格式条款的一方应当遵循公平原则确定当事人之间的权利和义务，并采取合理的方式提请对方注意免除或者限制其责任的条款，按照对方的要求，对该条款予以说明。”第四十条规定：“格式条款具有本法第五十二条和第五十三条规定情形的，或者提供格式条款一方免除其责任、加重对方责任、排除对方主要权利的，该条款无效。”据此，只要有证据证明已采取合理的方式对免除或者限制责任的条款尽到必要的提示、说明义务，并且不属于合同法规定的无效情形，该格式条款应认定为合同的一部分并且对双方当事人具有拘束力。

本案中，《某品会服务条款》约定在恶意退货或不合常理的高退货率等情形下某品会公司有权暂时冻结、永久冻结、修改、删除用户的个人账户或者采取其他处理措施，并对该部分条款的文字内容加粗和加下划线。应当认为，某品会公司已对该部分条款尽到必要的提示、说明义务，且该部分条款是基于对平台自身合法利益的需要对滥用权利的用户暂停、停止服务，并不存在免除自身责任、加重对方责任排除对方主要权利的情形，应认定为有效条款。

综上，对电子商务平台用户协议的效力审查不能一概而论，需要在考虑互联网行业现状、维护互联网行业健康持续发展、平衡网络服务商和用户利益、兼顾公共

利益的前提下，具体问题具体分析。对于在用户协议中赋予网络平台单方随时修改服务协议权利的条款，此类条款实质上限制了相对人的选择权和知情权，排除了相对人的主要权利，影响了用户对条款内容的合理预期并增加了未知风险，应认定为无效条款；对于用户协议中约定网络平台可以中断、终止服务协议的条款，需要审查适用这一条款所设定的条件，特别在社交网络、游戏网站等涉及虚拟财产、人格权保护的领域，用户协议中涉及中断、终止服务条款如果是基于维护用户利益、网络秩序与安全的原因而设定，那么，此类条款因符合诚实信用原则和实质公平而有效；如果为网络运营商自身可以任意适用而设定，相当于赋予一方任意解除权而应归于无效。

编写人：广州互联网法院　曹钰

59

网络游戏虚拟财产被盗后游戏运营商的责任认定

——崔某波诉某易公司网络服务合同案

【案件基本信息】

1. 裁判书字号

广州互联网法院（2019）粤 0192 民初 271 号民事判决书

2. 案由：网络服务合同纠纷

3. 当事人

原告：崔某波

被告：某易公司

【基本案情】

《某西游》是由某易公司运营的一款网络游戏。崔某波在某易公司注册了游戏账号 qiu ××××01 以及 ya ×××××× 10228 进行游戏。崔某波用于关联账号 qiu ××××01 的手机号码是 134 ××××0563。崔某波作为玩家与某易公司签订了《网易邮箱账号服务条款》《〈某西游〉服务条款、玩家守则》等系列网络服务合同，双方约定：用户需保管好账号和密码，发现异常情况应及时告知某易公司处理，如用户未尽妥善保管和及时通知义务造成损害，用户负全部责任，某易公司接到通知后应及时采取必要措施。2018 年 10 月 6 日，盗号者使用账号和密码，登录崔某波相关页面。登录后，盗号者用非账号绑定手机获取短信验证码。在输入手机号和验证码后，进入密保管理页面，并操作将旧“将军令”（一种动态密码保护器）升级替换成新“将军令”。某易公司向手机 134××××0563 发送短信验证码，盗号者输入短信验证码后绑定新“将军令”成功。某易公司后通过系统给崔某波发送“将军令”绑定提醒。2018 年 10 月 6 日、7 日，崔某波仍正常登录游戏。2018 年 10 月 10 日 1 时 41 分至 7 时 0 分，盗号者输入账号和密码登录账号 qiu××××01、ya××××××10228，通过摆摊出售和无偿给予游戏币、购买垃圾物品的方式，将账号内的游戏道具变现成游戏币后，连同账号内原有的游戏币一并转移到若干游戏账号。7 时 53 分，崔某波致电某易公司客服，告知某易公司其账号和物品被盗。后某易公司找回被盗游戏装备，但要求崔某波支付价值 2000 多元的游戏币赎回装备。崔某波称，某易公司因游戏漏洞，导致其游戏账号被他人绑定密保，在异地登录并被盗游戏装备，请求法院判令某易公司直接恢复被盗游戏装备。

【案件焦点】

某易公司在履行服务合同中是否存在违约行为，应否向崔某波直接返还案涉的网络游戏道具。

【法院裁判要旨】

广州互联网法院经审理认为：首先，本案中，盗号者能通过崔某波的账号密码登录账户，并能知悉崔某波手机号收取验证码，进而绑定“将军令”，并无证据能够证明此情况是某易公司存在漏洞所致。至于第一次验证码可以用任意手机获取的问题，虽然该步骤可能被他人恶意使用，但是该步骤属于整个验证程序中的一环，结合输入账号密码、输入第二次验证码两步程序，并不会因此步骤而对账号的安全问题产生实质性影响。在绑定将军令的过程中，某易公司向崔某波发送了验证码短信，并在绑定将军令后发送了信息，可以认定某易公司及时通知崔某波其账号存在异常情况。综上，可以认定某易公司采取了合理措施保障用户账号的安全。其次，从崔某波首次告知某易公司其账号和物品被盗后，到某易公司查证并帮崔某波追回涉案的网络游戏道具，时间不足10小时，可以认定某易公司及时采取必要措施。最后，《最高人民法院关于民事诉讼证据的若干规定》第九条规定，根据法律规定或者已知事实和日常生活经验法则，能推定出的另一事实，当事人无须举证证明，当事人有相反证据足以推翻的除外。根据盗号者的盗号过程可知，盗号者知晓崔某波两个账号的账号和密码。因账号的密码由崔某波保管，故在无相反证据的情况下，可以推定崔某波账号被盗系其未妥善保管其账号及密码所致。因此，因盗号给他人的民事权利造成损害的，崔某波应当承担由此产生的法律责任。第三方玩家购买的涉案网络游戏道具，某易公司收回该道具后，须返还第三方玩家为购买该道具而支付的合理对价，故某易公司要求崔某波支付与游戏道具交易时数额相同的游戏币，具有合同依据，崔某波的诉请缺乏依据。

【法官后语】

1. 网络游戏账号和装备的法律性质及权利保护

在网络游戏中，游戏账号是网络游戏用户进入游戏的身份凭证，且与账号中的游戏角色、虚拟装备等具有唯一的对应关系，游戏运营商通过比对游戏账号、密码的方式，对网络游戏用户的身份进行确认，从而为其提供个性化的游戏服务。游戏装备是网络游戏用户在网络游戏过程中，其游戏虚拟人物所使用的物品，在游戏运行过程中表现为宝物、武器、工具等，实际是存储在计算机服务器中数据在网络游戏中的表现形式。网络游戏账号和装备均依附于虚拟、特定的网络游戏而存在，具有一定的使用价值和交换价值，属于虚拟财产的范畴。

《中华人民共和国民法总则》第一百二十七条规定："法律对数据、网络虚拟财产的保护有规定的，依照其规定。"据此，虚拟财产被正式纳入了法律保护范围，但该规定仅为引致性规定，实际是将虚拟财产的保护引致于其他法律规定，并未作出具体规定。在立法尚不明确的情况下，司法实践对于涉及网络游戏账号、装备纠纷的处理应遵循私法尊重意思自治的原则，根据用户与游戏运营商之间签订的网络游戏服务协议确定彼此的权利义务范围，基于合同法的规定调整双方的法律关系。

2. 网络游戏服务协议的法律性质和法律效力

通常来说，网络游戏服务协议包含两类条款。一类为服务型条款，主要约定游戏运营商在向用户提供网络游戏服务过程中，两者作为平等主体相互之间的权利义务，如本案中崔某波的身份信息提供义务和某易公司对登录用户身份的审查权利。另一类为管理型条款，主要约定用户有遵守法律、法规和游戏秩序的义务，游戏运营商有管理并对违反上述义务用户采取必要措施的权利，如本案中崔某波有报告账户异常、安全漏洞的义务，某易公司有调查账号、冻结账号和回收虚拟物品的权利。虽然此类协议多由游戏运营商预先拟定，且在订立合同时未与用户协商，属于典型的格式合同，但是用户在进入游戏时已经确认了运营商设置的条款，只要游戏服务协议不存在违反法律、法规强制性规定的情形，即应基于合同意思自治的原则，对协议效力予以认可。

3. 网络游戏装备被盗情况下游戏运营商的责任界定和责任承担

鉴于用户与游戏运营商之间的基础法律关系为合同关系，因账号丢失、被盗现象引发的纠纷，用户首先可基于运营商负有的保障网络游戏环境安全的义务要求其承担违约责任。此外，《中华人民共和国侵权责任法》第三十六条第二款和第三款规定："网络用户利用网络服务实施侵权行为的，被侵权人有权通知网络服务提供者采取删除、屏蔽、断开链接等必要措施。网络服务提供者接到通知后未及时采取必要措施的，对损害的扩大部分与该网络用户承担连带责任。网络服务提供者知道网络用户利用其网络服务侵害他人民事权益，未采取必要措施的，与该网络用户承担连带责任。"据此，如果游戏运营商对于其他用户的侵权行为未采取必要措施，存在过错的，被侵权用户也可向运营商主张侵权责任。具体来说，游戏运营商可能因以下三种情形需要承担民事责任：一是因技术安全措施不到位导致的用户虚拟财产丢失、被盗的；二是监测到用户账户异常但怠于通知，导致用户无法及时防损、止损的；三是用户履行账户异常报告义务后，怠于采取保护性措施，导致虚拟财产无法被追回或损失扩大的。司法实践中，无论用户通过违约之诉还是侵权之诉向运营商主张权利，如果运营商实际并不存在上述违约、侵权情形，则无须承担相应的民事责任。鉴于本案某易公司已经采取了合理的技术安全措施，故无须承担相应赔偿损失的责任。

编写人：广州互联网法院 冯立斌 李佳

图书在版编目（CIP）数据

中国法院2021年度案例．合同纠纷／国家法官学院，最高人民法院司法案例研究院编．—北京：中国法制出版社，2021.4

ISBN 978-7-5216-1709-2

Ⅰ.①中… Ⅱ.①国…②最… Ⅲ.①合同纠纷-案例-汇编-中国 Ⅳ.①D920.5

中国版本图书馆CIP数据核字（2021）第045820号

策划编辑：李小草（lixiaocao2008@sina.cn）
责任编辑：韩璐玮　孙静　　封面设计：温培英　李宁

中国法院2021年度案例．合同纠纷

ZHONGGUO FAYUAN 2021 NIANDU ANLI. HETONG JIUFEN

编者/国家法官学院，最高人民法院司法案例研究院
经销/新华书店
印刷/三河市紫恒印装有限公司
开本/730毫米×1030毫米　16开　　印张/16.75　字数/223千
版次/2021年4月第1版　　2021年4月第1次印刷

中国法制出版社出版
书号 ISBN 978-7-5216-1709-2　　定价：65.00元

北京西单横二条2号
邮政编码 100031　　传真：010-66031119
网址：http://www.zgfzs.com　　编辑部电话：010-66070046
市场营销部电话：010-66033393　　邮购部电话：010-66033288

（如有印装质量问题，请与本社印务部联系调换。电话：010-66032926）

中国法院 2012 ~ 2021 年度案例系列

国家法官学院　最高人民法院司法案例研究院　编

简便易用、权威实用——打造“好读有用”的案例

1. 权威的作者：国家法官学院自2012年起推出《中国法院年度案例》丛书，至今已有10年，旨在探索编辑案例的新方法、新模式，以弥补当前各种案例书的不足。自2020年起，丛书由国家法官学院与最高人民法院司法案例研究院共同编辑，每年年初定期出版。

2. 强大的规模：2012、2013年各推出15本，2014年推出18本，2015年推出19本，2016年推出20本，2017年推出21本，自2018年起推出23本，含传统和新近的所有热点纠纷，这些案例是从全国各地法院收集到的上一年度审结的近万件典型案例中挑选出来的，具有广泛的选编基础和较强的代表性。

3. 独特的内容：不再有繁杂的案情，高度提炼案情和裁判要旨，突出争议焦点问题。不再有冗长的分析，主审法官撰写“法官后语”，展现裁判思路方法。

4. 数据库增值服务：2021年继续推出数据库增值服务，凡购买本书，扫描前勒口二维码，即可在本年度免费使用往年同类案例数据库，并可免费下载民法典全文及新旧对照。

1. 婚姻家庭与继承纠纷
2. 物权纠纷
3. 土地纠纷（含林地纠纷）
4. 房屋买卖合同纠纷
5. 合同纠纷
6. 买卖合同纠纷
7. 借款担保纠纷
8. 民间借贷纠纷
9. 侵权赔偿纠纷
10. 道路交通纠纷
11. 雇员受害赔偿纠纷（含帮工受害纠纷）
12. 人格权纠纷（含生命、健康、身体、名誉、姓名、肖像、一般人格权纠纷）
13. 劳动纠纷（含社会保险纠纷）
14. 公司纠纷
15. 保险纠纷
16. 金融纠纷
17. 知识产权纠纷
18. 行政纠纷
19. 刑事案例一
20. 刑事案例二
21. 刑事案例三
22. 刑事案例四
23. 执行案例